全国哲学社会科学工作办公室——编

中国文化
之美

中信出版集团 | 北京

目录

中国文化的美学境界（代序）｜朱良志 王一川 …… II

篇一 —— 美在品格 …… 1

博雅国学｜袁济喜 …… 3

中和礼仪｜吴飞 …… 25

音乐正声｜田青 …… 47

诗国情韵｜莫砺锋 …… 71

各美其美｜张法 …… 93

篇二 —— 美在艺境 …… 109

书法灵韵｜王岳川 …… 111

丹青妙意｜杨琪 …… 133

纹饰内蕴｜任万平 …… 157

色彩雍容｜赵声良 …… 183

篇三 —— 美与生活 …… 205

衣冠华彩｜高春明 …… 207

舞台芬芳｜周育德 …… 231

营造神功｜方拥 …… 253

器物巧美｜杭间 …… 279

结语 …… 305

中国文化的美学境界

代 序

"清风明月本无价,近水远山皆有情。"中国文化从一定角度说,是一种审美型文化,而且向来特别重视人的审美体验。中国文化是富有生命力的,了解这独特的美感世界,可以更好地把握中国文化的特质,在超越的境界中获得深层的生命安慰。

中国美学的起源

朱良志：人类生活方式的演进，伴随着对美的追求的过程。比如说建筑，早期是穴居野处，渐渐有了房子、居所，后来发展到有恢宏的建筑、精致的园林等；又比如说语言，为了记录语言，产生了文字，文字产生后有了修辞，以至发展出诗、词等形式——人们用美的心灵、美的形式来装饰自己的生活。可以说，对美的追求伴随着中华民族的发展进程。

至于美学，有关美的学说，它的发展时间稍后。美学这个概念从西方传过来，但中国人对美的思考早在先秦时期就已出现。老子、孔子、孟子、庄子等先贤的著作中有很多关于美的思考的文字。比如老子讲"天下皆知美之为美，斯恶已"（当天下都知道美的东西是美的时候，就显示出丑了，美丑是相对的）、孔子提出"尽善尽美"的观念，都具有重要的美学价值。也就是说，关于美的观念在三千多年前的先秦时期，就形成了富有深度的言说。这些学说影响着中国文明的发展，对人们的衣食住行都产生了重要影响，在艺术创造上则更是如此。

王一川：确实，中国美学是伴随着中国文化的诞生而诞生的，更确切点说，中国美学正是中国文化机体的一部分。早期中国人在寻求与自然相和谐的过程中，在创造自身文化价值体系的过程中，实际上就创造了美的观念、美的意识以及美的生活方式。所以说，中国文化的历史有多长，中国美学的历史就有多长。中国美学的历史应该是同中国文化的历史紧密结合在一起的，早期泉眼众多、溪流丛生，后来逐渐汇为一些主要潮流，经过历朝历代流传下来，形成了中国美学自己的特色。

文化心灵与美

朱良志：天人合一是中国哲学的重要观念，中国美学的创造原则"外师造化，中得心源"，就是在天人合一的哲学思想背景下产生的。

比如庄子讲"天籁",天籁是什么?天籁就是自然而然,就是"天地与我并生,而万物与我为一"的境界。中国人重视人与世界密合一体的创造,这也是中国美学的一个重要特点。如园林中追求"虽由人作,宛自天开"的境界,人的创造要体现出自然的节律,不露人工痕迹。为什么人的创造不能露出人工痕迹?是因为中国文化反对用控制性的、人为的方式,去撕裂人和自然之间的密合关系,中国美学重视的是"天趣"。

王一川: 中国古代还有一个同天人合一紧密相连的思想,这就是三才——天才、地才、人才。天人合一换一个角度看就是三才合一。古人说过,"立天之道曰阴与阳,立地之道曰柔与刚,立人之道曰仁与义",阴阳、刚柔、仁义构成了天、地、人这三才的系统。所以天人合一实际上是天、地、人三才合一。这形成了中国自己的一套宇宙观、人生观,中国人看待世界的美也跟这个观念有关系。

中国美学的表述方式同西方美学不一样。我想起梁漱溟先生在《东西文化及其哲学》中的一个洞见:西洋生活是直觉运用理智的,中国生活是理智运用直觉的。确实,西方美学家善于运用理智性语言去分析审美对象,而中国美学家则自觉地以直觉方式去体验和品味对象,随处产生感兴。这种不同也很有意思。

朱良志: 气韵生动。它是南齐谢赫在"六法"中提出的,当时是针对人物画来说的,后来变成整个绘画的纲领,甚至成为整个中国艺术所追求的纲领。

气韵生动要求艺术创造体现出一种活泼的精神面貌,这与中国人对生命的看法相关。西方人从灵和肉二者间看人的生命,而中国人却从形、气、神三方面看人的生命。形、神相当于肉和灵,但

中国美学关键词

在形与神中间，还有个气。中国人认为，人与天地万物都在一气中浮沉，这个气除了指外在物质形态，如空气、云彩、朝霞、暮霭外，还有一种无形的气，那就是人的生命力。这种气通形神，导内外，化天人，融物我，是生命的根源。

气是要活泼，韵是要有节奏，要把人的活泼的精神状态呈现出来，把人的生命感受的节律呈现出来。中国美学强调形神结合也与此相关。就像九方皋相马，意在"骊黄牝牡之外"。要看马的神情、马的骏逸，而不能停留在外在形式上。中国人追求气化氤氲的精神节奏，一个充满音乐情趣的宇宙，是中国艺术的理想。

王一川：要理解气韵生动，还可以稍稍拐个弯来说。宗白华先生引用过德国哲学家斯宾格勒的一个观点，即每种文化背后都有独特的灵魂，这就是文化心灵。有什么样的民族文化心灵或灵魂，就有什么样的基本象征体系来表达。斯宾格勒认为中国人的文化心灵指向漫游，而代表它的中国艺术样式就是园林。但宗白华先生认为中国文化心灵所向不是漫游，而是把握生命的节奏或有节奏的生命，也就是朱老师刚才说的气韵生动。而契合气韵生动的基本艺术样式则有中国画、中国书法等，例如中国画中的"空白"。中国美学中最重要的东西便是有节奏的生命，即气韵生动。中国宇宙观认为宇宙是由气构成的。道生气，气分阴阳，阴阳二气化生万物，就是氤氲化生。气韵生动就是这样来的，它代表了中国美学自己的独特气质。

朱良志：和，中国美学追求的崇高理想。不仅在儒家美学中，在道家以及后来形成的与禅宗相关的美学观念中，也讲究"和"。儒家侧重中和，道家强调天和，禅宗则讲平和，都是以和为重要理想。所谓和，是关乎人与自身、与他人、与天地自然一种和谐关系的建立，是天人合一哲学的重要体现。

王一川：如果从发生学的角度来看中国美学和艺术传统，还有两个概念可以补充。

一个是感兴。中国人接触世界万事万物，包括自然、人事，不是像西方人那样迷恋灵感，而是讲究感兴。好的文艺作品来自人接触大自然、接触社会所产生的瞬间直觉。有了这种瞬间直觉，你就可以写诗、写书法、绘画，或创作其他艺术，你的艺术形象就是带有感兴的兴象。王羲之的《兰亭序》就反复陈述说自己是带着"兴感"和"兴怀"而书写的。而好作品一定要有余意、余兴、余味、余香，让观众可以回味无穷，这样有余兴的作品才符合中国美学的基本要求。

再有一个是意境。这是跟气韵生动相关的，气韵生动归根到底就是通过艺术的意境表现出来。不过在中国古代，很少有人把意境作为一个重要范畴来说。意境应当是现代人重新回眸和缅怀中国古典美学和艺术传统时找到的一个关键词。

本书的结构

朱良志： 文化的内涵很丰富，包括物质文化、制度文化、精神文化等多种层面，在"中国文化之美"这个主题下，本书选取了一些要点，分为三大篇章，来阐述文化的丰富内涵。

第一个篇章讲人的精神境界，中国美学在很大程度上是为了培养人格、提升人格境界而存在的，是修身之学。中国文化是一种"重品"的文化，提倡真善美的统一，如中国人欣赏梅兰竹菊，并不因为梅兰竹菊比其他花卉美，而是因为它们是人品的象征。因此本书第一个篇章定名为"美在品格"。

第二个篇章是"美在艺境"，艺术创造和鉴赏中包含着丰富的美学内涵，中国艺术重视境界的创造，如王国维论词说"有境界则自成高格"。就像刚才一川老师所讲的，中国美学追求意境（或称境界）。意境实际上是人的精神品格的延伸。

比如书法，书学如人学，书品如人品，书法的形式美感是人的精神气度的外在显现。再比如绘画，在西方人物画比较多，中国一开始也是人物画,渐渐地形成了以山水画为主体,画有十三科,山水打头,一片山水就是一片心灵的境界。再比如纹饰,各种器物上那种流动的线条,那种特有的造型,传递出人的独特的心灵世界。

第三个篇章是"美与生活",是从衣、食、住、行中来谈中国文化中的美感。中国文化有浓厚的烟火气,就像庄子讲的,山林里面鸟被打光了,只有燕子独存,为什么呢?因为燕子的巢筑在人家的梁上,这就是有烟火气啊。所以第三个篇章是从人的具体生活入手,来谈中国人在世俗世界中展现的智慧人生和审美情趣。

这三个篇章,第一篇品格,第二篇艺境,第三篇生活,大致可以概括中国文化从物质到制度再到精神的一些断面,从整体上展现出中国人美感世界的荦荦大端。

王一川: 本书做这样的篇章编排,正是想贴近中国美学的独特精神。西方最早的哲人是自然哲学家,他们善于对宇宙自然做理性分析,探讨世界来自原子、分子,还是"永恒的活火"。他们发展出一套自然哲学理论,后来才转到人的生活。这就使得西方美学从一开始就带上重理性分析和重精确性等特点,带有理智美学的特点。

中国美学最初就是人本的,是人生哲学,研究人的心性、品德、修养,最重要的就是要把德行修养做好,首先要正心、诚意,然后修身、齐家、治国、平天下。所以说中国走的是心性哲学、心性美学这条路,要求注重人的品行,要通过艺术境界、日常生活来涵养心性。最后的焦点是"成人",这是人生在世一辈子的事。所以中国美学是伴随着人一生的成长建立起来的,从人的品格到艺术境界再到日常生活,这个过程归根到底是一种心性美学的修为过程,是"成人之美"。

朱良志: 中国美学对人生境界的提升非常重要。清代学者张潮用望月比喻读书的三种境界,也是人生的

当下与未来

三种境界。第一种是隙中窥月，从缝隙里望月，人和世界有阻隔；第二种是庭中望月，人走出去，天地开阔了；第三种是台上玩月，人与世界融为一体，这是最高境界。人生境界的提升使人们的生活、生命更圆满，人们会更感受到我融于世界，世界也融于我的情性。

中国美学重视人的品格的塑造。文明大家庭是由每一个个体所组成的，个体的心灵状态决定着文明本身的发展品质。尤其是在目前高度发展的信息社会环境中，人们内在世界的紧张已经在向各个方面蔓延。舒缓的、体验性的、散淡的、平和的中国美学系统，对当今人的精神状态是一种极佳的调和剂。

王一川：说到中国美学注重人的品格，我自然想到"文"在中国美学传统中的特殊地位。跟西方美学相比，中国美学与其说注重美，不如说更注重文。"文"在甲骨文和金文中字形就像一个直立着并伸展双臂的"人"，表明中国人喜欢的美是与人相关的。中国人讲天文、地文、人文，主张用人心去加以汇聚，就形成"文心"，而"文心"的符号化才产生了中国艺术。所以说中国艺术的核心既是美，更是文，关键还是文心。或许可以说，中国美学应当是一种"文心美学"，它的基本框架或制度可以是美学的，但它的灵魂应当来自"文心"。

中国美学的很多精华，既在美中又在文中。所以今天我们来构建中国美学，既要现代美学，又要古典文心，让美和文汇通在一起，去开创中华民族新的未来。

（朱良志系国家社科基金后期资助项目"南画十六观"负责人，北京大学美学与美育研究中心主任、教授；王一川系国家社科基金艺术学重大项目"文艺发展史与文艺高峰研究"首席专家，2022年度《国家哲学社会科学成果文库》入选者，中国文艺评论家协会副主席，北京语言大学艺术学院特聘教授）

美在品格

篇一

中华传统审美强调『尽善尽美』，美的最高理想是美与善的结合，审美的根本目的在于人格的塑造，在于人生境界的提升，在于人与世界和谐关系的建立。这也是中华传统美学特色之所在。

博雅国学

袁济喜

中国美学与其他学术门类一样,生发于这块远古的中华大地之上,有着深厚的文化土壤。在中华文明中,国学是最引人注目的重要组成,从国学的视野去认识与欣赏我们的审美文化,是重要的途径。

国学以先秦经典及诸子百家学说为根基,涵盖了两汉经学、魏晋玄学、隋唐佛学、宋明理学和同时期的先秦诗赋、汉赋、六朝骈文、唐宋诗词、元曲与明清小说并历代史学等一套完整的文化、学术体系。若照《四库全书》的分类,国学可分为经、史、子、集四部。在与美学的关系上,经部主要是阐释儒家经典,旨在涵养人生价值观与道德观;史部中包含对于礼乐文明发展和变化的历史阐述;子部有诸子百家对于文艺与美学问题的看法;集部汇集了历代的文艺作品与文艺评论。

浩如烟海的经史子集之中，包涵丰富的美学内容。在中国古代，博雅是中国学术的器局，培养学养丰富、品行端方的博雅君子是传统国学的核心内涵，也是国学的中心象征，而这种博雅风格正是在美学精神中得以实现与确立的。

因此可以说，美学蕴含在中国传统学术的血脉经络之中，其本身就是国学的一部分。中国人自古热爱美、追求美，向往着至美至善、天人合一的理想生活，以最为纯净自由的审美境界为人生最高境界。

中国美学的源起

从神话时代的女娲创造第一架笙簧，试探着奏响第一个音符；到旧石器时代的人们珍重地来到逝者身旁，放上五彩斑斓的石珠贝链；再到庄重的祭祀仪式上，人们手执美丽羽毛与大斧翩翩起舞……这些美好传说与科学考古相交织，宣告着中华文化核心的礼乐文明已经形成，美的追求在中华大地上已然萌生。

远古生民生活在黄河、长江及诸多支流领域，这块广袤沃土多处于北温带，季候分明，四序轮回，生民们依靠这片土地的生态环境从事农耕与渔猎生活。为了应对自然环境与周围部族的进犯，他们聚族而居，同心同德，通过艰苦的劳作与迁徙、征伐得以生存与发展。关于远古生民的生活情形，古人有两种不同的说法。一种是庄子对于远古生民的描写，认为生民们与禽兽并居，与万物共存，其乐融融，天人合一，后来东晋诗人陶渊明的审美理想桃花源即发源于此。另一种

清 谢遂 《仿唐人大禹治水图》局部

说法以西汉淮南王刘安的《淮南子》为代表,认为远古时代的生民面临洪水、雷火、猛兽等的袭击,随时面临死亡的危险。从考古发现的角度来看,《淮南子》对于早期中华生民的描述更符合事实。不过我们可以肯定的是,刀耕火种、筚路蓝缕的华夏祖先早就开始孜孜不倦地追求着美。

在漫长的历史进程中,经过传说中的尧、舜、禹三代圣人之治,以及有着文献与考古可以佐证的商周时期,中华民族进入了文明时代,尤其是周代继承与发扬了夏、商二代的文明。孔子曾经称赞周代

"郁郁乎文哉"，其中的"文"即指礼乐文明。

礼乐文明是周代赖以立国的伦理基石，是周代统治者协调社会人际关系，建立典章制度的依据。庄严繁复的礼仪与精致动听的音乐并驾齐驱，前者带给王国以森严秩序，后者带给子民以舒缓和乐，一起开启了泱泱大国的辉煌文明。

礼乐文明中包含丰富的审美文化因素，从日常生活到学校教育、朝堂祭祀，从言语之美到器物、典礼、丧葬等各个方面，莫不融有审美的要素。《礼记·少仪》对各种审美要素做了总结描述："言语之美，穆穆皇皇；朝廷之美，济济翔翔；祭祀之美，齐齐皇皇；车马之美，匪匪翼翼；鸾和之美，肃肃雍雍。"可以说，礼乐文明以美为直接显现。这种审美要素是周代社会生活的文明标志。

春秋战国时期，以老子、孔子为代表的大思想家都有对审美文化的论述。诸子百家也对审美问题展开了激烈的争辩。与此同时，对于美学精神与人生自由的探讨成为中心话题。儒家所提倡的美学，旨在协调人际关系，培养人格道德，通过诗书礼乐等六艺来教化子弟。孔子提出里仁为美、尽善尽美、思无邪等思想，孟子提出充实之谓美、知言养气、知人论世等论述，荀子倡导原道、征圣、宗经等主张，儒家思想家展现人性之美的光辉，营构出中国美学追求人生境界与道德养成的价值体系。此后的宋明理学，吸收道家与玄学的思想因素，将心性之学与美学联通，将原始儒学注重社会人事与人伦道德的路径，演变成以心性去体验天理的智慧。

天地人一体的大文化视野

中国美学将天地人笼罩于大文化的视野中,彰显出博雅国学的特点。

按照古人的理解,学术乃天下之公器,与天道人生紧密相连。国学中的人文精神,就缘于这种古老的天人合一意识。古人认为,人生于天地之间,与天地携手并行,也与天地一样尊贵,也即"含万物而化光"。所以天、地、人有很多相似之处,《周易·说卦》:"立天之道,曰阴与阳;立地之道,曰柔与刚;立人之道,曰仁与义。"儒家文化将天道的合乎规律与人伦的井然有序相融合,认为理想人格就在于顺从天地之德而成就事业。《易传》说:"夫大人者,与天地合其德,与日月合其明。"天的作用是神妙而有序的,表现出一种至美至圣的德行,而理想人格的实现就是要与天地合德。在秦汉儒者心目中,天其实是人格化、有深厚德行的存在,他们在赋予天以人格化的同时,实际上也将人格天道化了。天人合一就是建立在这种天人交融的审美境界之上。在泛道德化的天人交泰中,营造出传统国学的一种审美化人格。

如此,中国的国学、美学就建立在这样天地人一体的大文化视野之上。中国古人将天地秩序作为礼乐产生的自然依据。圣人作《易》,仰则观象于天,俯则取法于地,远取诸物,近取诸身,从中感悟到自然万物与人类自身认识世界的规律。这种仰观俯察的视域,体现出农业文明时代人们对于自然界的认识方式,同时也是审美观察与创作的方式。

明 文徵明 《兰亭修禊图》局部

此图表现的是广为流传的文坛佳话"兰亭修禊"。崇山峻岭之间,众多文士沿溪畔或坐或卧,于山光水色之间,注视着蜿蜒溪水送来的酒觞,潜心构思。

　　南朝刘勰在《文心雕龙·原道》开头就提问：文学活动作为一种意义重大的事业，为什么能够与天地并生，成为人类自我确证的精神意识？刘勰秉承了古老的《周易》学说，认为大自然呈现玄黄色杂、方圆体分的形态，人们仰观日月之明，俯察大地之美，从宇宙之道中获取美的意识。既然天地都有美，人在天地之间，为万物之灵，那么"心生而言立，言立而文明，自然之道也"。在东晋名士兰亭雅集时，王羲之《兰亭序》也体现出这种与天地一体的审美意识："仰观宇宙之大，俯察品类之盛，所以游目骋怀，足以极视听之娱，信可乐也。"美学家宗白华先生指出，中国古人的文艺创作，无论是诗歌还是绘画，所取的视角大都是仰观俯察，彰显出取法天地之美的美学观念。

中国特有的文字形态与书法之美，也贯穿着中国哲学与美学的精神脉络。中国最早的文字是从周围的自然环境中吸取资源并加以表达的，它将高度凝练的象形符号加以抽象化，从而使这些抽象化的艺术具有精神的张力与美学创造力。鲁迅说过，最早的写字就是画画。而汉字，是中国书法的造型基础，它是以象形为本源的符号，其本身就带有遒丽天成的特点。

关于汉字的起源，我国古代典籍中有不少记载。古代传说神农见嘉禾八穗而作穗书，黄帝见景云而作云书，少昊作鸾凤书，帝尧作龟书，这都是象形文字远取诸物的依据。古人用线条勾勒、描绘这些"物"，都有求美之意。由于中国古文字的创造合乎美的形式规律，所以这种文字的书写能够发展为书法艺术，成为一门独立的、具有鲜明特色且代表民族艺术精髓的伟大艺术。宗白华说："'人'诞生了，文明诞生了，中国的书法也诞生了。中国最早的文字就具有美的性质。"

故而，传统书画论常常将作品与天地、人物相比拟，如南朝王微《叙画》认为书画的灵感来源于天地，"望秋云，神飞扬；临春风，思浩荡"，这样的作品才能给人一种"绿林扬风，白水激涧"之美。南朝袁昂《古今书评》则将书法拟人，如将王羲之书法比作世代簪缨的陈郡谢氏子弟，有通身的贵族优雅；而羊欣书法就像婢女做了夫人，外表华贵但还是透露着小家子气。中国人就这样从观物取象中，凝缩了天地万物之状，并将文字与绘画贯通起来，而这种抽象的线条艺术一旦形成，随即具有了高度的创造性与变形性。由于其中精神意蕴的贯通，语言文字创造的诗赋与书画艺术得审美精神一体化，形成了诗中有画、画中有诗,以及书画相通的民族艺术特质。这彰显出中华美学与文艺的思想智慧,反映出我们民族心灵世界的张力,"笼天地于形内,挫万物于笔端","故思理为妙,神与物游",成为中国美学与文艺创造的精神能动性的显现。

回归天然的美学追求

中国人既追求天地人合一的审美状态,也尊重宇宙万物的自然之美。秉持这一美学观点的代表是道家学派。道家学派的创始人老子是周代的史官,通达历史与天文之学,他深谙周代的宫廷内幕,尤其对于儒家热衷的周礼持否定看法。传说孔子在东周的首都洛阳曾向老子请教过周礼,老子教训孔子说,那些传说的周礼早已朽坏了,何必如此沉迷。老子还劝说孔子去掉那些浮躁的礼义追求,因为它不利于明哲自保。

汉 画像石 《孔子见老子图》

南宋 马远 《踏歌图》局部

在审美问题上，老子与庄子都警惕于文明社会发展中人的异化问题。老子反对伤身害性、放纵嗜味的感官刺激之美，提出大音希声、大象无形，以素朴自然为美。对于人类生存意义的反思，老子批评人类是为身外之物而活着，而不是为了自身的存在意义而生存，应该纯任天然，尊重人的天性，向最本初天真的"婴儿""赤子"学习，这样反而能够成全每一个人的成长，成就一个充溢美的理想世界，即

"无为无不为"。

儒家走的是另外一条追求自然之路。在孔孟看来，道是宇宙人生的目标，是真善美的统一，也是人类的自然本质。作为文明的主体，人类如果能够达到道的境界，就可以回到自然的自我，成就理想的人格。而儒家提倡回到这种更高的自然境界必须依赖于学习的过程，国学的研习则是达到此种境界的最佳途径。子曰："志于道，据于德，依于仁，游于艺。"在孔子看来，要达到完美君子的人生境界，首先要立志高远，其次要遵循道德，再次要心存仁义，最后尚须游憩于各项技艺之中。"艺"就是礼、乐、射、御、书、数之"六艺"。重点是所谓"游"，不仅指学习"六艺"，而且指游刃有余，是在熟练掌握中获得一种自由而恬然的心境感受。在孔子看来，治国之道用礼义与法制，但是对人格追求来说，最高的实现方式却是在于"游"。这种"游"既是儒家所倡导的一种对人生既入乎其内又出乎其外的态度，也是一种回归人性自然的快乐状态，由此构建出一种传统艺术审美观念和人生境界。孔子在与弟子谈及人生理想时，仲由、冉有等人入仕从政的理想得到了他的基本认可，但曾皙提出了"莫（暮）春者，春服既成，冠者五六人，童子六七人，浴乎沂，风乎舞雩，咏而归"，在暮春气候最温暖适宜的时光中，几位好友换上凉爽的单衫，时而在河中畅快沐浴，时而在高台上临风眺望，最后一起放声歌唱，缓步归家。如此平凡天然的生活情景却得到孔子最为赞同的感叹，这种发自内心深处的心无所累和简单幸福不仅是孔子梦想中的最高社会情境，也是一种超凡脱俗的人生审美理想。由是观之，儒、道两家均追寻天然自由的艺术精神，可谓殊途同归。

后来的道家代表人物庄子，将道法自然的学说做了进一步深化。庄子以逍遥游作为人生目标，老子的自然服从总体性的道，而庄子的自然却以个体自由为旨归，因而庄子的学说成为追求独立人格的士人的精神偶像，在魏晋南北朝时期彰显得尤为突出。此时期的玄学追求精神自由，嵇康提出"越名教而任自然"，反思已经僵化、异化且专门压抑人性的某些儒家学说，提出"六经以抑引为主，人性以从欲为欢"；阮籍在《大人先生传》中接着庄子逍遥游的余绪，幻想出一位因为秉性自然，而不受世间礼法乃至时间空间限制的"大人先生"，自由地遨游于宇宙之间。与浪漫幻想复归自然怀抱的阮籍不同，陶渊明追求一种平凡现实世界中的自然之美。他关注着季节与天气，欣喜于"春秋多佳日""孟夏草木长"，"今日天气佳，清吹与鸣弹"，用琴声赞美每一个美好而平凡的日子。他"既耕亦已种，时还读我书"，笨拙地耕种，单纯为了快乐而读书，时而南山种豆，时而东篱采菊，也与农人共话桑麻，与友人披衣言笑。可见，对于天然生命本真的向往，贯穿在中国人追求美的历史进程之中。

此后，是否源于自然、质性天然，都是衡量文学、书画等艺术的重要审美标准。汉代蔡邕说"夫书肇于自然"，还说"字画之始，因于鸟迹"，说明书画最初都是来源于对自然的模仿，所以他的《篆势》将篆书形态比作龟文、龙鳞、黍稷、虫蛇、鹰鸟、垂露等自然物。而每当文艺与审美过度娱乐化与感官化，对于形式因素过分讲究而违背自然时，许多有识见的批评家就会心生警惕，如南朝的文学理论家刘勰、钟嵘等，通过对于道家自然英旨与自然之道的倡导，提出了改革文风，构建情文相扶、刚健清新的审美风尚；昭明太子萧统大力推崇陶渊明的诗文与风操，倡举素朴清雅的人格与文风。这对于唐代文艺精神的形成，起到了先导作用。

宁静超然的精神境界

中国学术不仅注重外在形式之美，更在意精神心灵之美，这是博雅国学的精神性显现。

儒家注重心性，孟子说人应该有四种心："恻隐之心""羞恶之心""恭敬之心""是非之心"，分别与仁、义、礼、智一一对应。我们所要做的就是扩充这天生就有的四种心，具体途径就是"存心""养心"。而在道家看来，只有心灵才能超越有限肉体，与天地人合一，与宇宙自然携行，做到庄子所说的"天地与我并生，万物与我为一"，"独与天地精神往来"的美学境界。

魏晋南北朝时期，中国化进程的佛学在"形"与"神"之间标举

明 沈周 《卧游图册·秋江钓艇》

"神"的重要性,东晋高僧慧远就肯定"神"的作用,将"冥神绝境"作为最高的宗教与审美境界。慧远的学生画家宗炳直接提出"人是精神物"之说,指出人最宝贵的美学价值在于其心灵、精神、思想的聚合,他在山水画理论中还提出了"以形写神"和"畅神",乃至将山水画挂在卧室墙上进行"卧游",这是心灵与山水之间的灵魂契合。东晋画家顾恺之画人物也在最后"点睛",因为眼睛是真正能够"传神写照",窥见人类心灵世界之物。

禅宗在中国古代美学的精神价值重构上具有重要的作用。它依据印度佛教,将中国传统哲学中的老庄思想、玄学思潮,以及魏晋南北朝的佛学精神进行了重新解释，适应中国封建社会文化自隋唐之后向内收敛的趋势与士大夫的心态，在消解精神意蕴的实在性和向心灵境界转化方面做出了自己特有的建树。从一定意义上来说，禅宗是中国文化包容与吸纳外来文化的成功典范。

禅宗对于中国古代美学的更新，首先体现在对中国古代哲学与美学的基本关系，即心物关系的处理上。中国古代哲人认为自然与人类相通，天人之间异质而同构，可以互相感应。在有关禅宗创始的文学阐述中，佛陀向众人宣讲无上妙法时只是拈花微笑，众人不解，唯有大弟子迦叶破颜而笑。在二人相对微笑的当下，无需复杂语言，两个人已经完成了精神上的高度契合，在"心心相印"的状态中实现了真理的传递。这种"不立文字"的微妙法门就是完全中国化的禅宗。传说南宗始祖慧能出身寒微，并不识字，但是他却比那些富有学识的高僧先得真谛。原因在于禅宗的功夫全在于心的启悟上，认为真理的获得是如人饮水，冷暖自知的，不应该执着迷信于权威，而只需向自己的内心寻觅。

从唐宋开始，士大夫面对严酷的人生与失落的精神世界，渴望在禅宗之中讨得心灵的宁静与人生的超然。艺术作为抒情明志的器物，是人的非功利心境的转化，它与禅宗倡举的物我两冥的心境不谋而合，于是士大夫开始用妙悟来说明对艺术的欣赏与学习。苏轼、黄庭坚这些文坛卓有影响的人物均为禅林居士，其诗论也很自然地用禅来说明。苏轼欣赏直指本心的思维特点，推崇意象的浑然天成，意在言外，并沿袭孟子思想，讲究"洗心"，以达到"安心"，最后直到"无心"。所谓"心似已灰之木，身如不系之舟"的状态，正是心无所待、无所求、无所住的安然清澈，如此心境才能达到对艺术的真正体悟。黄庭坚则讲究对于诗法的妙悟与领会，追求学养入诗，用典锤炼。简言之，一重神会，一重形悟，其实也是借用禅宗话语系统对老庄所说的"道"与"技"的审美范畴进行新的理论演绎。

不过在书论中，两个人也异口同声地要求书法家心无挂碍，物我皆忘。苏轼用鹦鹉学舌作比喻，认为不能只学他人言语，而必须自己内心有悟有感，也不能沉溺于书法具体的钩折撇捺，必须"心忘其手手忘笔"，进入纯粹的心灵世界。黄庭坚也说索靖、王羲之、怀素等书法家的笔法奥妙就在于"心不知手，手不知心"，这是把尘俗执着都清除的一种澄澈心象，本质上是对传统儒学、道家与禅宗的融合。

这种注重心境的禅宗美学与诗歌结合，就是"以禅喻诗"。唐代的美学就更多地在心象领域深入挖掘，倡导创作过程中的"神来、气来、情来"，盛唐诗歌更是有"羚羊挂角，无迹可求"的心灵气韵。宋代的时代精神与文化条件，更是使得人们对于万事万物的变化能够持有相对超脱的审美态度来观察与思考，主体自我意识的成熟造就了宋代文士包蕴万物、空明澄澈的审美心胸，文风渐趋冷静平淡。宗白华认为，禅是中国人体认到自己心灵深处而灿烂发挥的哲学艺术境界，是一种兼具静穆观照和飞跃生命的鲜活心灵状态。在破除了心中的执念之后，可以排除外界对于心灵的迷障，达到空明澄澈之境界，直探生命的本原。唯其极静，可以深入心灵深处；唯其极动，可以鸢飞鱼跃，生动灵活，不拘一格。其原因在于心灵是完全自由的。

魏晋南北朝之后的士大夫往往儒、释、道兼修，而禅宗学说直接融入审美活动与艺术语境中，与这种文化状态是相关的。中国传统诗画中对于空灵之境的追求，可以在禅境中得到表现，禅境的天地也正好在诗与画中获得展现，于是二者不谋而合地融合贯通，相得益彰。

涵心养性的君子修为

博雅国学落实于现实世界的一个重要层面，就是关于学术与人格养成的关系。国学与人类的任何文化一样，都是以人为本的，其终极目的都是为了人格的健康发展。这种对于美好人格精神的追求是学术精神的底蕴。

高扬人格精神对于文艺活动的主导作用，是中国美学的重要理念。修养人格境界，也是国学研习的重要目的。伟大圣明的人格魅力本身就是一种美，孔子就称赞尧"巍巍""荡荡""焕乎其有文章"。儒家还认为诗人一旦有了这种胸襟怀抱，所作之诗就会达到"中和"境界。黄庭坚评价周敦颐"胸中洒落，如光风霁月"，因人格美而文章美；又如沈德潜说："有第一等襟抱，第一等学识，斯有第一等真诗。"他的"第一等襟抱"，即指儒家的人格精神，文品出于人品，这也是中国古代美学的重要观点。

在孔子看来，学问、进德与立身行事有着密切之关系。通过国学研究，可以获得社会人事、天道变化的种种玄机，达到不惑之境界，所以孔子说："知者不惑，仁者不忧，勇者不惧。"知、仁、勇三者的有机联系，彰显出博雅国学之中的君子人格玄奥。儒家认为，君子人格是内在修养与外在风度仪态的统一，是内美与外美的有机结合。孔子曰："质胜文则野，文胜质则史。文质彬彬，然后君子。"内外兼修，温文尔雅，是君子内美与外美相结合的中庸和谐人格。这种"中和"美学要求以"温柔敦厚"即情性温和、不偏激直露的主体态度来从事文艺创作，当这种创作形诸物态后，一般就会呈现出含蓄的美学风格。

钱穆曾经指出，《诗经》三百首里，极多关涉家族情感与家族道德方面，无论父子、兄弟、夫妇，一切家族哀乐变常之情，莫不忠诚恻怛，温柔敦厚。唯有此类内心情感与真实道德，始可维系中国古代的家族生命。此说极为有理。《诗经》尤其能体现温柔敦厚的君子之风，像《诗经》第一篇《周南·关雎》，表达君子求淑女而不得的痛苦，只是孤独安静地"寤寐思服"，而在君子与淑女喜结连理之后，满溢的喜悦也只化为二人相对抚琴观礼的温馨场景，体现了"乐而不淫，哀而不伤"的儒家君子人格魅力。这种魅力有时不需要过多的语言表达，如陶渊明的"采菊东篱下，悠然见南山"，嵇康的"目送归鸿，手挥五弦"，那举手投足间的悠然自得，有超尘脱俗之意，真是一种儒雅含蓄之美，就像《二十四诗品》所说的"不著一字，尽得风流"。

对于君子人格的论述，是中国美学人格精神理论的重要体现。孟子"充实之谓美"，将人的美善本性扩展充盈本身就是美的历程。孟子还说"君子有三乐"，第二乐是"仰不愧于天，俯不怍于人"，俯仰自得，是自我修养达到君子人格时的由衷喜悦。在孟子看来，这种君子境界是充满"浩然之气"的坚强伟大人格，是"富贵不能淫，贫贱不能移"的不屈气节，也是一种"求则得之，舍则失之"的自觉终生追求。

君子还承担着正礼、正乐的职责与义务，端正与引领整个社会的道德规范与审美标准。《礼记·乐记》就指出，君子用钟鼓之音表达自己的高尚志向，用琴瑟和鸣愉悦自己的心灵世界，一举一动都类似于礼乐仪式中乐舞的神圣庄严，这样就能与天地合德。这样的君子言行举止都是美的，就像魏晋时的夏侯玄，被时人评价为见其人就如肃然走入国家祭祀宗庙一般，这是将礼乐文化中的美感移植到个人品质上的外在显现。

当然，对于君子之美的标准是在不断变化的。嵇康就鉴于两汉以来儒家人格趋于虚伪做作的现象，引入老庄任真自得的思想，他在《释私论》中指出，君子应该心中没有既定的偏好，情感也没有特殊的维系，自然能公断是非，对待天子万民尽忠守信，对于世界万物则胸怀坦荡。这种对君子的重新定义，既传承了儒家的忠信道德观念，又引入老庄所倡导的自然之道，代表汉魏之际君子人格思想的重构。嵇康虽龙章凤姿，但平时却看似邋遢，不加修饰，在家乡过着半隐居的生活，对鸿抚琴，采花垂钓，诗意地栖居。他与当时的司马氏政权拒不合作，即使在被杀前的那一刻，还是从容不迫，索琴而弹，以一曲《广陵散》为美学化的君子人生画上圆满句号。

魏晋之际，君子也被作为文学写作的担当者而受到推崇。曹植在《前录自序》中就用一系列比喻，说明君子的文学作品就像高山那样巍峨，像浮云那样蓬勃，像秋蓬那样质朴，也像春花那样灿烂。曹植对于文学写作的神圣功能做了阐释，将其作为君子的象征。南朝文论家刘勰提出君子处世，树德建言。他之所以写作《文心雕龙》，也正是追求实现这一人生目标，效法孟子的写作精神。在《文心雕龙》一书中，"君子"一词几乎成为写作楷模与审美理想的代名词，但这并

唐 孙位 《高逸图》

此图描绘的是魏晋时期竹林七贤的故事,表现了魏晋士大夫"清俊飘逸"的风度。现存《高逸图》为《竹林七贤图》残卷,图中只剩四贤。

非偶然,而是刘勰人生理想的投射。

中国古代以儒学为主干的博雅国学,是铸造中华民族精神美学的主要途径,学术熔造美学,美学涵泳学术,呈现出良好的互为关系。

国学通过知识、价值观与精神信仰的养成,为中国文化培养为天地立心、为生民立命、为往圣继绝学的人才。儒、道、释三家的思想,塑造了一代代中国人,深深影响了中国人的审美观念,也形塑了中国美学的精神底色。

传统国学将人格精神与学术精神融为一体,追求人与天地之道的合一,探讨人与宇宙精神的同一性,同时又具有浓烈的世俗形态,从

而使学术精神与审美境界相交融，人的主体也在学术境界中获得既有浓厚情结又不脱离尘世的性质。这种学术形态与精神，历经岁月的磨洗，反而放射出熠熠光芒。中国美学在儒、道、禅思想的滋养下，形成了相对恒定的精神价值观念与思想方法。在持续发展的过程中，中国美学呈现出海纳百川的气势与自信，不断吸纳外来文化因素，摒弃落后文化因素，壮大自身文化优势，历经艰难与曲折而生生不息，形成包容开放的格局与魅力。它参古变法，望今制奇，可谓"日新之谓盛德"。

（作者系国家社科基金项目"魏晋重大事件与文学思潮走向研究"负责人，中国人民大学国学院教授）

十四年丁巳孔子年
八季康子使人迎孔
孔子歸魯以暮終不用
子亦不求仕乃序
傳禮記刪詩正樂序易
彖繫說卦文言萬千盖
焉身通六藝者七十
員曰
轍環天下
道不可行
曰歸乎來
修戒典刑
三千其徒
七十高第
刪述六經

中和礼仪

吴 飞

"中国有礼仪之大，故称夏；有服章之美，谓之华。"唐代学者孔颖达的这两句话，非常深刻地揭示了华夏文明作为礼乐文明的美学意义。不同于古代希腊的城邦文明和现代西方的宗教文明，中华礼乐文明参照天地自然之节律，予以适宜的修饰，而形成辉煌灿烂的文明体。它的美不在于人为的创造，也不在于神恩的赐予，而在于返璞归自然。

传说远古帝王太昊伏羲氏仰观天文，看到日月交替，阴阳氤氲，自然成象；俯察地理，看到山河壮丽，草木繁茂，鸟兽栖息。伏羲氏有所感悟，根据天地自然的这些纹理画出八卦，并由此确定了最初的婚姻制度，也发明了最早的乐器瑟，这就是"礼乐"的发明，也是文明的开端。

孔子年四十三春昭公卒定
公立季氏僭於公室陪臣執
國命故孔子不仕退而修詩
書定禮樂弟子彌衆

贊曰
道升志阻　降衷於其
道未可行　懷寶以藏
乃修詩書　正樂定禮
洙泗洋洋　時儒而起

哀公十四年丁巳孔子年
七十有二之春西狩獲麟
于時孔子既傷麟不用
書淮禮記刪詩正樂序易
彖繫象說卦文言弟子盖
三千焉身通六藝者七十
二人

贊曰
轍環天下　道不可行
回歸乎來　降我典刑
刪其三千　述其七十
刪述既畢　垂憲萬世

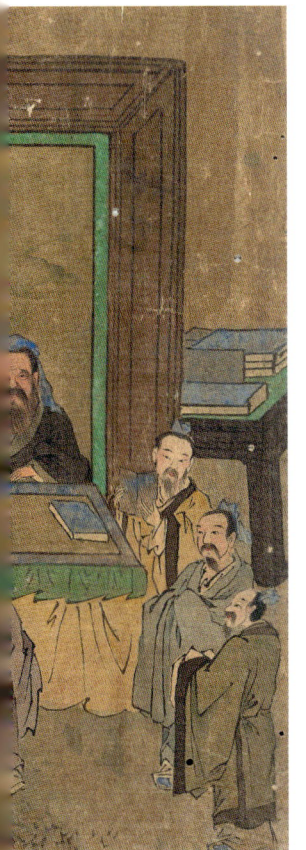

上
明 佚名 《孔子圣迹图·退修诗书》

下
明 佚名 《孔子圣迹图·删述六经》

在自然之中，最重要的是人性自然。喜怒哀乐之情，是人性的具体表现，千姿百态，变动不居，如何理解、诠释和规训人情，决定了各大文明的基本品格。所谓文明，并非人类将自己的创造强加在自然之上，而是在混沦自然中发现美好的纹理："刚柔交错，天文也；文明以止，人文也。"文明之美，在于它最有序地反映了自然之美，自然能有多美，人类文明就可以有多美。

礼乐文化中的自然诗性

民国时期的冯友兰、李安宅等先生，曾把中华礼乐文明称为"诗"的文明，认为其中渗透着浓重的诗歌美学。前辈先生之所以用"诗"来理解礼乐文明，是为了区别于现代西方文明中笼罩性的宗教精神。宗教精神强调的是神的创造和超越，特别是把自然视为需要被超越和改造的。但中华文明不同，它不仅将自然视为文明的起点，而且当作文明的目的。人类文明的真正目的并不是超越和改造自然，而是回归自然。这一特点决定了中华礼乐文明的基本特征和美学境界：以文明与自然的和谐为最高标准。

《论语·雍也》中记录了孔子非常著名的一段

话:"质胜文则野,文胜质则史。文质彬彬,然后君子。"孔子所说的"质",指的就是自然,"文"指的就是人类文明的各种创造,包括文字、文章、文化、制度等。

怎么来理解文和质的关系?比如一块石头,这块石头的总体就是质,石头上的纹路就是文,皇侃注《论语》时以"实"解"质","质实"就是万物自然而然的状态。我们要对这块粗朴的顽石进行加工,就要找到内在于质实的纹路,按照它来切割打磨,最终把石头雕琢成一件精美的工艺品。中国人喜欢用玉石来代表君子之德,因为玉既有美好光滑的材质属性,更有极其细密的纹理特征。

中国人理解的文明,就是在自然的质地中发现纹路,然后按照这纹路进行文饰,使它更加华美有序。虽然经过文饰后的玉石更美了,但它仍然是一块石头,那些文饰并没有改变石头的质实,也不应该破坏自然,只是对它加以文饰雕琢。文明的意义,就在于文饰和加工粗朴的质实,但并不破坏自然。

所以,孔子这段话的意思是,我们的生活中如果只有粗朴的自然,没有多少文饰,那就会流于野蛮粗略,但如果人为创造的文明过多,胜过了自然,甚至损害了自然,那就过于做作,两种极端情况都不好,背离了人类应该崇尚的文明生活。最好的文明状态是"文质彬彬",也就是自然与文明相和谐匹配,做到这样才算君子。

这段话可以视为礼乐文明的最基本原则。人类是自然的产物,从自然界中诞生,创造了自己的文明体系。但孔子告诉我们,人为的文明制度虽然辉煌灿烂,它的基础却在自然,目的也在于维护自然,如果与自然脱离,那就会带来灾难性的后果。这个原则当然也成为中国美学的标准：自然是最高的美，人类的一切创造，最终都是要回到自然才有意义。

孔子的一个非常有名的弟子子路，本来是一个孔武有力、侠义率直的年轻人，正是"质胜文则野"的类型，甚至还曾经对孔子无礼。但孔子欣赏他的性格和能力，有意要培养他，于是问子路："你的爱好是什么？"子路说："我喜欢长剑。"孔子就劝导他说："以你的本领，再多一些学问，会有很大的进步的。"子路不屑地回答孔子："学问能有什么用？"孔子就引经据典，耐心引导，告诉他读书学习的好处，终于打动了子路。子路后来拜孔子为师，成为孔门的大弟子，坚守孔子的礼乐教诲。在卫国的一次内乱中，他遭到攻击，危急之中冠缨断了，冠马上就要从头上掉下来，子路说："君子死而冠不免。"他从容地将冠缨系起来，却同时遭受了致命伤而死去。孔子对子路的教育，正是"文质彬彬，然后君子"的典型案例。

礼序乾坤，乐和天地

《乐记》中说"大乐与天地同和，大礼与天地同节"，讲的就是礼乐制度和天地自然的关系。天地自然是有"节"有"和"的，"节"强调的是差别，"和"强调的是和谐。比如春夏秋冬四时，会有冷暖寒暑的不同，这就是节。中国的历法制度产生很早，春秋战国时已经有了二十四节气和七十二候，就是为了尽可能细致地理解天地的节律。所以人类的礼制也特别强调节，也就是差异与秩序。

但另一方面，天地之节并不是绝对的，所有的差异最终还要统合为一，《易传》讲"天地之大德曰生"，春夏秋冬的差异，最终落实为各种生命的生长收藏，所以孔子说："天何言哉！四时行焉，百物生焉。"天地之大之美，就在于四时代序与万物生长的统一，即节与和的统一。

所以，人类的制度也不能仅仅强调秩序，还必须把所有这些秩序统合起来，讲"和"，也就是要有利于礼乐制度下自然生命的展开。所以，"乐者，天地之和也；礼者，天地之序也"。礼乐制度，就是人类以文明的方式对自然世界的诠释，因而礼乐文明也要以激发人们的生命活力为最终目的。

中国古人对历法是非常重视的，他们认为，春夏秋冬的运转是天地生生大德最重要的体现方式，所以，准确地测算出四时变化，制定历法，是文明制度的头等大事，因而也是礼乐制度的基础。传说中，古帝王尧最重要的功业就是制定历法。《尚书·尧典》中说他派了四个兄弟——羲仲、羲叔、和仲、和叔，分别到东、南、西、北四方，去测算春分、夏至、秋分、冬至，然后制定出一年366天的历法。这件事被称为"观象授时"。尧在把帝位禅让给舜的时候说："天之历数在尔躬。"意思就是说，以后制定和掌管历法的职责就在你身上了。考古发掘的很多文献都与历法有关，比如民国时期在长沙子弹库出土的战国楚帛书，其实就是一张战国时的月历，其中生动讲述了羲和四兄弟制定历法的神话版本。

礼乐制度的一个基本原则是参照四时运行，《礼记·月令》非常详细地讲述了这个原则的使用。唐玄宗时曾经在礼乐制度上有过很大的创新，其中一点就是把本来是第四篇的《月令》改成《礼记》的第

战国 子弹库楚帛书（复原摹本）

帛书中间两段文字共计九百余字，被命名为甲编和乙编；
四周绘制了十二个造型怪异的神秘图案，对应《尔雅·释天》中的十二月神，
即陬、如、寎、余、皋、且、相、壮、玄、阳、辜、涂。

一篇，以强调它的特殊地位。

  从礼乐文明的角度看，时令不仅构成了农作物生长的节律，更是生命展开的节律。所以，音律的十二律与十二月是一一对应的。天子的明堂也分为四部分，分别对应于东南西北四方，每部分三个小室，每个室对应于一个月，每个月要使用不同的宫室，以与天地之序相合。

  每年冬至日，是阳气初生的时候，一年复始，万象更新。在这一天，天子要在都城的南郊主持盛大的祭天仪式，称为郊天礼，这是所

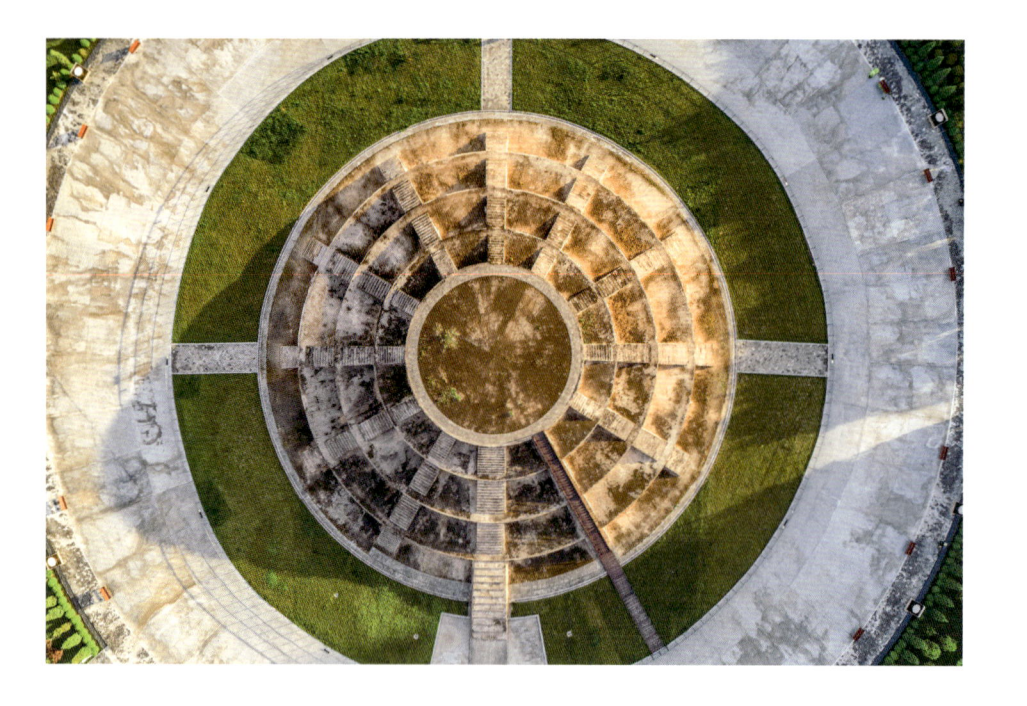

西安唐代圜丘遗址

圜丘遗址为四层圆台，每层的层高约为两米，各层圆台都设有十二陛，均匀地分布在圆台四周，呈十二辰分布，是隋唐时期天子祭天的场所。

有祭礼当中最隆重的一种。历代礼学围绕郊天礼的争论非常多，也极其繁复。每朝建国，首先确定的就是自己的郊天礼制度，这往往决定了这一朝代的基本品格。

除冬至郊天之祭以外，一年四时还有很多和时令相配合的礼制。对祖先的祭祀，也应有春、夏、秋、冬四次，经过历代的演化，成为我们今天熟悉的清明、中元、寒衣、除夕四个中国传统节日的祭祀。之所以要按照时序祭祀，是因为每个时节会有不同的出产，子孙要将时令的菜果献给祖先，让他们尝鲜，就如同他们活着时的孝敬程度一样。

"三礼"中的《周礼》特别能体现礼乐文明效法天地四时的特点。《周礼》本名《周官》，一共分为六篇，即政府的六大部门，分别是天官冢宰、地官司徒、春官宗伯、夏官司马、秋官司寇、冬官司空。这六种官职构成古人所设想的理想政府的基本构架，被认为分别对应于天、地、春、夏、秋、冬。隋唐之后的吏、户、礼、兵、刑、工六部，就是按照《周礼》思想形成的。天地运行的阴阳变易，是人类所能观察到的最重要的自然节律，也是宇宙乾坤之大美的集中体现。人类的礼乐制度，需要按照这种节律来安排，而不能超越或违背自然，否则必将会遭到惩罚。礼所反映的天地之节，和乐所反映的天地之和，是文明之美的无尽源泉。所以在根本上，礼乐文明之美，仍然来自天地乾坤之美。

中道之美：礼乐文化的核心精神

正是因为基于自然，礼乐文明的核心精神是中道，或曰中庸、中和，这是文质彬彬的最高境界。对中道的一个常见误解，是以为它就是折中主义，是"抹稀泥"。中道，并非无原则地求中，它包含两个方面。首先，每个人在社会与自然当中都要从自我出发，而他在社会事务中的一切作为，最终都要落实为对自我的完善，"我"就是每个人的"中"。第二，要完善每个自我，就要在自然与文明之间求得一个适中的尺度，不偏不倚。中道不是机械地各居一半，宋代和明代人常将文质彬彬理解为"文三质七"，因为他们意识到，在自然之质和文明之文当中，应该以自然为主。但中道也不是简单地按照比例来计算。一方面，我们无时无刻不生活在文明的创造当中；另一方面，所有文明的创造又都来自自然，归于自然。充分考虑到这两个方面，使文明的生活能够最好地实现性命自然，这就是中道。中道，是中国思想中辩证精神的所在。

中道不仅是礼乐之美的终极体现，也是各种技艺的精髓。比如中医一向讲阴阳辨证、君臣佐使；武术讲究"守中用中，以应无穷"；绘画的原则是"绘事后素"；音乐，也不是以最高亢的声音为上品，而是以至善至美的中和韶乐为大雅。

"中"本来是一个方位概念。简单说来，我们每个人都处在中位。我正午之时面对太阳站立，左面就是东，前面是南，右面是西，背后是北，我就处在东南西北的正中间，这就是最原始的中。每个人处在一个中位，在他生命的动态展开过程中守住这个中位，也就是在恰当的时间做最恰当的事情，这叫作"时中"。

虽然中道落实在每个自我身上，但任何一个自我都不是孤立地存在于这个世界上，而是处在一个社会共同体中。要做到时中，一方面要做好内在的修身，另一方面要充分理解我所在的这个社会共同体，洞察自己在其中所处的位置，既能维护自己的尊严，也能最大限度地实现自我价值。只有这样才能做到时中，成就君子人格之美。

《大学》里面说的"格物、致知、诚意、正心、修身"，是自我的修养，"齐家、治国、平天下"则是在社会共同体中实现自我的价值。自我生活在社会当中，我要中正修身，不仅取决于我自身是否做好了，而且要考虑我和周围人的关系，考虑我在社会中所处的位置。

礼学中对人伦关系的重视，也恰如其分地体现了"中道"的精神。人类文明有比较明确的婚姻制度，因而也就能使子女明确谁是父母，谁是同父母的兄弟姊妹，为这些自然关系赋予文明意义，而不像动物种群那样仅有自然本能的归属感。然后从这种家庭关系扩展到更大的家族，再由不同的家族组成国家，甚至由不同的国家推展到全天下。我们每个人处在家、国、天下之中，都应该贡献于自己所在的社会，但怎样才能做出最适合的贡献，怎样才能实现自己最大的价值，这就是时中的问题。

孟子曾经举过一个例子：如果我和乡里的一些人一起喝酒，同时有我的亲哥哥和乡里一位长者。按照亲疏关系，我和哥哥更亲；但按照年龄，那位长者更年长。那么，我究竟应该是先向哥哥敬酒，还是先向那位长者敬酒呢？知礼的人应该先向那位长者敬酒，因为这不是自己家里，是一个公共场合，我必须按照公共场合的规则来行礼。

处理人伦关系，主要有两条基本原则：亲亲和尊尊。在家里，应该以亲亲为主；在家外，应该以尊尊为主。进一步讲，亲亲就是自然之质，尊尊就是文明之文。比如对待父母，我就应该以亲亲原则为主，对他们要尊敬，但是不必太拘泥，这叫"父党无容"，我对父母的尊重基于自然亲情，因而可以比较随意，不用处处都那么严肃认真。孟子甚至还说，对父母的怨慕，也是正当的，因为这来自自然的亲子之情。

但是对于和我父亲年龄相仿的另一位长辈，比如老师或领导，我就不能像对父亲那样随意，而应该更正式一些，因为我和他们的关系不是来自自然亲情。所以，孟子虽然说"老吾老以及人之老，幼吾幼以及人之幼"，但对我的父母和他人的父母，对我的子女和他人的子女，还是有分别的。清楚这种分别才是中道，才是知礼。

天地自然之美，是礼仪之美的根本来源，但人类毕竟生活在文明社会，又必须努力维护文明秩序。古代礼学中亲亲与尊尊原则之间的平衡，其实就是自然原则和文明原则的平衡。文明基于自然的生命力，人类自然必须在文明秩序中才能成就。能够平衡自然与文明，正是礼乐精神的中道之美。

源远流长的中华礼仪

以上所说的礼乐之美，体现在各种具体的礼制当中。《周礼》将礼分为吉礼、凶礼、宾礼、军礼、嘉礼五大类，《仪礼》和《礼记》则以冠、昏、丧、祭、射、乡、朝、聘为八种最重要的礼。随着《周礼》地位的上升，从唐代开始，五礼成为国家礼典的基本结构。其中每一种礼，都深刻体现着礼序天地、乐和乾坤的中道精神。

《周礼》中说："以吉礼事邦国之鬼神祇。"吉礼所指大多是祭祀，是最重要的一种礼。祭祀的对象有三大类：天神、地祇、人鬼。天神包括风雨雷电、日月星辰等，人们通过这种祭天礼表达出对自然天道的基本尊崇。特别是和农业生产极其相关的祈谷求雨。天坛祈年殿，就是每年由皇帝亲自祭天祈谷的地方；圜丘，则是郊祀昊天上帝的场所。这两个礼制建筑都充分体现了中国建筑的美学精神，其基本要素都是代表混沦之天的圆形。

地祇也是指自然神，是和地理现象相关的自然神，比如名山大川、社稷城隍。为了确定东南西北中五方各有一座大山，而有了五岳的地位；与之相对，黄河、淮河、济水、长江，作为大川的代表，被称为四渎。帝王在正方形的地坛祭祀后土时，也要把五岳四渎等重要地祇一并祭祀。社稷坛（今中山公园）的五色土，同样象征了天下五方。社稷，不仅代表国家的命脉所系，同时也展现了五方四时的大一统之美。

人死为鬼，中国传统文化对鬼的态度不仅是畏惧，更多是有着丰富美学内涵的鬼趣，延展成文明史的敬畏感与亲切感。人鬼之祭不仅包括对历代祖先的祭祀，更包含了对历代圣贤、英雄烈士的永久纪念。立德、立功、立言为三不朽，不朽的直观表现形式，就是隆重盛大的祭祀。绵延不绝的祭祀使一些逝去已久的人物，如孔子、关公、华佗、岳飞、文天祥的地位上升，甚至可以与天神地祇并列。

丧礼与祭礼常常并称，甚至被混淆。但祭礼是吉礼，丧礼是凶礼，二者的性质截然相反，犹如阴阳之相反相成。亲人去世，所有殡殓、丧葬之礼，都属于凶礼，以哀戚为主。但是在丧礼结束之后，死者就成了祖先，进入历史，对祖先的所有纪念和祭祀都已经属于吉礼的范畴，它的主题是敬，而不再是哀。

《周礼》中说："以凶礼哀邦国之忧。"凶礼以丧礼为主，但不只是丧礼，还包括针对灾荒、瘟疫、战败等负面事件的礼，形式上都与丧礼类似，以尽可能自然的方式表达哀痛之情，以面对和化解生活中不可避免的负面事件。

《礼记·檀弓》中有一则故事很能说明凶礼的意义。鲁国有一年久旱不雨，鲁穆公对儒生县子说："这样的旱灾之下，我把祈雨不成的巫婆暴晒在太阳下，是不是就可以了？"这很可能是一种久远的巫术式祈雨仪式。但县子完全不同意："天旱了，暴晒一位老太太有什么用呢？"鲁穆公于是决定像丧礼那样举行哀悼仪式，关闭集市。这得到了县子的赞赏，认为这才是对待灾荒的应有态度。天不下雨，对于这种自然灾害，古人其实没有什么有效的解决办法。祭天祈雨，固然是一种相沿很久的传统，而且也往往被列入国家祀典，但从儒家人

北京天坛祈年殿

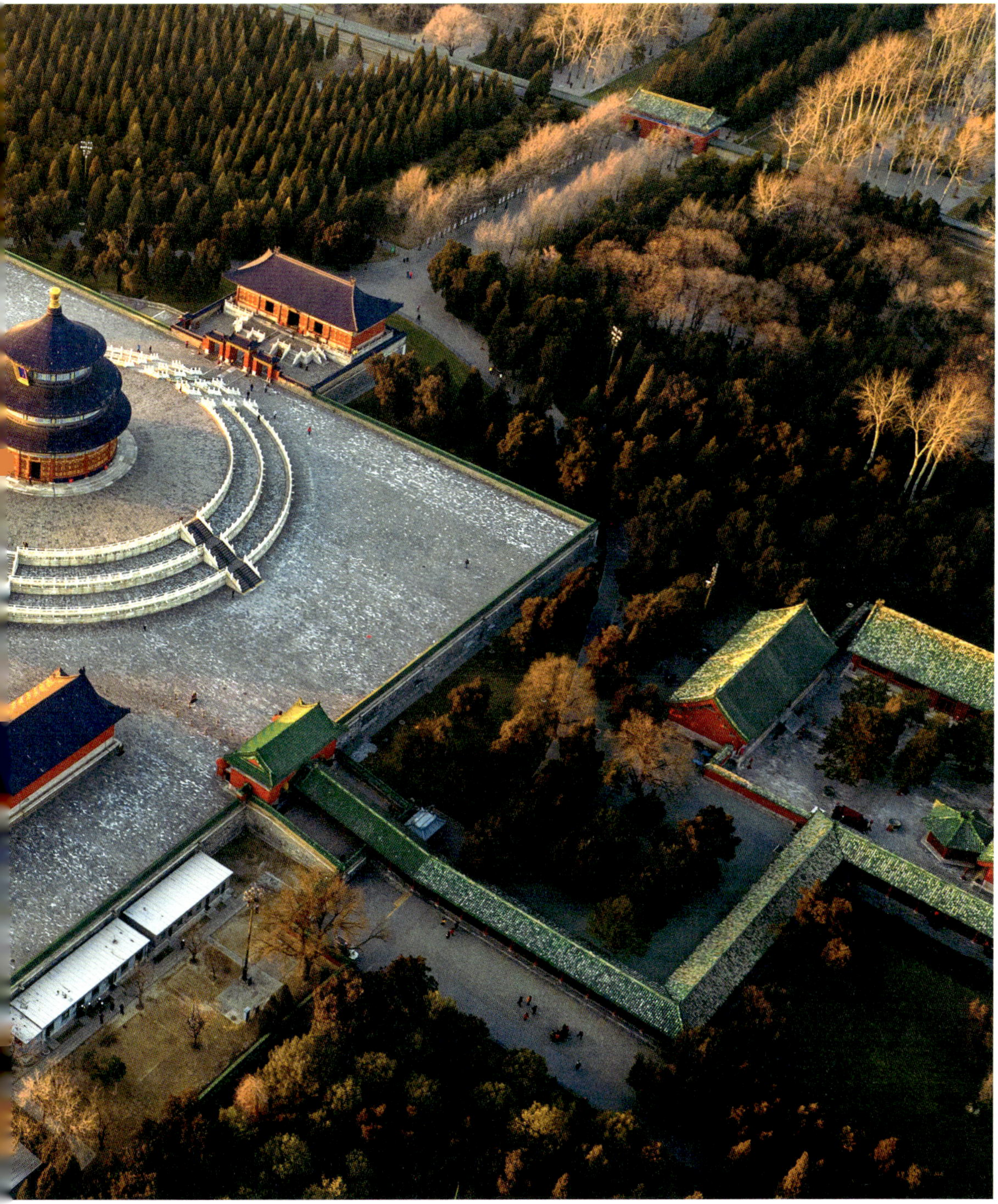

文传统的礼学角度看，这并不是最重要的，最重要的是内心深处对灾害所致民间疾苦的关注与同情。

宾礼，顾名思义，就是宾客之间的往来之礼。《周礼》中说："以宾礼亲邦国。"在古代，宾礼既包括天子、诸侯之间的朝聘问候之礼，也包括个人间的来往、问候之礼。所谓"礼尚往来"，无论是国家之间还是个人之间，最重要的是表达对对方的敬意，互相尊重而又不谄媚，谦抑自身但不失尊严。

《诗经》中有一首著名的《鹿鸣》，就是天子筵飨诸侯时唱的："我有嘉宾，德音孔昭。"这本来是君上对臣下所说，君却不可以自居为君，而要把对方（哪怕是臣下和晚辈）尊称为"嘉宾"。所以，中国古代的君主或帝王，自称"予一人""寡人""不穀""孤""朕"，其本来含义都是谦抑自己，而与西方君主制中的君主复数（西方君主自称，一定要称复数的We，而不是单数的I）完全相反。

在古代，凡是和军队与战争相关的制度规定，都可纳入军礼的范围，包括军制、出师、阅兵、车战、田猎、马政等。《周礼》中说："以军礼同邦国。"国之大事，在祀与戎。由于人类社会之间的冲突是难免的，战争也是人类文明史不可缺少的一部分。

和世界各文明的先哲一样，中国思想家很早就意识到了战争在一定范围内的不可避免，并发展出与战争相关的一系列制度、观念和思想。西方思想中的战争，往往被当作国家形成的必要手段。但孔子说"止戈为武"，只有以终止战争和预防战争为目的，战争才有正面意义。

古代军礼之书很多失传了，流传于世的《司马法》中保存了军礼的最主要思想。其中说："故国虽大，好战必亡；天下虽安，忘战必

宋 曾巽申 《大驾卤簿图书》局部

此图绘大驾卤簿仪仗，人与物比例极小，但造型准确、笔势刚健、描绘精工，是研究宋代舆服、仪卫、兵器、乐器等制度的重要形象资料。

危。"这成为中国文明理解战争的核心思想。战争不是国家的目的，如果穷兵黩武，发展出军国主义，国家的存在也就失去了意义；但军队是国家必要的部门，如果没有一定程度的国防力量，国家就会处在极大的危险当中。

兵家成为先秦诸子中的一家，但普遍遵循了《司马法》中的这一原则，从而使战争成为一门艺术，蕴含着特别的美学精神。《孙子兵法》中的这几句话尤其体现了军礼的原则："夫用兵之法，全国为上，破国次之。""是故百战百胜，非善之善者也；不战而屈人之兵，善之善者也。"数千年来，大军事家层出不穷，运筹帷幄之中，决胜千里之外，使战争成为一门艺术。伟大军事家之间，如《三国演义》中诸葛亮与司马懿的高手对决，羊祜和陆抗既像朋友也像对手的博弈，是人类智慧根据各种具体情况的巧妙运用，其目的是化解生活中的冲突，而非激化矛盾。

嘉礼，是范围最广且与一般民众最相关的一类礼。《周礼》中说："以嘉礼亲万民。"冠、婚、饮食、庆贺，以及一般人之间的各种交往之礼，均在嘉礼的范围之内。宋代以后，随着平民社会的兴起和礼制下移，嘉礼尤其受到重视。

冠礼就是成人礼。古代孩童的头饰比较随意，成人男子都要有冠，女子都要有笄，加上冠和笄就算成人了。在行冠礼的时候，要有德高望重的长辈参加，并且要给行冠礼者起一个"字"，字也是成人的一种标志，是对生时所命的名的一种解释与辅助。比如孔子名丘，冠礼时得字仲尼，第一个字是排行，"仲"表示他是第二个孩子，孔子应该有个哥哥，"尼"字则是对"丘"字的解释，孔子生于尼山，这个"丘"指的就是尼山；再如屈原，字平，因为"原"指的是平坦的土地。还有的时候，字可以从反面解释名，比如清代大学者王念孙，他的字是"怀祖"，祖孙相对，相映成趣。有了字之后，除去特别亲近的长辈，名就不能随便称呼了，通常要称字以示尊敬。还有更多的文人雅士，会给自己起各种雅号。有重要历史贡献的人，还会有谥号。名、字、号呈现出人的尊严、格调与趣味，起名的艺术，也是中国独特的礼学之美的体现。

冠礼之后，即可成婚。婚礼，本来称为"昏礼"，因为大多是黄昏时举行的。冠、婚二礼，共同被视为人道之始，都是非常重要的人生礼仪。传说太昊伏羲氏在制作八卦之时，就制定了婚礼，使得欢好有序，人伦不乱，上继宗庙，下传后世。《列女传》说："平旦缅笄而朝，则有君臣之严；沃盥馈食，则有父子之敬；报反而行，则有兄弟之道；受期必诚，则有朋友之信；寝席之交，而后有夫妇之际。"夫妻之间综合了这数种人伦关系的特征，因而成为一种最基本、最全面，也最复杂的关系。中国的礼乐文明是以人情现实为本的，所有的礼仪都不是僵化的教条，也不是虚幻的理想。所以，婚姻之礼，必须使男女双方正视他们所在的社会环境，充分考虑到双方家庭的过去、现在与未来，彼此尊重对方的社会处境和人格尊严，才能成就家庭的人伦之美。

关于饮食之礼，传统礼学当中有各种大大小小的讨论。比如在《论语·乡党》中，孔子饮食的许多细节得到了呈现。而在《礼记》第一篇《曲礼》当中，更是谈到了与人吃饭时的各种细节。比如，在别人请客时不能"啮骨"，即不能使劲啃骨头上的肉，显得很贪婪，或是怪主人提供的饭食不多；不能"反鱼肉"，即夹起来的鱼肉不能再放回去；"毋固获"，不要一味地吃某种菜，哪怕夹不起来也一定要夹，是很不礼貌的。这些细节的规定，其统一原则仍然是既尊重别人，也尊重自己。

射箭是中国古代流行的一种运动方式，和射箭相关的礼有乡射、宾射、燕射、大射等，射也是孔子教学生的六艺（礼、乐、射、御、书、数）之一。《论语》《孟子》《射义》《中庸》等都特别解释了儒家为什么如此偏爱这种运动：箭能否射中，取决于自身站立的位置是否中正。如果箭射偏了，射手不能怨天尤人，只能反躬自省，看自己究竟

明 商喜 《明宣宗行乐图》局部

哪里没有做好。射箭中与不中，不只取决于静态的站立姿势，射手还要考虑风速和风向，考虑外部各种细微的影响，因而有一个动态求中的过程。因此，射箭的道理就是修身的道理，其中蕴含着中道的精髓。

此外，乡饮酒是地方社会重要的一种礼。《仪礼》中"乡饮酒礼"本是地方官吏选出贤能之士献给诸侯，与之饮酒的礼。但其他许多场合下，乡中贤者的饮酒，往往也称为"乡饮酒"，特别是乡射礼中，在射箭之前，先要举行乡饮酒礼。可见，乡饮酒礼是和睦地方社会、整齐地方秩序的一种非常重要的礼。明太祖之时，曾结合时代状况，大力改造和推行乡饮酒礼，特别是把乡饮酒礼和乡约制度结合起来，使其成为德业相劝、过失相规的一种方式。今天我们酒桌上的敬酒之礼，就是古代乡饮酒礼的遗存，它的目的不是劝酒，而是和谐与秩序。孔子"唯酒无量，不及乱"，给我们树立了一个很好的榜样。

"礼仪三百，威仪三千"，巨细靡遗的礼制构成了礼乐文明的制

度架构。但"礼，时为大"，由于礼乐来自自然、归于自然，要在文明与自然之间求得一个辩证中道，所以每个时代，每个场合，甚至每个人，究竟怎样最恰当地行礼，都是不一样的。正是这种动态的时中之美，展现了中华文明的基本精神。所以，今天对礼乐之美的继承并不是对哪些具体礼制的继承，而是对礼乐精神的继承。

庄子说："天地有大美而不言。"彬彬礼乐之美，既在于天地万物之雍容自然，亦在于文明创造的巧夺天工。人类文明之美，归根结底来自自然天道；而天地自然之美，也只有通过人类文明的创造才能体现出来。中华民族的礼乐文明，正是建基于生生不息的大自然，才能永远充满了活力和朝气，鸢飞戾天，鱼跃于渊，一切都是活泼泼的。《大学》中说："苟日新，日日新，又日新。"中华文明之所以能够不断吐故纳新，正在于此。这也将是我们在现代世界中继承礼乐文明的根本所在。

（作者系国家社科基金重点项目"比较哲学视野下的性命论哲学研究"负责人，北京大学哲学系教授）

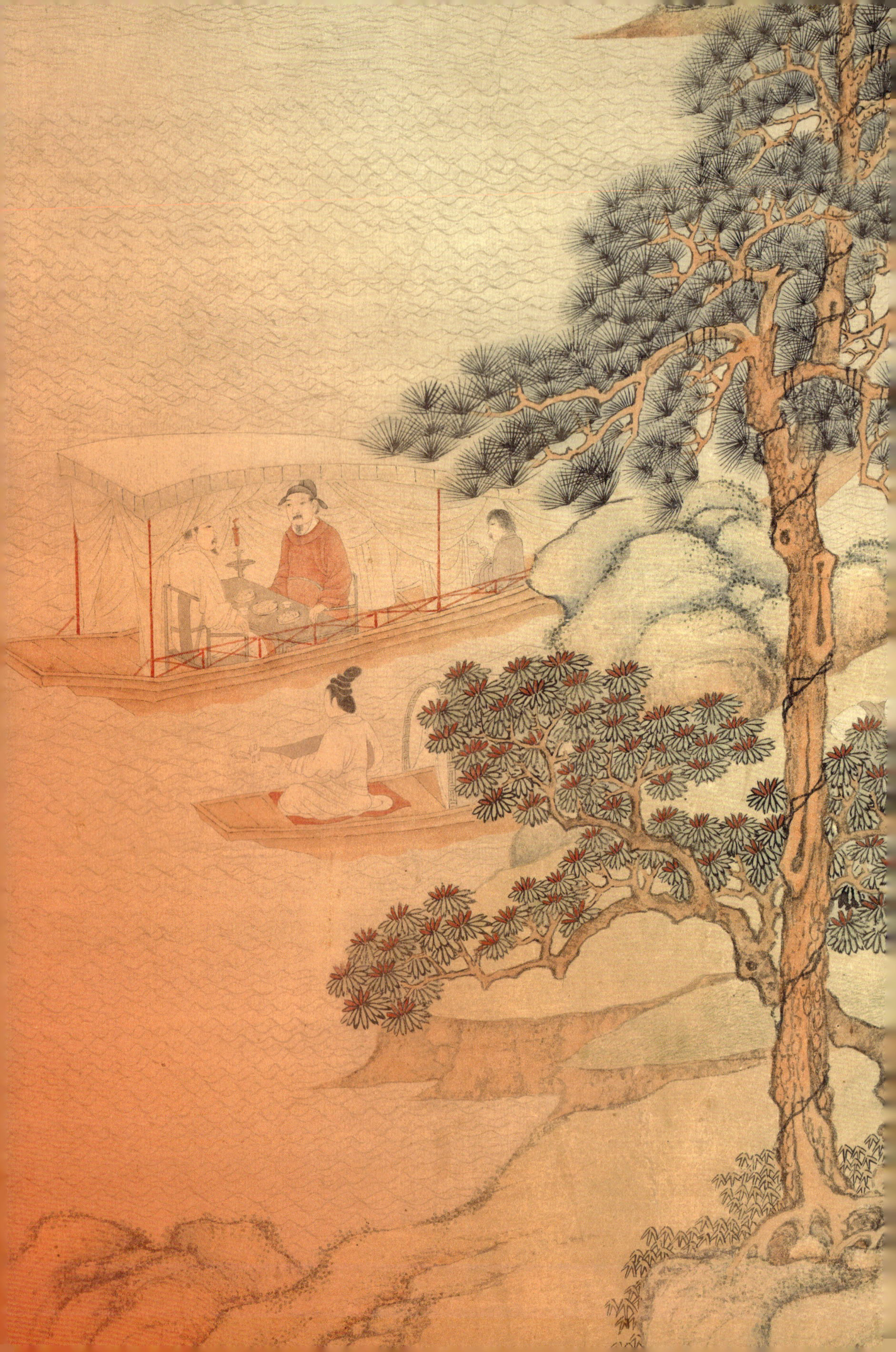

音乐正声

田青

千百年来，音乐在中国人的生活中无处不在，也发挥着巨大的、不可替代的作用：桑间濮上，人们用歌声寻求着爱情；队前伍后，人们用歌声统一着步伐；共同劳作时，"吭唷"之声不断；冲锋陷阵处，金鼓之声齐鸣。在中国历史上，有过不知多少关于人和音乐的传说：伯牙与子期凭音乐的共鸣而肝胆相照；司马相如和卓文君因音乐的媒介而永缔佳缘；智慧的张良，靠一支洞箫、四面楚歌，瓦解了项羽的亲兵；大胆的孔明，用一张古琴、两扇城门，吓退了司马懿的大军。

中国音乐之独特，在于其蕴含着一种人文精神。中国传统音乐之美，在于其能触及心底，是中国文化的瑰宝和精粹。音乐是人创造的，是人聆听的，是人的情感与思想的凝聚与升华。因乐可知心，因乐可知人，你懂得了中国人的音乐，也就懂得了中国人，懂得了中国。

和而不同，人间之美

假如让我只用一个字来概括中国音乐的话，那就是"和"。这个"和"字，不但是中国文化的核心价值和最高体现，也是中国人和中国音乐的最终追求。公元前522年，一个叫晏子的政治家就是用音乐为例，生动、准确地阐明了"和"与"同"。他说，"和"的本质，就像音乐一样，要有不同的"清浊、小大、短长、疾徐、哀乐、刚柔……"而"同"，则是"以水济水"，假如音乐只是一个相同声音的不断重复，那又有谁愿意听呢？中国人将"和而不同"这个从音乐中悟出的道理上升为哲学，落实在生活的方方面面，成为我们的祖先贡献给人类社会的中国智慧。

1987年，在我国河南省舞阳县贾湖村出土了一件贾湖骨笛，由仙鹤的尺骨做成。这件骨笛有7孔，可吹奏七声音阶的现代乐曲，且音色优美。同时出土的20多支骨笛，经考古学家用碳-14同位素测量法测定，已距今八九千年。这表明我们的祖先在8000年前就已经创造发明了一种完备的管乐器。这是当今世界上发现的最早的管乐器之一，可谓中华文明的第一缕曙光。

中国人从先秦时就极其智慧地将人耳所闻分为三个层次，即"声""音""乐"。禽兽只能听懂同类之间的"声"，普通人只能懂得由"音"构成的语言，只有掌握了文明的人才懂得音乐。我们的祖先在音乐中追求平静与和谐，这种和谐是心与身的和谐，人与人的和

贾湖骨笛

谐，人与大自然、与万物、与天地的和谐。

中国的音乐文化不但开始早，而且在很长一段时间里处于世界前列。以孔孟老庄为代表的中国古代哲学家都对音乐有着非常清晰、深刻的论断。孔子不但认为人格养成的途径是"兴于诗、立于礼、成于乐"，把音乐文化视为最高的修养，他自己还会弹琴、唱歌，音乐是他生活中的重要内容。

孔子一生都把复兴周礼作为努力的目标，而"礼乐"则是中国人对世界文明的一个伟大贡献。把"礼"和"乐"结合在一起，可以使社会安定有序，同时又充满活力。用荀子的话说："乐合同，礼别异。""礼"使人和人有区别，有尊卑，有秩序；"乐"则是通过音乐这种人类能够理解和共同欣赏的艺术形式，找到人们的共同点，让人和人之间有关爱、有亲情，从而达到"和"的境地。

传说黄帝命令臣子伶伦制乐，伶伦就模仿凤凰的鸣叫，用竹子做了十二根律管，这十二根长短不同的竹管依次发出的各差半音的声音，就是十二律：黄钟、大吕、太簇、夹钟、姑洗、中吕、蕤宾、林钟、夷则、南吕、无射、应钟。其中的"黄钟"，作为中国音乐的标

曾侯乙编钟

准音；而十二律，则成为中国音乐千百年来的基础和规制。

中国古代的统治者相信，只要制定了本朝的音乐制度，尤其是制定了"黄钟"这个音高标准，便可以"天下大定"。因此自礼乐制度建立后，在很长一段时间里，改朝换代后的新政权要做的第一件国之

大事便是"制礼作乐"。可见古代音乐在中国的重要性。

1978年夏天，在湖北省随县擂鼓墩发现了一座古墓，墓主叫曾侯乙，是战国时一个诸侯国曾国的君主。该墓共出土文物一万多件，光乐器便有125件，包括极难保存的竹、木类乐器笙、鼓、排箫、篪、五弦琴、十弦琴、二十五弦瑟，还有编钟、编磬等，其中最宝贵、最伟大的发现，是一套共有65件的青铜编钟，即现已闻名于世的"曾侯乙编钟"。编钟出土时分三层八组，挂满了墓室的整整三面墙，正符合《周礼》中"诸侯轩悬"的规定。全套编钟总重量达2567千克，音色纯正优美，而且"一钟双音"，每个甬钟可以敲击出两个相差大、小三度的音来。整套编钟总音域达五个半八度，音列与现代的C大调相同，中间的三个半八度构成完整的半音阶，可以演奏现代的乐曲。

圣人之器，雅乐之美

从周代开始，中国人根据材质将乐器分为金、石、土、革、丝、木、匏、竹八类，"金"指青铜，如钟；"石"指玉、石，如磬；"土"指陶土，如埙；"革"指皮革，如鼓；"丝"指弦线，如琴；"木""竹"指木、竹制乐器，如管、笛、柷、敔；"匏"指葫芦，如笙。其中最能代表中国人对音乐之美甚至人格品性追求的，则是古琴。古人弹琴是为了和自己的心灵对话，和自然、天地交流，因此使得古琴与人格和独立精神连接在一起。直至今日，许多人都有过在舒缓、平静的古琴声中感到心灵安适的经历。

古琴原来只叫"琴"，因为"琴"在中国文化中无出其右的重要性，在汉语里，琴字逐渐成为所有乐器的统称。为了有所区别，才在"琴"字前加了一个"古"字，是名古琴。古琴是中国文人的乐器，因此，它也像中国文人一样，还有一些雅号，比如瑶琴、玉琴等，也有一种更直接的称呼：七弦琴。

在中国乃至世界上，人们发明和使用着许许多多的乐器，所有的乐器都各具特色，其中有许多乐器有着丰富的表现力和文化积累。但是，像古琴这样负载着如此众多文化内涵的乐器却绝无仅有。因为古琴不但有着3000多年悠久的历史，留下了3000多首古老乐曲，拥有世界上独一无二的、从公元7世纪一直使用到现在的乐谱系统，曾经涌现过许许多多著名的琴家，最重要的是，古琴自诞生之日起，就与中国的传统文人与传统文化联系在了一起。因为孔子以琴歌"教化人生"，所以古琴被称为"圣人之器"，在中国传统文化中享有崇高的唐琴"枯木龙吟"

地位。2003年，中国古琴入选联合国教科文组织"人类口头和非物质文化遗产代表作"，成为全人类共同的骄傲与共同保护、传承的文化遗产。

"琴棋书画"四艺，在中国古代的文人生活中占据了重要地位，而琴居"四艺"之首，也是最为高雅的。似乎可以这样说，在中国古代，不善琴棋书画，就不能称作文人。从魏晋南北朝时开始，"左琴右书"就成为中国文人知识分子的基本修养。"竹林七贤"的故事中，嵇康弹奏《广陵散》是中国知识分子至今所津津乐道的典故。这位玉树临风、傲岸不群、正直洒脱，极富理想主义、反叛精神和个性色彩的大艺术家代表了中国历代知识分子的独立人格与自由主义理想精神。他因"非汤武而薄周孔""越名教而任自然"被当权者判了死刑，临刑前弹了生命中最后的一曲——《广陵散》。弹完后，他说出人生最大的憾事：昔日袁孝尼多次想跟我学《广陵散》，我没有教他，《广陵散》于今绝矣！从此，在中国的传统语境中，"广陵散"成为失传文化的代名词。

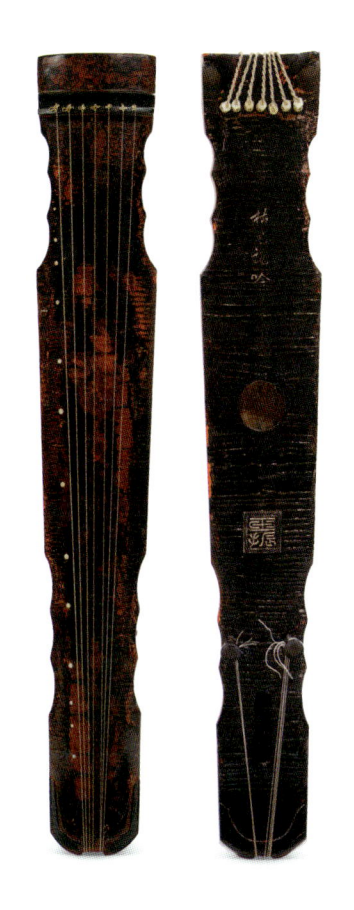

中国人耳熟能详的故事之一，伯牙子期的美好知音之情，最早见于《列子·汤问》：伯牙在船上弹琴，先弹了一首，子期说："善

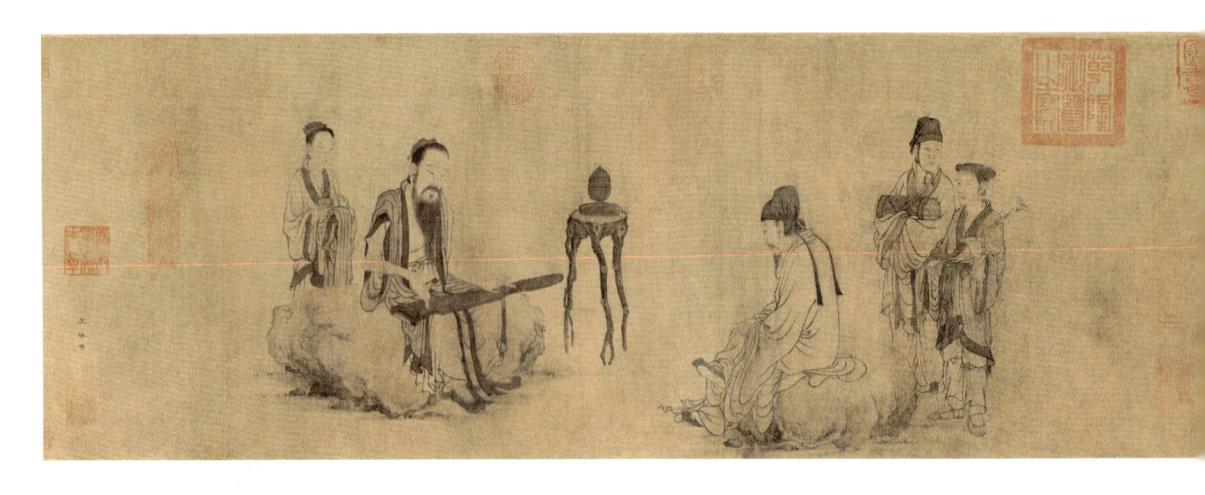

元 王振鹏 《伯牙鼓琴图》

哉，峨峨兮若泰山。"他又弹了一首，子期说："善哉，洋洋兮若江河。"这就是古琴曲《高山》《流水》的来历。因为子期懂得伯牙弹的琴，懂他的音乐，于是出现了一个词："知音"，从字面上讲只是"懂音乐"，但在汉语里"知音"不仅仅是懂音乐的意思，更指理解自己心意、有共同语言的人。作为一个樵夫，子期本来是不应该懂琴的，伯牙也没有奢望他能懂琴，但是子期懂他，也唯有子期懂他，所以伯牙叹为知音，以至于子期死后伯牙摔琴，终生再不弹琴。这个平淡的故事中有一种震人心魄的东西，如此决绝，如此激烈，其实反映的不仅是古琴的孤傲和高贵，更是琴人对知音的敬重，是中国人知音难得的观念。

中国古琴有许多代表性曲目，最著名的古琴曲之一就是《流水》。1977年，美国国家航空航天局向外太空发射了两艘"旅行者号"探测器，搭载了一张十亿年都不会坏的镀金唱片，录着人类主要语种的问候语以及代表人类文明的90分钟的音乐，其中最长的一首乐曲就是古琴大师管平湖演奏的《流水》。

兼收并蓄，融合之美

很多人不知道今天我们的"民族乐器"哪些是中原固有的，哪些是外来的。其实很简单：汉字的特点是"一字一音一义"，一个字单指一物，汉代张骞出使西域，东西交流频繁之后，才出现更多的双音字或两个字以上的名词。比如稻、黍、桃、杏、李等是中原固有的，葡萄、苜蓿、菠萝、番薯等都是外来的。乐器也一样，筝、琴、瑟、笙、鼓等都是中原固有的，琵琶、箜篌、二胡等都是外来的。

我们现在所看到的曲项琵琶就是南北朝之前开始从西域通过丝绸之路传到中原的。一般人提到丝绸之路，更多想到的是货物的流通，其实除了货物之外，还有更多"非物质"的、精神上的东西是通过丝绸之路东西交流的。从南北朝到唐代达到鼎盛的文化交流状态，除了佛教，最多的就是音乐。包括从中亚、西域传到中原的许多乐器、乐曲、音乐理论，都是中外文明互鉴的结果。这些外来的音乐来到中原之后，经过各民族音乐家不断传承、创新、发展，逐渐和中原本土音乐融合，呈现为多姿多彩的听觉盛宴。

琵琶传到中原后，迅速得到上至帝王贵族，下至老百姓的喜爱。一开始，琵琶还保留着游牧民族的乐器特点，即横抱琵琶。因为它是马上之乐，人骑在马上，右手要弹，左手除了按弦，还要作为乐器的支点，所以我们从敦煌壁画里看到的从北齐到唐代的琵琶都是横抱在怀中的。进入中原后，琵琶的演奏方式逐渐适应农业文明的生活习惯。尤其是宋以后逐渐流行高的桌椅，演奏时端坐椅上，于是也可以将琵琶安稳地放在腿上，由原来的横抱变为竖抱，左手不必再托着琵

左
琵琶（中国艺术研究院藏品）

右
明 唐寅 《陶穀赠词图》局部

图中女子怀抱琵琶，以手指弹奏。

琶承重，而是可以更大范围地在琵琶的弦上自由地游走，丰富了乐曲的技巧和表现力。于是琵琶变成今天这样竖置于腿上演奏。

琵琶演奏方式的另一个改变是以指代拨。唐代的裴神符是一个琵琶改革家，他第一个不再用拨子而用手指来弹琵琶，手指不但更灵巧、更方便，而且以指直接触弦，也更加人性化，能更好地促成人琴合一的境界。

各民族音乐家的不断改造，极大地丰富了琵琶的表现力，促进了琵琶"中国化"的进程。在中国，目前只有南音的琵琶还保留着从前的演奏方式和形制，不仅仍旧横抱怀中，而且用拨子弹奏，这也是南音成为联合国教科文组织"人类口头和非物质文化遗产代表作"的原因之一。

中国的艺术，以抽象和写意为胜，用苏东坡的话说，即"论画以形似，见与儿童邻"，高度抽象的审美原则和习惯让中华民族创造了许许多多以神韵取胜的伟大艺术作品。在音乐上也不例外。诸多乐器中，琵琶的表现力极强，极具神韵，甚至可以用来表现战争场面。

一宿囷櫟逢旅中短詞聊以
識泥陶當時我作陶歌者
何必尊前面發紅 唐寅

有趣的是，中国现存的两首著名琵琶曲《霸王卸甲》和《十面埋伏》，描写的是同一场战争，即公元前202年楚汉之争中的垓下之战。这场持续了五年的楚汉之争，最后在垓下结束，刘邦打败项羽，建立了中国历史上一个伟大的朝代：大汉。

《霸王卸甲》也叫《楚汉》。清朝初年，王猷定在他的《四照堂集》里记录了一个人称"汤琵琶"的演奏家演奏这首曲子。他演奏时，"声动天地，瓦屋若飞坠"，"徐而察之，有金声、鼓声、剑弩声、人马辟易声"，似乎那逼真的战争场面就在眼前。"久之，有怨而难明者，为楚歌声；凄而壮者，为项王悲歌慷慨之声、别姬声；陷大泽，有追骑声；至乌江，有项王自刎声，余骑蹂践争项王声。"再接下来，四面楚歌，霸王别姬，乌江慷慨，英雄自刎，诸音并作，声如画图，只用四根丝弦，不但完美生动地表现了一场战争，而且细腻、真实地刻画了战争中人的思想感情。

《十面埋伏》也叫《淮阴平楚》，歌颂的是胜利者刘邦，它采用中国传统的大型套曲结构形式，从列营、吹打、点将、排阵、走队、埋伏、鸡鸣山小战、九里山大战、项王败阵、乌江自刎、众军奏凯、诸将争功，一直到得胜回营，十三个段落绘声绘色地刻画了这场战争中的各种场面。

两相比较，《霸王卸甲》注重的是战争中的人，是战争当中主角的心理和感情。项羽最后"力拔山兮气盖世，时不利兮骓不逝。骓不逝兮可奈何！虞兮虞兮奈若何！"的浩叹，在琵琶曲《霸王卸甲》中得到浓墨重彩的精心刻画，化成一段无比柔婉凄美、动人心魄的旋律。琵琶颗粒状的声音从乐师指下迤逦而出，如大珠小珠缀成的珠串，缠绕着一对生离死别的魂灵。这个段落，令无数人热泪盈眶。

古老乐种，传承之美

我们的先辈不但创造发明了众多表现力丰富、各具特色的独奏乐器，还创造并传承了众多传统深厚、丰富多彩的乐队演奏形式，我们把这些各具特色、有一定的组织体系和典型性的音乐形态架构、有严格传承的传统演奏形式称为"乐种"。从古代到现代，乐种的概念在不断变化。在自信包容、海纳百川的隋、唐两代，逐渐形成了一个在当时领先世界各国的音乐形态——燕乐。燕乐也称宴乐，泛指当时在宫廷或贵族的宴会上所演唱、演奏的音乐，其中包括独唱、独奏、合奏、大型歌舞曲及歌舞戏、杂技等。

燕乐是大唐繁荣昌盛的象征，也是当时世界上最高水平的音乐文化，曾给朝鲜半岛、日本、东南亚诸国以深远的影响。曾经有人认为今天只有在日本才能看到唐代的建筑，听到唐代的声音，而像敦煌壁画所绘的横抱拨弹的琵琶也只有日本才有。其实只要到泉州、厦门、台湾，甚至到东南亚的华人社区走一走，就能见到、听到闽南文化圈普遍流传着的古老、美丽的乐种——南音。

泉州南音，也称南管、弦管，被称为中国古代音乐的"活化石"，是流传于以泉州为中心的闽南地区以及台湾、南洋华人中间的一个古老乐种，也是我国现存乐种中最古老且至今仍呈现出活泼生机的传统音乐。

泉州南音能作为华夏正声流传到今天，有着特殊的原因和条件。

左
敦煌壁画《观无量寿经变》

唐代燕乐的写照。

右
唐 佚名 《宫乐图》

图中居中而坐的女子横抱琵琶，用拨子弹奏。

泉州地处东南沿海，有独特的人文环境和生存条件，从晋、唐、五代以至两宋，中原的士族、皇族因为逃避战乱，先后举族南移，一大部分人最终定居泉州。他们把生活中不可或缺的音乐文化也带入泉州，并逐渐流布民间，世代传衍。

唐宋的音乐遗响，大量保存在南音曲目当中；至今南音的琵琶仍然像敦煌壁画里的琵琶一样横抱怀中；唐代的洞箫传到日本被称为尺八，有人以为在中国已经失传了，但实际上一直在南音中呜呜而歌；中国自古便"执节者歌"的拍板，也依然在南音歌者的手中庄重地节度着音乐的轻重缓急……南音的演唱规制，南音中自成体系的工尺谱，以至一首首具体的乐曲，在一定程度上都可以作为中古音乐的历史见证。

曾经有人概括泉州南音的特点是古、多、广、强、美。其所谓古，是南音有上千年的历史；其所谓多，是南音有谱、散曲和套曲达两千首以上；其所谓广，是南音不只活跃在闽南地区，而且扩展到南洋群岛和台、港、澳以及欧美的一些地方，可以说凡操闽南方言的人群里都有它的存在；其所谓强，是南音历经无数的天灾人祸和漫长岁月的磨难，还能够顽强地存活下来；其所谓美，是南音既有如怨如慕、如泣如诉的长撩曲，又有慷慨悲歌、一唱三叹的叠拍声。赵朴初先生生前在泉州听过南音之后，曾写下过这样一首诗，道尽了南音的

艺术魅力和深邃内涵：

　　　　管弦和雅听南音，唐宋渊源大可寻。
　　　　不意友声来海外，喜逢佳节又逢亲。

　　南音的节拍称"撩拍"，以"撩"作为节奏基本单位，以"拍"为拍板击节之处。南音的"七撩拍"可能是世界上最慢、最绵长的音乐了。一曲《一纸相思》，开始的7个字"一纸相思写不尽"竟然要唱整整9分钟！这7个字，是柔肠百转、哀婉入神的7个字！这9分钟，是跌宕起伏、回肠荡气的9分钟！中国传统音乐体现的是一种线性思维，但这条旋律线，不是一条直线，也不像现代的摇滚或进行曲那样充满直上直下、棱角分明的"硬"曲线，而是像漓江两岸起伏有致的层峦叠嶂在碧绿清澈的水面画出的那道山影一样，悠游和缓、浑然天成，耐看、耐听、耐人寻味，充满禅意。

中国美学中最有代表性的一个字是"韵"，在这个显而易见是来自音乐的字中所包含的千百种只可意会、不可言传的感觉，其实是中国人在千百年漫长而细致的审美活动中逐渐形成的，它隐含在我们每一个炎黄子孙的血液中，是我们精神的DNA，牢固而鲜明，代代相传。假如说汉字书法是线性思维在空间中付诸视觉的极度彰显，那么，中国传统音乐的旋律，则是线性思维在时间里付诸听觉的尽情展现。我们欣赏怀素的《自叙帖》，那飞扬灵动、逶迤周折、充盈着豪情与洒脱的线条让我们感受到扑面而来的氤氲之"气"；同样，我们在聆听南音时，那婉转婀娜、流觞曲水般清丽淡雅的天籁之声，则让我们充分体悟到"韵"的滋味。

民间器乐，生活之美

音乐，从来是中国人生活中的一部分，无论是礼仪，还是娱乐，一个人从生到死，都伴随着音乐。宋元之后，随着市民阶层和商业文化的出现和兴起，在民众中大量出现自娱自乐的小型器乐演奏形式。开始时，其组合可能是随意的，但只要有一段安定的社会生活，在没有战乱和饥馑的时代，人们对精神生活的追求、对音乐与娱乐的需要，都会促成一种与当地的自然条件、生活方式、社会形态相适应的器乐组合的发展、成熟。

明清之际，全国各地都出现、形成了一批在当地获得民众高度喜

笙（智化寺京音乐乐器）

爱的乐种。这些乐种大部分都有着自己相对固定的乐器和乐器组合形式，有独特的风格和成规模的乐曲积累，有自己的宫调体系，有些还积累了大量的乐谱。

有些大乐种还超越省际，成为一个特定文化圈共同拥有的文化遗产。比如在长江以北、包含整个黄河流域、从东北到西北广大农村都有的笙管乐，遍及全国几乎各地区都有的鼓吹乐，江浙的江南丝竹和岭南的广东音乐，都是中华民族先辈们为我们留下的十分珍贵的文化遗产，是我国音乐宝库中璀璨夺目的珍宝。

笙管乐是流行于我国北方的一个影响深远、分支众多、有着"多元一统"格局的庞大音乐体系。它包含至今仍然活跃在中国北方广大农村并在当地农民生活中起着重大作用的许多支系，其中智化寺京音乐、五台山佛乐、晋北道乐、山西八大套、西安鼓乐、华北各地众多的"音乐会"，以及东北三省的鼓吹乐等都血肉相连并同属于这个元体系。它们不但有着大致相同的乐器、乐律、风格和演奏方式，也有许多共同的乐曲和传承方式。

在中国北方，笙管乐大都与佛乐、道乐有着密切的血缘关系。中国绝大部分的佛曲、道曲，都属于笙管乐这个横亘中国北方的庞大音

左
唢呐（中国艺术研究院藏品）

右
宋 李嵩 《听阮图》

乐系统。这个系统所使用的乐器基本一样，只是民间的打击乐器在佛乐、道乐里称为"法器"。"笙、管、笛"号称"三大件"，因风格及在乐队合奏中的作用不同，民间乐师还有所谓"笨笙、俏笛、规矩管"的说法；又因其学习难度的不同，有"一年的笛子，两年的笙，三年的管子不中听"之说。

鼓吹乐以唢呐为主奏乐器，辅以各种打击乐器，演奏时鼓乐喧天，气势非凡。鼓吹乐兴起于汉代，是当时的军乐和仪礼音乐，后来成为最普遍、最受欢迎的器乐演奏形式。有的人类学家和音乐学家断言，全世界几乎所有的民族都有"鼓"的发明和使用。形形色色、大大小小不同形制的鼓在人类的早期生活中扮演着十分重要的功用，绵密复杂的鼓点是一种可以表达清晰含义的语言，而渲染宏大的气势或装点喜庆的氛围，则是鼓吹乐最擅长的本领。在中国广大农村地区，无论是何种集会，只要是人群集聚的地方，都会有鼓吹乐的声音。

在中国北方，比较细腻的笙管乐常常以吹奏"白事"为主，而粗犷的鼓吹乐则是老百姓逢年过节"闹红火"和"红事"典礼上必不可少的音声，极富生命美感；唢呐通过丝绸之路由西域传到中原，因其声宏大明亮、适合演奏欢快的曲调而成为中国老百姓最喜爱的乐器。

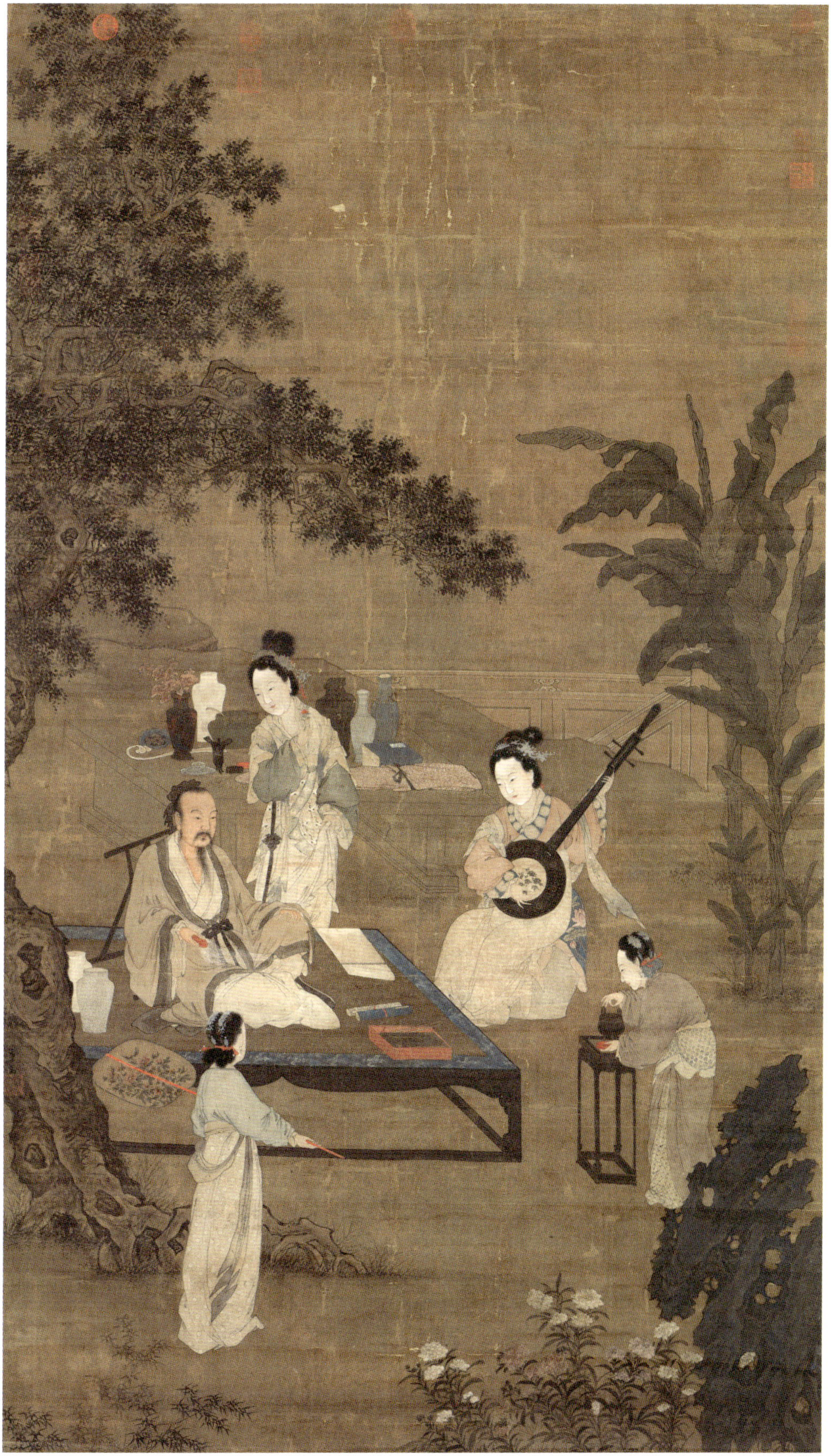

在中国南方的广大地区，除了粗犷豪放、热闹欢快的吹打乐之外，最能代表南方细腻婉约、空灵曼妙风格的器乐形式就是弦索乐，所用乐器以丝弦乐器为主，配以曲笛，风格清柔典雅。

江南丝竹是流行于江浙地区的一个民间乐种，乐队主要由二胡、扬琴、琵琶、三弦、秦琴、笛、箫等丝竹类乐器组成。明代嘉隆年间，以魏良辅为首的戏曲家们在昆山创制昆曲水磨腔，音乐家张野塘组织了丝竹乐队，在为昆曲伴奏的同时逐渐形成独立演奏的专职班社，当时称为"弦索"。清末民初，已有一些以演唱昆曲、滩簧并奏丝竹乐的民间组织产生。其中，有一种称为"清客串"的纯属市民自娱性组织，除亲友婚丧场合前往义务演奏外，不参加民间婚、丧、喜、庆的商业活动。而称为"丝竹班"的民间组织，则以半职业性的吹鼓手担纲，他们平时从事农业或工商，有活动时则"应酬"婚丧嫁娶，为底层民众的生活需要服务。在风格上，前者比较细腻、讲究，后者则粗犷朴实，气氛热烈。

如此种种，各乐种不仅历史悠久，而且传承有自，靠着一代又一代音乐人的忠诚和坚守，完成跨越千年的音乐赓续，直到今天，依然可以通过其古老的乐谱、古老的乐器形制与古老的演奏法彰显中华传统音乐鼎盛期的精神和面貌。

民歌传唱，真情之美

人为什么要唱歌？古人说："情动于中，故形于声。"当一种发自内心的感情让你激动，需要表达时，语言的局限性便成了障碍，"言之不足，故嗟叹之，嗟叹之不足，故咏歌之"。于是，民歌就出现了。民歌是民众的集体创造，常常是一位不知名的普通老百姓一段真挚感情的即兴流露，而后在逐渐传唱的过程中被更多不知名的老百姓润色、加工，经过数十年甚至上百年的传唱，终于定形，被打磨成一首永恒的经典。因此，绝大部分民歌是找不到作者的，那些标明某某作词、某某作曲的"民歌"，只能称为"民歌风"的创作歌曲。

中国的民歌是从什么时候开始，没有人能够知道。古籍上有记载的中国最早的一首歌，是《吕氏春秋·音初篇》中提到大禹时代所谓"涂山氏之女"等候大禹时唱的"候人兮猗"。这首只有四个字的歌，也只有两个字是有内容的歌词，"候人"就是"等你"，"兮"是语气词，"猗"也是语气词。后面这两个感叹词，就是"言之不足，故嗟叹之"的嗟叹，而两个不同的感叹词连在一起，就出现音调，就有了旋律。

春秋战国时代的民歌，被收集在《诗经》里，共三百零五首。《诗经》是我国最早的一本没有乐谱的歌曲集，按音乐性质分为风、雅、颂三大类。风，就是民歌。民歌"多出于里巷歌谣之作"，所以便因地而异，各有其风，呈现出多样的色彩。

我国的56个民族，创造和传承了数不清的各具特色、各美其美的民歌，谁都无法算清中国到底有多少首民歌，只能借用佛经中的一句话：如恒河沙数！我们除了可以按照不同的民族划分民歌外，还可以像《诗经》一样按照地域划分民歌，比如哪一个地区，哪一个省、市、县的民歌，也可以按照民歌的生产方式、生活方式以及民歌的功能把民歌划分为劳动歌曲、生活歌曲、情歌、叙事歌曲，乃至牧歌、田歌、史诗等。

目前最普遍、最简单的一种分类是把民歌分为"号子""山歌""小调"。号子指的是过去那些和生产方式密切关联的劳动歌曲，比如船工号子、搬运号子等，这些歌曲因为特定生产方式的消失而在生活中消失了。山歌是目前流传地域最广、反映生活内容最丰富、最受民众喜爱的品种，其中包括不同民族在生活中所咏唱的绝大部分形式和内容，比如陕北的"信天游"，山西河曲的"山曲"、左权的"开花调"，赣南的客家山歌，苗族的"飞歌"等。小调则是城镇化了的民歌，包括许多与曲艺、戏曲有密切关系的小曲和经过基层文人润色的民间歌曲。

千百年来，民歌在传唱中不断丰富、发展、传布，和所有的非物质文化遗产一样积淀在世世代代中国人的心灵深处，成为我们民族的DNA，成为我们民族精神的根与魂，也成为我们民族、地域的一个标识。当你在屏幕上看到青山绿水的景象时，你可能分辨不出这是什么地方，只有当你同时听到"长调"或"信天游""海菜腔"时，你才会分辨出这是内蒙古还是陕北、云南。

更重要的是，民歌最大的特质就是一个"真"字。明代文人冯梦龙说过，世上"但有假诗文，无假山歌"。"真"，永远是"美"必需的条件。民歌之美不但是真实的，也是永远的，只要有人在，这份感情就在，这份美就在。社会再变化，也需要真情。真正的文化大家，自古以来，没有一个是自命不凡，高高在上，瞧不起民间艺术的，都对来自民间的艺术怀有崇敬之心。民歌是历史——是民族史、是心灵史，是我们祖先发自心底的歌唱。

中国音乐浩瀚无垠、博大精深，无论是庙堂的高雅之乐，还是民间的热闹活泼之乐，无论是本土产生的丝弦管竹，还是来自西域的琵琶羌笛，都在千百年的传承演变中，承载着我们祖先的喜怒哀乐，吸纳着我们民族、地域、家乡的历史和生活，代表着泱泱中华之美。

今天的中国人，不但应该记住我们祖先的这些伟大创造，传承赓续，发扬光大，还应该多欣赏音乐，有条件的话可以唱唱歌，学一件乐器。孔老夫子清清楚楚地告诉过我们：音乐，是养成完美人格的最后一步。音乐是中华民族伟大的精神财富和值得我们自豪与骄傲的非物质文化遗产。我们应尽己所能，传承、保护、弘扬我们的民族音乐，让神州之乐永远回荡在祖国的山河大地，让中华之美永远深涵在我们的心里和生活中，成为我们的根源，成为我们不断创造美的基础，成为我们在实现中华民族伟大复兴中的战歌和凯歌。

（作者系中国艺术研究院音乐研究所原所长、研究员）

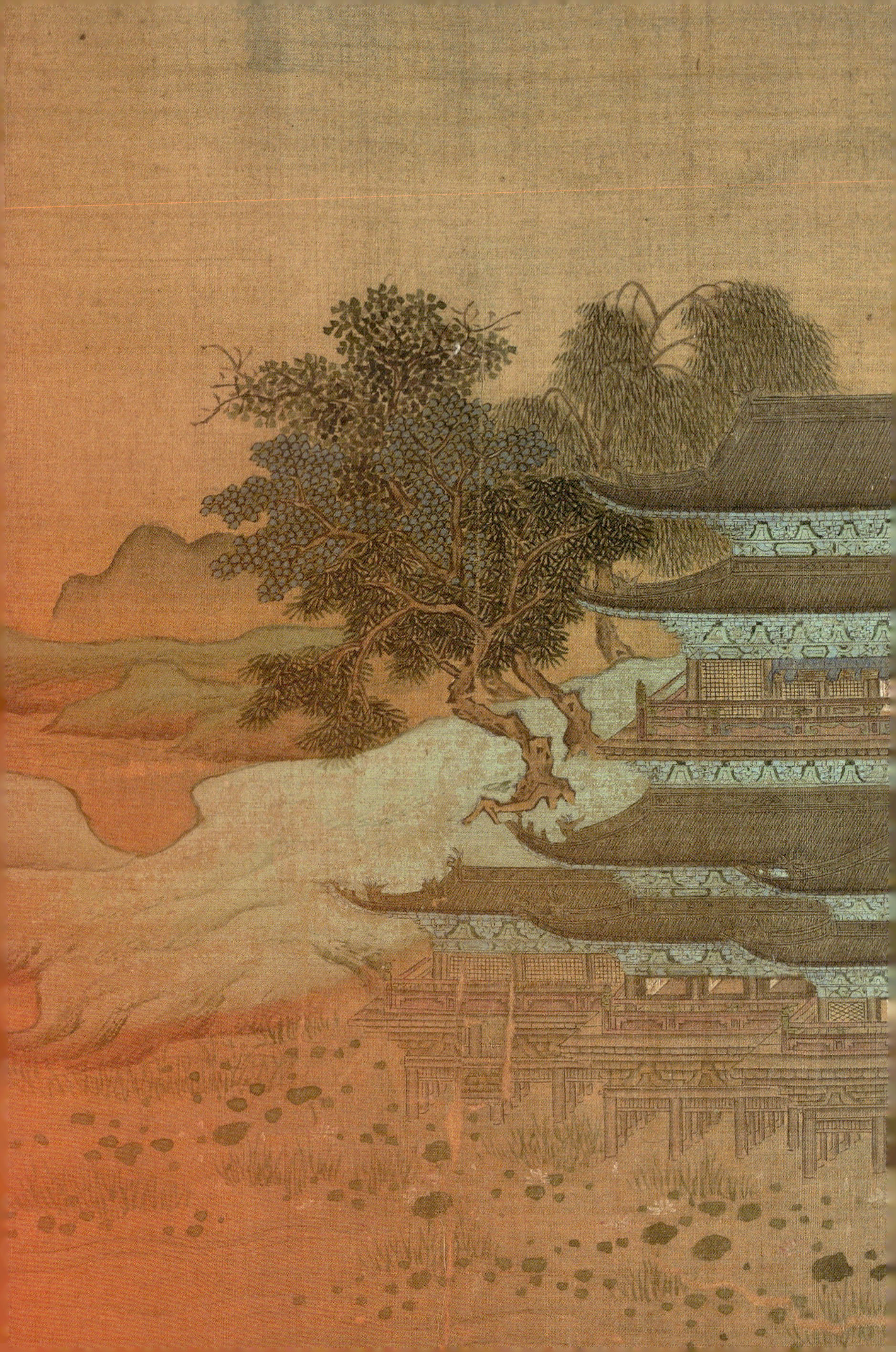

诗国情韵

莫砺锋

"文章华国"是中华民族自古以来的文化传统，中国古代文学是世界上历史最悠久的文学之一，它经历了长达3000多年没有中断的发展历程，以其辉煌成就而成为全人类文化遗产中的瑰宝。中国古代文学是中华传统文化中最重要、最具活力的部分，深刻且生动地体现着中华美学的基本精神。

中国古代文学文体多样，功能完整，在古文、诗词以及戏曲、小说等方面都有光辉灿烂的成就。其中最鲜明地体现中华民族审美理想的文体首推诗歌，从《诗经》《楚辞》到诗词、散曲，中国的古典诗歌以盖世风华成为中华传统文化的瑰宝。

中华先民的诗歌创作是全民族陶写心声的普遍方式，是具有鲜明民族特色的美学追求。中华民族的古代经典莫不浸透着浓郁的诗意，《诗经》从一开始就跻身于儒家经典之列，孔子还剀切周至地以学诗来教育子弟。《老子》全书皆为韵文，几可视为一首长篇哲理诗。《庄子》中丰富的想象和生动的形象使全书充满着诗意，书中关于"言不尽意""得意忘言"的命题为后代诗学提供了丰富的思想养料。

诗歌是中华文化的皇冠上最为耀眼的一颗明珠，诗学是中华民族审美理想的杰出体现。

韵律之美

至迟在公元前6世纪，中国最早的诗歌总集《诗经》就已基本编定。《诗经》中的诗歌主要是四言诗。到公元前4世纪，在中国南方兴起了另一类诗歌——楚辞。它的形式是杂言体，句末多以感叹词"兮"字结尾。到了汉代，五言诗和七言诗开始兴起，经过魏晋南北朝诗人的不断努力，在声律和丽辞两方面取得了长足的进步。到了唐代，五、七言律诗的格律成熟了，这种格律主要着眼于以汉字四声来协调诗歌的韵律，堪称中国古典诗歌在形式上的最大特征。唐以后又有词、曲等诗歌样式的发展，但五、七言古体诗和律诗一直最受诗人的重视。

中国的诗歌以方块汉字为书写形式，汉字是一种表意注音的音节文字，每一个汉字代表语言里的一个音节。《诗经》中的诗句绝大部分是四言句，最常见的节奏结构是二、二。久而久之，这种句式难免产生单调的缺点。五言诗虽然每句诗只增加了一个字，却是由三个节

南宋 马和之 《诗经图·豳风》局部

拍构成的，其常见的节奏结构是二、二、一或二、一、二。显然，与四言句相比，五言句在句式上要灵活多了。在五言诗的基础上，又发展出七言句，它的节拍数增加到四个，不但较大地增加了意义的容量，而且在句式上也更加灵活多变。因此，五言和七言成为古体诗歌的主要句式，发展至今。

在形式上，古典诗歌更大的民族特征体现于诗歌的平仄格律。平仄格律经历从无到有、从草创到成熟的漫长历史时期，到唐代基本定形。汉语有不同的声调，就是语音的高低、升降和长短。古代汉语有四种声调，即平声、上声、去声和入声。古人早就知道四声的区分，但是探索如何利用汉字的不同声调来使诗歌具备声情之美，却耗费了数百年的时间。从汉魏到南朝，无数诗人在暗中摸索，才逐步建立起诗歌在声调上的格律。

中华先民的思维向来有二元化的特征，习惯将万事万物分成阴、阳两类来进行思考。古代的诗歌写作中也有这种情形。古人早就将汉字的四种声调归纳为平、仄两类，平声为平，上、去、入三声为仄，"仄"就是不平的意思。于是四声的问题转化为两声的问题，非平即仄，非仄即平，这就有可能在诗歌写作中交错运用两类声调，从而达到声调铿锵的效果。

古代诗人摸索这种规律的过程是漫长而艰苦的。在汉末诗人的《古诗十九首》中，还很难找到声调上完全合律的句子。到了魏代的曹植，才写出了"孤魂翔故域，灵柩寄京师"和"始出严霜结，今来白露晞"等音调和谐的诗句，可见他已经在思考如何在诗句中交错运用平仄声调以求声情并茂，但仅是偶一为之。

稍后，有较多的文士开始关心这个问题。到了南朝，以沈约为代表的诗人从理论上探讨了此问题，提出"声病"之说。所谓"声病"，便是诗歌中必须讲求声调之和谐，否则便是有病。沈约提出八种应该回避的弊病，其基本精神是不能让声调相同或同韵的字连续出现在一句或两句诗中。

可以说，到了南朝，关于诗歌格律的意识已经呼之欲出。所以南朝后期的一些诗人，便能写出平仄基本合律的五言诗。例如庾信的《重别周尚书》："阳关万里道，不见一人归。惟有河边雁，秋来南向飞。"全诗的平仄基本合律，可算一首合格的五言绝句。到了初唐，诗人们对沈约的声病说进行换位思考，即不再从反面来关注要回避什么，而是从正面来思考应该如何写，诗歌的平仄格律就正式建立起来了。

由此可见，平仄格律是历代诗人在几百年辛勤探索的基础上建立起来的，它是中国诗歌最具民族特征的美学成就之一。

五、七言诗的格律中还有对仗。汉字的性质使它能组成非常工整的对偶，就是对仗。在远古时代的典籍中便已有对仗出现，例如《尚书·大禹谟》中的"满招损，谦受益"，又如《周易》中的"云从龙，风从虎"，便是对仗。这种显而易见的修辞手段，古代诗人当然不会弃之不顾。于是早在汉魏六朝的诗歌中，对仗便得到普遍的运用。像谢灵运的《登池上楼》，全诗十一联，其中竟有十联对仗工整。又像谢朓的名句"余霞散成绮，澄江静如练"，即以对仗精工著称。

汉魏六朝诗人在对仗方面已经达到较高的水准，这就为唐代诗人提供了宝贵而丰富的经验，从初唐开始，诗人们运用对仗手段已经驾轻就熟。到了盛唐的杜甫、晚唐的李商隐等人，对仗的手法变化无穷，已经超越格律的要求而成为精益求精的艺术追求。包括句式、平仄与对仗在内的诗歌技巧融会贯通，便从整体艺术风貌上形成了五、七言诗歌的韵律之美。

试看杜甫的《登高》："风急天高猿啸哀，渚清沙白鸟飞回。无边落木萧萧下，不尽长江滚滚来。万里悲秋常作客，百年多病独登台。艰难苦恨繁霜鬓，潦倒新停浊酒杯。"明人胡应麟评此诗曰："一篇之中句句皆律，一句之中字字皆律，而实一意贯串，一气呵成。骤读之，首尾若未尝有对者，胸腹若无意于对者。细绎之，则锱铢钧两，毫发不差，而建瓴走坂之势，如百川东注于尾闾之窟。"无论是声调、对仗，全诗皆臻千锤百炼之程度，而且将抑塞厉落的感情和百折千回的思绪整合到如此严整精细的形式之中，在艺术上已达到炉火纯青的境界。

古典诗歌的另一种重要体裁是词。词是伴随着隋唐时代新兴的"燕乐"而产生的一种新诗体。燕乐的来源一是西域的胡人音乐，二是民间音乐。隋代以前，流行于朝廷的雅乐从容和缓，颇为单调，而新兴的燕乐却繁复曲折，变化多端。显然，为了配合这种新兴的音乐，需要创制不同于传统的五、七言诗体的新曲辞。因为五、七言诗的整齐句式与参差不齐的乐曲之间难以吻合，于是以句式长短不齐为基本特征的词体就应运而生。

词大致上是在唐代形成的。有少量词调是句式整齐的齐言体，如《浣溪沙》是七言体，《生查子》则是五言体，但是多数词调的句式是长短不一的，所以词也被称作"长短句"。由于多数词体都是杂言体，它在声调方面就比五、七言诗更为抑扬顿挫，更适宜于表现细密委婉的情思。

试看李清照的《声声慢》："寻寻觅觅，冷冷清清，凄凄惨惨戚戚。乍暖还寒时候，最难将息。三杯两盏淡酒，怎敌他、晚来风急？雁过也，正伤心，却是旧时相识。满地黄花堆积。憔悴损，如今有谁堪摘？守着窗儿，独自怎生得黑？梧桐更兼细雨，到黄昏，点点滴滴。这次第，怎一个愁字了得？"

正如词调所云，此词真是声声抽泣，声声哽噎。开头连用七对叠字，且多为齿音字，短促轻细，读来有一种凄清冷涩的语音效果，生动地刻画出词人若有所思，惘然若失，不断寻觅而一无所获的愁绪。全词九十七字，齿音四十一字，舌音十六字，两种音调交错运用，形成一种幽咽悲凄的基调。把一位经历了家国之难的女性的内心独白写得如此生动、深刻，除了词人的盖世才华以外，词体自身的独特优势也是必要的条件。

意象之美

中国古代的文学艺术在表现手法上不重写实而重写意，艺术家们最重视的不是反映外部世界（包括自然与社会）的状貌与姿态，而是表现内心世界的意念与情思。例如山水田园诗本来完全可以处理成叙事性或描述性的作品，但在唐代最负盛名的山水田园诗人王维、孟浩然的诗中，往往以抒情手段虚化了即目所见的景象，他们诗中的山水田园其实是其宁静心境和淡泊志趣的外化。

正如中国古代建筑艺术中发展得最为充分的园林，布局、结构都不像西方园林那样重视几何形状的规整，廊榭亭台，山石花木，无不随地赋形，以有利于人与自然的情感交流为旨趣，从而蕴含着浓郁的抒情意味。

正因如此，中国古代文学艺术所追求的最高艺术境界不是描摹客观世界的精确，而是营构主观意象的生动。毫无疑义，中华民族对意象之美的追求在古典诗歌中达到了最高的境界。

首先，中华先民的思维方式具有鲜明的民族特征，他们崇尚观物取象、立象尽意，擅长借助具体的形象来把握事物的抽象意义。《周易》的卦象、汉字的象形都是这种思维方式的体现。与西方文化相比，中华文化具有偏重于直觉思维和形象思维的特征。先民们在追求真理时，往往不重视局部的细致分析，而重视综合的整体把握；往往不是站在所究事物之外做理智的研究，而是投身于事物之中进行感性的体验。如果说古希腊的智者追求的是逻辑分析的严密性，那么中华的圣贤则是以主客体当下冥合的直觉感悟为智慧的极致。

孔门师生之间有两段对话："子贡曰：'贫而无谄，富而无骄，何如？'子曰：'可也，未若贫而乐，富而好礼者也。'子贡曰：《诗》云：如切如磋，如琢如磨。其斯之谓与？'子曰：'赐也，始可与言

《诗》已矣,告诸往而知来者。'""子夏问曰:'巧笑倩兮,美目盼兮,素以为绚兮。何谓也?'子曰:'绘事后素。'曰:'礼后乎?'子曰:'起予者商也!始可与言《诗》已矣。'"谢良佐评曰:"子贡因论学而知《诗》,子夏因论《诗》而知学,故皆可与言《诗》。"他们分明是运用诗歌作为思考以及讨论学问的手段,因为诗歌更有利于通过具体情境的描述来领悟普遍的抽象道理。

其次,中华先民早就认识到,事物的规律即"道"是精微玄妙的,是难以言传的。孔子经常用诗歌般的语言来表达思想:"岁寒,

左
清 石涛 《山水图册》十开之四

右
清 石涛 《山水图册》十开之八

然后知松柏之后凋也。""子在川上曰：'逝者如斯夫！不舍昼夜。'"正得益于立象尽意的方式，这些语录蕴含着深刻的道理。道家更是如此，一部《庄子》，全文优美如诗，例如："昔者庄周梦为蝴蝶，栩栩然蝴蝶也。自喻适志与，不知周也。俄而觉，则蘧蘧然周也。不知周之梦为蝴蝶与，蝴蝶之梦为周与？"又如："泉涸，鱼相与处于陆。相呴以湿，相濡以沫，不如相忘于江湖。"其中包蕴的人生哲理，既深刻精警，又生动易懂，分明是得益于诗化的表达方式。

正因如此，中华先民们并不着力追求用明晰的分析语言来说明深奥的真理，也并不追求通过逻辑性的形而上学思考来把握人生的真谛。因为他们掌握了更好的思维方式和表达方式，那便是诗歌。清人叶燮说："诗之至处，妙在含蓄无垠，思致微渺，其寄托在可言不可言之间，其指归在可解不可解之会。言在此而意在彼，泯端倪而离形象，绝议论而穷思维，引人于冥漠恍惚之境，所以为至也。"

由于诗歌的思维方式是直觉的而非分析的，诗歌的语言是模糊多义的而非明晰单一的，诗歌的意义是意在言外而非意随言尽的，所以它更能担当起思考并理解人生真谛的重任。西方文化要等到20世纪，德国哲学家海德格尔才通过阅读荷尔德林的诗歌领悟到诗性语言的重要性，而中华先民却早已在人生实践中独得圣解。

南朝的钟嵘在《诗品序》中说："若乃春风春鸟，秋月秋蝉，夏云暑雨，冬月祁寒，斯四候之感诸诗者也。嘉会寄诗以亲，离群托诗以怨。至于楚臣去境，汉妾辞宫，或骨横朔野，或魂逐飞蓬；或负戈外戍，杀气雄边；塞客衣单，孀闺泪尽；或士有解佩出朝，一去忘返；女有扬蛾入宠，再盼倾国：凡斯种种，感荡心灵，非陈诗何以展其义，非长歌何以骋其情？"此语经常被人引用，堪称诗学名言，因为它既准确概括了中国古典诗歌的发生动因，又形象地说出了中国古典诗歌的基本特征，那些传诵千古的长篇短什都是由鲜明生动、意蕴深永的意象构成的。

意象之美，就是中国古典诗歌艺术感染力最重要的因素。

情感之美

在中华先民的生活中，对诗意的追求就是最显著的民族特征。正是在这种文化土壤中，"诗言志"成为中国诗歌的开山纲领。"诗言志"在先秦时代就已深入人心，且绝非仅为儒家一派所独自信奉。后人或以为"诗言志"与"诗缘情"是不同的诗学观念，其实在最初，"志"与"情"的内涵是基本一致的。《左传·昭公二十五年》记载子产之言："民有好、恶、喜、怒、哀、乐，生于六气。是故审则宜类，以制六志。"孔颖达《正义》说："此六志，《礼记》谓之六情。在己为情，情动为志，情、志一也。"既然"志"就是"情"，"言志"也就是后人所说的"抒情"。

从表面上看，古人极其重视诗的实用价值。一部《诗经》，几乎成了古代士大夫必读的生活教科书。在《左传》《国语》等史书中记载着大量的"赋诗"事例，大多是在祭祀、朝聘、宴饮等场合中引诵《诗经》来婉转地表意达志。然而，只要我们把关注的重点回归到作品自身，只要我们仔细考察那些作品的发生背景，那么就能得出如下结论：一部《诗经》，除了少数祈福禳灾的祭歌与歌功颂德的颂词之外，其余的都是"诗言志"的产物，而《诗经》的这种性质也就奠定了整个中国诗歌史的发展方向。正如清人袁枚所说："自《三百篇》至今日，凡诗之传者，都是性灵，不关堆垛。"

无论是出于民间还是贵族之手，无论所言之志有关家国大事还是燕婉之私，浓郁的抒情色彩都是《诗经》最显著的优点，也是它流传千古、深入人心的根本原因。

《无衣》云："岂曰无衣？与子同袍。王于兴师，修我戈矛，与子同仇。"这是出征前的战士互相鼓励士气的军歌。《采薇》云："昔我往矣，杨柳依依。今我来思，雨雪霏霏。行道迟迟，载渴载饥。我心伤悲，莫知我哀。"这是远道而归的戍边士兵自诉苦辛的哀歌。《野有蔓草》云："野有蔓草，零露漙兮。有美一人，清扬婉兮。邂逅相遇，适我愿兮。"这是青年男女邂逅并一见钟情的喜悦。《蒹葭》云："蒹葭苍苍，白露为霜。所谓伊人，在水一方。溯洄从之，道阻且长。溯游从之，宛在水中央。"这是思念意中人但觅而不得的惆怅。

这些直抒胸臆、毫无虚饰的诗，犁然有当于人心，感动着千古以来的无数读者。毫不夸张地说，中国历史上志士仁人的高尚人格与伟大形象所以能流传千古，也在很大程度上得益于直抒胸臆的抒情诗。

据《史记》记载，伯夷、叔齐在首阳山上即将饿死时，作歌曰："登彼西山兮，采其薇矣。以暴易暴兮，不知其非矣。神农、虞、夏忽焉没兮，我安适归矣？于嗟徂兮，命之衰矣！"除了诗歌以外，还有什么语言形态可以更简洁、更完整地表达他们对命运的深沉慨叹和对人生的深刻体认？如果没有长留天地之间的光辉诗篇，行吟泽畔的三闾大夫和漂泊江湖的少陵野老何以在千秋万代的人们心中获得永生？

古代诗人抒发的情感大致上可分成两大类主题：仁者爱人与天人合一。前者属于社会的范畴，是中华先民施于人类内部的情感流向；后者属于自然的范畴，是中华先民对客观世界的情感投射。

中国古典诗歌对"仁者爱人"的观念有深刻的抒写，其中，爱情主题是非常显眼的一类。一部《诗经》，以《关雎》为首篇，或许正象征着爱情主题在古人眼中的重要性。古典诗歌所描写的爱情是一种高贵、纯洁的情感。例如唐代诗人李商隐，他的爱情诗很少有南朝民歌那样用第三人称来歌咏民间男女的爱情的代言体，他要抒发的爱情大多基于本人的真实经历。由于受到礼教观念的束缚，李商隐的爱情诗往往写得辞意隐约，风格朦胧，例如这两首《无题》：

昨夜星辰昨夜风，画楼西畔桂堂东。
身无彩凤双飞翼，心有灵犀一点通。
隔座送钩春酒暖，分曹射覆蜡灯红。

嗟余听鼓应官去，走马兰台类转蓬。

相见时难别亦难，东风无力百花残。
春蚕到死丝方尽，蜡炬成灰泪始干。
晓镜但愁云鬓改，夜吟应觉月光寒。
蓬山此去无多路，青鸟殷勤为探看。

诗中没有展现爱情的完整过程，也没有透露恋爱的对方是何等人物，而只是刻画诗人内心的情思，尤其是因相思而造成的痛楚。前一首的颔联是唐诗中写爱情的警句，意思是两个人像灵犀角上的那条白线贯通首尾一样两心相通，但是身上不像彩凤那样生有双翼，无法飞到对方身边。诗人与意中人在酒席上萍水相逢，一见钟情，心心相印。可惜身在稠人广众间，虽然觥筹交错，笑语喧哗，且有送钩、射覆等游戏，气氛融洽，毕竟无法向意中人表白心事。况且自己公务在身，匆匆离席，一段绮情遂告结束。今夜星辰依旧，微风依旧，却再也无法重现昨夜的情景了。

后一首写得更加抽象，它省去了爱情过程的一切细节，只是着力刻画别后的入骨相思。次联也是警句，借用"丝"来比喻情思的"思"，况且蚕丝细长而绵绵不绝，正像爱情一样无穷无尽。春蚕吐丝，至死方尽。人们怀情，也是至死方休。而失恋之人伤心落泪，也正如蜡烛垂泪。蜡烛一经点燃，就不停地流泪，直到整根蜡烛烧成灰烬，蜡泪才会流完。人也一样，受着相思的煎熬，一辈子都在苦苦地思念，没完没了，直到生命终止。两个生动的比喻，两个优美的意

宋 赵伯驹 《辋川别墅图》局部

位于今陕西蓝田终南山中的辋川庄，是王维隐居之地，王维曾于清源寺墙壁上绘制辋川图，后世《辋川图》多据此意而作。

象，将爱情写得细腻真切，悱恻动人。

天人合一的观念，是中华民族的先民对自然环境的独特看法。古人认为，人与他们所处的大自然之间不是互相对立的，而是应该有很和谐的关系。也就是说，中华民族认为自然不但是我们栖居的物理空间，而且是我们的精神家园，人就是自然的一个组成部分。所以，中国古人对山水早就非常关注，孔子就说过："智者乐水，仁者乐山。"这是中国古代山水诗非常发达的内在原因。

山水诗最迟在南北朝时候就出现了，特别是南朝的谢灵运，他已经被称为山水诗的"大家"。但山水诗真正的发达在唐朝，唐朝的诗人有条件在非常广阔的地域内游览山水，然后写出最好的山水诗来。

唐朝的大诗人几乎都喜欢漫游，李白说"一生好入名山游"，杜甫同样喜爱漫游，年轻时候曾经旅行到浙江东部的天姥山一带，直到晚年还对当年没有干脆扬帆入海，去看看东海里的扶桑岛而感到遗憾。所以唐代出现了专门的"盛唐山水诗派"，其中最著名的诗人就是王维、孟浩然。

王维对自然山水的热爱是全身心的，清幽秀丽的山水与悠闲自适的生活在王维的笔下浑融一体，从而产生了一系列的山水诗名篇，例如《辋川闲居赠裴秀才迪》和《积雨辋川庄作》：

　　寒山转苍翠，秋水日潺湲。
　　倚杖柴门外，临风听暮蝉。
　　渡头余落日，墟里上孤烟。
　　复值接舆醉，狂歌五柳前。

　　积雨空林烟火迟，蒸藜炊黍饷东菑。
　　漠漠水田飞白鹭，阴阴夏木啭黄鹂。
　　山中习静观朝槿，松下清斋折露葵。
　　野老与人争席罢，海鸥何事更相疑？

　　前一首咏山中秋景：秋山已带有几分寒意，薄暮时分，山色变得更加苍翠。尚未到水落石出的冬日，秋水依然潺湲而流，晚风中传来阵阵蝉鸣。后一首咏山中夏景：连日多雨，山间水气蒸腾，水田上白鹭群飞，浓荫中黄鹂啭鸣。
　　两首诗的景物描写都堪称绘声绘色，但更值得注意的是，它们都洋溢着诗人对隐逸生涯的满心喜爱。前者用了两位古代隐士的故事：接舆是春秋时代的楚国狂士，他曾经唱着"凤兮凤兮"的歌曲劝谏孔子不要徒劳无益地奔走列国。陶渊明则是晋宋之际的隐士，他性喜饮酒，曾因宅前有五株柳树而自号五柳先生。王维将两人的故事融为一体，表示自己无心仕途，一心想回归山林。后者用了《庄子》和《列子》中的两个寓言，且运用得天衣无缝，以表示自己尽去机心和骄矜之气，应该能与自然环境亲密融合。

王维笔下的山水景物，凸现了山水自然固有的美丽清幽和静谧安宁，既是自然中的真实场景，也是心灵中的精神家园。

品格之美

古典诗歌是古人心声的真实记录，是展现先民的人生态度的可靠文本，正如叶燮所说："诗是心声，不可违心而出，亦不能违心而出。功名之士，决不能为泉石淡泊之音。轻浮之子，必不能为敦庞大雅之响。"读诗就是读人，阅读那些长篇短什，古人的音容笑貌如在目前，这是我们了解先民心态的最佳途径。

难道古诗中就没有虚情假意或浮夸伪饰吗？当然有，但是那不会影响我们的阅读。有些诗人尽管颇有才华，作品的艺术水准也不弱，但流品太低，除非用作学术研究的史料，他们不会进入现代人的阅读视野。

古人著述，本以"修辞立其诚"为原则，并明确反对"巧言乱德"，更不要说是以言志为首要目标的诗歌写作了。清人沈德潜说："有第一等襟抱，第一等学识，斯有第一等真诗。"中国古代的伟大诗人都是具有第一等襟抱的诗人，他们的作品必然是第一等真诗。他们敞开心扉与后代读者赤诚相对，我们完全可以从诗歌中感受诗人们真实的心跳和脉搏。

屈原是诗国中绝无仅有的一位"烈士"，也是中国历史上最早出现的大诗人。他的作品与《诗经》并称为中国诗歌的两大源头，他高

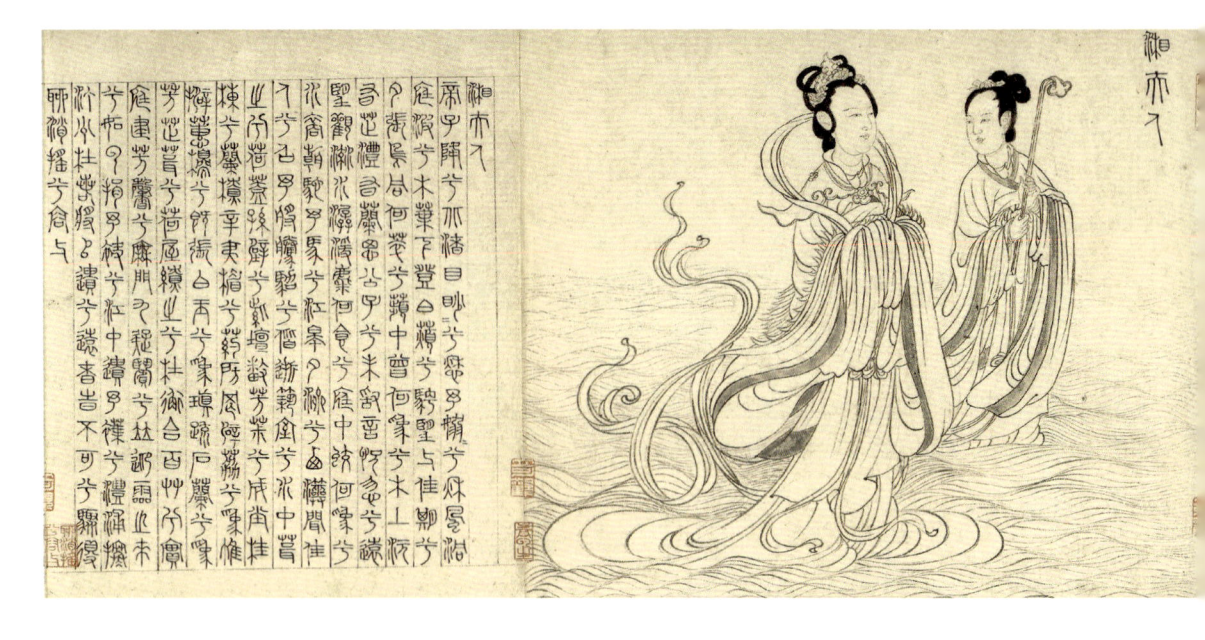

尚伟岸的人格精神和至死不渝的爱国情怀已经成为永久的典范。在那个辩士四处奔走、朝秦暮楚的时代，屈原却生生死死忠于祖国，最后自沉汨罗以身殉志。他以高洁的政治品格傲视着群小，以高远的人生追求拒绝了尘俗。"路漫漫其修远兮，吾将上下而求索。"屈原不懈地寻求人生的意义，最后以自沉的激烈方式结束了肉体的生命，却在精神上获得了永生，从而实现了人生的伟大超越。

陶渊明是诗国中最著名的隐士。他生逢晋宋易代的乱世，一生平淡无奇，做过几任小官后便辞职回乡，隐居终老。他的作品内容朴实，风格平淡，并不以奇情壮采见长，在当时几乎没有受到文坛的注意。但是陶渊明身后的声名却与日俱增，最终成为受到后代士人无比敬仰的文化伟人。原因在于，当别人争先恐后地趋附权势与财富，整个社会弥漫着虚伪、浮躁的风气时，陶渊明却以真诚、狷介的品格鹤立鸡群。"结庐在人境，而无车马喧。问君何能尔，心远地自偏。"陶渊明以退隐躬耕的人生选择树立了一个安贫乐道、廉退高洁的典型，用实际行为阐释了平凡人生的意义，证明了与功业建树毫无关系的平淡人生也可以达到超凡入圣的境界，也证明了朴素乃至贫寒的平凡生活也可以具有浓郁的诗意。

李白是诗国中独往独来的一位豪士。他天性真率，狂放不羁，充

左
元 张渥 《九歌图》局部

右
清 石涛 《陶渊明诗意图·带月荷锄归》

分体现了浪漫乐观、豪迈积极的盛唐精神。李白的思想无拘无束、自由自在，绝不局限于某家某派。他决不盲从任何权威，一生追求自由的思想和独立的意志。李白的诗歌热情洋溢，风格豪放，像滔滔黄河般倾泻奔流，创造了超凡脱俗的神奇境界，包蕴着上天入地的探索精神："长风破浪会有时，直挂云帆济沧海。"他用行为与诗歌维护了自身的人格尊严，弘扬了昂扬奋发的人生精神。多读李白，可以鼓舞我们的人生意志，可以使我们在人生境界上追求崇高而拒绝庸俗，在思想上追求自由解放而拒绝作茧自缚。

杜甫是中国诗歌史上最典型的儒士。他服膺儒家仁政爱民的思想，以关爱天下苍生为己任。杜甫生逢大唐帝国由盛转衰的历史关头，亲身经历了安史之乱前后的动荡时代，时代的疾风骤雨在他心中引起了情感的巨大波澜，他用诗笔描绘了兵荒马乱的时代画卷，也倾诉了自己忧国忧民的沉郁情怀："安得广厦千万间，大庇天下寒士俱欢颜，风雨不动安如山！"杜甫因超凡入圣的人格境界和登峰造极的诗歌成就而被誉为中国诗歌史上唯一的"诗圣"。杜甫虽是穷愁潦倒的一介布衣，平生毫无功业建树，却实至名归地跻身于中华文化史上的圣贤之列，从而实现了人生境界上跨度最大的超越。杜甫是儒家"人皆可以为尧舜"这个命题的真正实行者，他永远是后人提升人格境界的精神导师。

苏轼是诗歌史上最称名实相符的居士。一方面，他深受儒家淑世精神的影响，在朝为官时风节凛然，在地方官任上则政绩卓著。另一方面，他从道家和禅宗吸取了遗世独立的自由精神，形成了潇洒从容的生活态度。苏轼一生屡经磨难，曾三度流放，直至荒远的海南，但他以坚韧而又旷达的人生态度傲视艰难处境，"一蓑烟雨任平生"，从而实现了对苦难现实的精神超越。苏轼热爱人世，他以宽广的胸怀去拥抱生活，以兼收并蓄的审美情趣去体味人生，他的诗词内容丰富，兴味盎然，堪称在风雨人生中实现诗意生存的指南。

辛弃疾是诗国中少见的雄豪英武的侠士。他本是智勇双全的良将，年青时曾驰骋疆场，斩将搴旗；南渡后曾向朝廷提出全面的抗金方略，雄才大略盖世无双。可惜南宋小朝廷以偏安为国策，又对"归来人"充满疑忌，辛弃疾报国无门，最后赍志而殁。辛弃疾的词作充满着捐躯报国的壮烈情怀，洋溢着气吞骄虏的英风豪气。他以军旅词人的身份把英武之气掺入诗词雅境，遂在词坛上开创了雄壮豪放的流派。多读辛词，可以熏陶爱国情操，也可以培养尚武精神。"醉里挑灯看剑，梦回吹角连营。"那种为了正义事业而奋不顾身的价值取向，必然会引发人生境界的超越。

屈原、陶渊明、李白、杜甫、苏轼、辛弃疾等六位诗人，其遭遇和行迹各不相同，其诗歌创作也各自成家，但他们都以高远的人生追求超越了所处的实际环境，他们的诗歌都蕴含着丰盈的精神力量。因此，他们都是中国古典诗歌史上最伟大的诗人，他们的作品特色鲜明地体现了中华民族的品格之美。

如上所述，中国古典诗歌在韵律、意象、感情、品格等方面鲜明地包含着中华传统文化的精神内蕴，是我们理解、感受传统文化中的美学精神的最好视角。

读诗可以倾听先民的真实心声，好诗可以带给读者润物细无声的熏陶。从孔子开始，中华民族就极其重视阅读诗歌。孔子说："不学诗，无以言。"意即我们可以通过读诗来学习如何更好地运用本民族的语言文字。孔子又说："诗可以兴"，朱熹确切地解"兴"为"感发志意"。"兴"也好，"感发志意"也好，分明都是指通过读诗来感受诗人的情感、思绪，从而接受诗人通过抒情述志体现的人生观与价值观。

古代优秀诗人的胸襟、气度以及生活方式都含有传统文化的精神，都具有诗意生存的意味。读诗，尤其是阅读中国古典诗歌，能让我们从一个理想的视角来观察中华文化的美学境界，来体悟中华文化的美学精神，从而朝着诗意生存的美好目标大步迈进。

（作者系南京大学中国诗学研究中心主任、文学院教授）

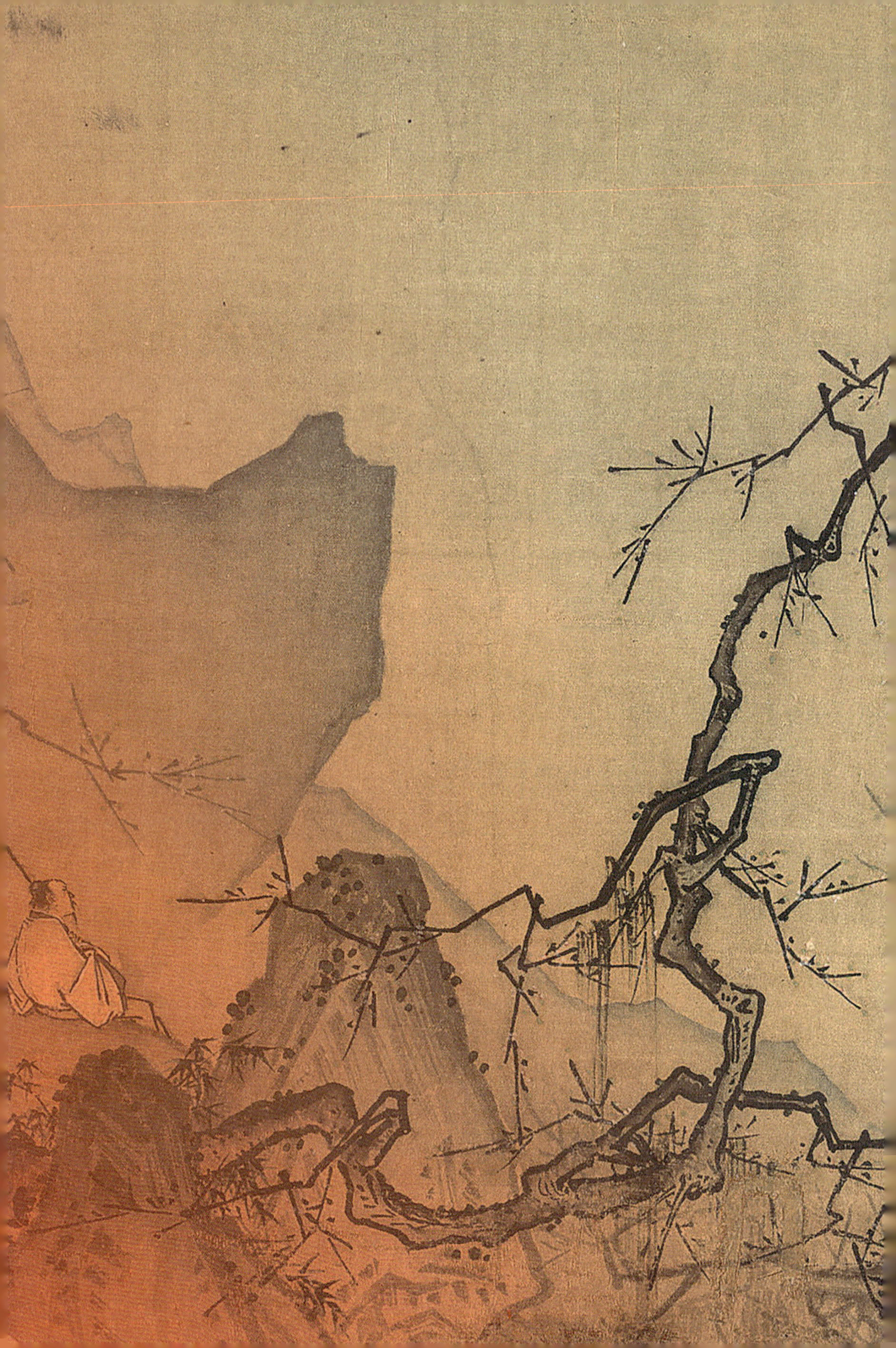

各美其美

张法

中华民族在远古漫长的演进中形成，同时，中国人的美感世界也在这过程中得到丰富。

从170万年前元谋人的选址模式，到70万年前周口店人的用火技术，到2万年前山顶洞人的仪式结构，到新石器时代以来，仰韶文化彩陶的图案之美、大汶口文化陶鬶的器形之美、红山文化和良渚文化的玉器辉煌、屈家岭纺轮的太极图案，东南西北的远古文化在互动中融合，至夏商周形成多元一体的民族共同体。在以鼎簋钟磬为代表的青铜、玉器文化中，呈现出中国之美的金声玉振。到春秋战国时期，理性化文明升级，也正是世界思想史称为由中国、印度、地中海三大地区组成的轴心时代之时。

总之，中华民族在其自身的演进中，形成了独特的审美传统。在与世界文化相比较中，可以更清晰地看出中国之美的核心思想与基本精神。

中、西、印美学思想比较

从公元前800年到公元前200年，中国、印度、地中海三大地区都产生了哲学思想，即用理性的方式去思考世界、思考世界之美。三种哲学在思维方式上是不同的，从而形成了三种不同的美学模式。

以观察一朵花为例。

西方人看见一朵花，感到其美，可用"实体—区分"型思维对之进行理论总结。花是多种属性的统一，要感到花的某一属性，比如美这种属性，就要与花的其他属性区别开来：不要管花的知识性，去认这是什么花；不要管花的功利性，去考虑这朵花值多少钱；也不要管这朵花在道德象征上与哪种高尚品德相关……而只从花的形、色、味，即花的形象本身，去感受这朵花带给你的愉悦。通过这种区分，这朵花之美就突显了出来。

同样，任何事物都有美的属性，只要通过区分，美的属性就会突显。面对花是如此，面对人物、动物、器物、山水同样如此，在对各种审美现象的共认中，关于美的定义，即这些事物何以是美的，就可以总结出来。

这一从花之美到所有事物何以为美的总结，用西方人的思维来讲，就是从现象之美到美的本质的理论提升。面对花之美，西方人用

"是"去认知。当对花的美的认知，不仅是从花本身，而且是把花之美与普遍性的美关联了起来，认识到决定一切美之为美的本质时，说花是美的，便已经从对现象的肯定之"是"，达到了对花之为美的本质之"是"。这样，花之美就进入了美的本质的系统之中，西方人就从理论上知道了花何以为美。

关于与"现象之是"相区别的"本质之是"，希腊人又进行了三种区分：个体事物的本质之是，一类事物的本质之是，宇宙整体的本质之是。这区分总而言之，都是要由具体之美达到本质之美，从而对美的世界有理论的理解。

印度人看见一朵花，感到其美，可用"是—变—幻—空"型思维对之进行理论总结。

印度人也有从"是"这一方式去认识世界和美的一面，但他们更看重的乃是时间对事物的决定作用。他们认为事物在时间中是变化的，人是在一个时间点上说"花是美的"。花之美，只与这一时间点相连，此时间点过去，"花是美的"之"是"，也随之过去（转瞬即空），花进入与新的时间点相连的状态中，其美或不美，或有怎样的美态，需要重新确定。

梵文里的"是"与"变"是同一个词，这是要在时间的作用下，认知到事物之"是"与紧接着的"变"可以而且应当合为一体。进而，时间过去了不会回来（与过去时间相连之物也同时过去了，不会回来），为空；现在的时间点马上要过去，转瞬即空；未来时间尚未来，也是空。一切事物，在时间的作用之中，现象上为"是变一体"，在本质上乃"是空一体"。

南宋 马远 《月下赏梅图》

因此，花之美，在时间流动中的某一点呈现，从宇宙处于时间流动之中而根本为空来讲，美就是幻象。从现象上讲，人总把由时间之流带来的幻象视为实在，并享受着这实际上的幻象，体悟那使世界成为幻象的本体之空。

中国人看见一朵花，感到其美，可用"虚实—关联"型思维对之进行理论总结。

与西方认为世界和事物是由实体组成的不同，中国人认为世界和事物是由虚与实两个部分组成的。中国宇宙的根本是气，气化万物而成世界。气之虚，化出万物之实。而且化成万物之后，气仍在物体之中。任何一物，都是由虚的气和实的形两部分组成，虚的气是根本。

一朵花之美，虽然从蕊、瓣、枝、色、味中体现出来，但花之美不仅在于这些实体部分，更在于由蕊、瓣、枝、色、味体现出来的花之气、神、韵、态。因此，对花之美的感受，由实入虚，也就是由形入神，更为重要。

而且，花之美不仅是花与他物区别开来而美，而且是与各种他物因时、因地、因景、因人关联起来而美。林逋看梅："疏影横斜水清浅，暗香浮动月黄昏"，把花与水、与月关联起来而更显其美；李商隐观菊："暗暗淡淡紫，融融冶冶黄。陶令篱边色，罗含宅里香"，把花与陶潜的高洁和罗含的人品关联起来，使菊之美有了别样的韵味。有时虽仿佛是花自身形成美，如王维看花："木末芙蓉花，山中发红萼。涧户寂无人，纷纷开且落"，但其实是与山、与涧以及涧边人家关联起来，而显出一种独有的美。

中国之美与西方不同。西方把时间之动归为空间之静，正如希腊哲学家讲的"飞箭不动"一样，强调从不变的本质的层面去欣赏美；中国则是仍使物保持在时空本身的原貌中，例如王维诗中是以花在时间中的开与落的过程去呈现花之美。

中国之美与印度也不同。印度人强调花在时间流动中的美，因时流的转瞬即空而从本体之空和现象之幻去欣赏美；中国则是把花在时间中的开落视为真而非幻的存在，花之美正是在与天杼地轴带动而来的开与落的整个过程中呈现。

花之开与落的运行，内蕴着外在的蕊、瓣、枝、色、味和内在之气，乃至天地之气的内在关联与合一。因此，对中国人来讲，赏花不仅是对花本身的欣赏，更是对花与他物、与宇宙整体关联而来的景外之景、象外之象、韵外之致的欣赏。

总而言之，中、西、印有着三种不同的美学，西方为"实体—区分"型美学，印度为"是—变—幻—空"型美学，中国为"虚实—关联"型美学。若从中国美学自身看,"虚实—关联"型美学是怎样产生的呢?

中国之美的核心与精神

世界各文化的美学,各有围绕着自己文化的核心观念,而显出自己的特色。中国美学也有自己根本的文化观念,决定着美学的思想特色。中国文化在从远古到夏商周再到春秋战国的演进中,建构起了多元一体的思想体系和审美体系。在这一过程中,从观天为主进行思考,形成了中国型的宇宙。在这一宇宙中,形成了中国哲学同时也是中国美学的三个最为重要的观念:中、气、道。

中,是在观天实践中逐渐形成的,是中国之美的核心。远古时代的观点,东南西北各个族群有不同的侧重,就其形成为主流的方式和观念而言,最初如邓宏海《中国科技探源:人类与球形器协同进化百万年史》所述,是观月。然后,如庞朴《"火历"初探》等系列文章中讲,是观大火星。再后是观日,尔后是观极星。最后,以观日和观极星为主而结合形成的体系,即《周礼·考工记》讲的昼观太阳,夜观极星,形成了"中"的观念。

先讲太阳观测。从整体逻辑来讲,太阳观察的立杆测影,内蕴了象数理的易学。在族群的仪式中心之地立一中杆,太阳一年的运行在中杆的投影,得出二至(冬至夏至)、二分(春分秋分)、二启(立春立夏)、二闭(立秋立冬)的变化规律。太阳一年的投影,按图形画出,就是太极图。而且,太阳照射中杆的一面为阳,投影为阴,太阳

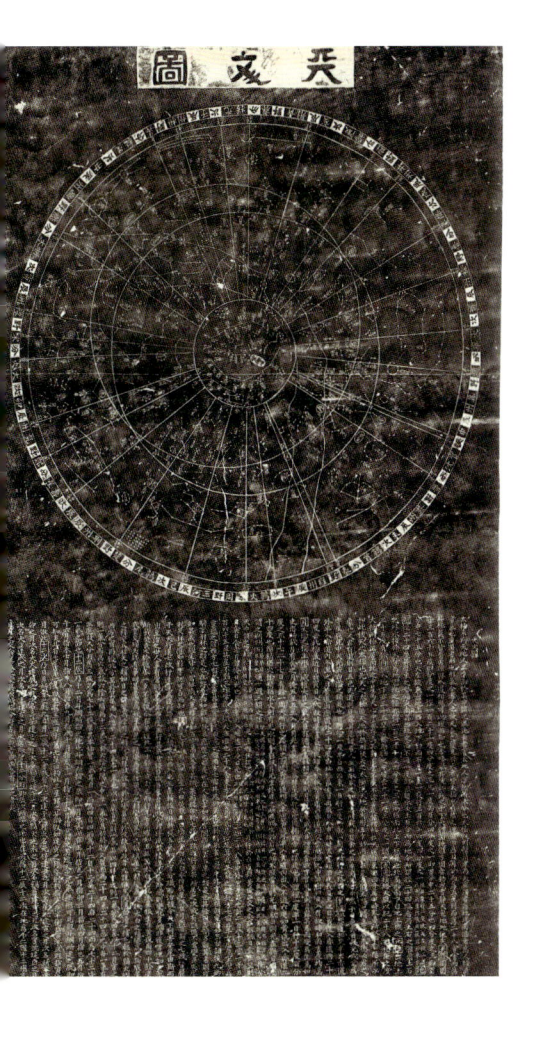

南宋《天文图》石碑拓片

的运行体现为由投影变化而来的阴阳消长。一阴一阳之谓道的观念，由之而生。

再讲极星观测。中国所在的北纬地区，大部分星辰都有升有落地运行，极星却在天上不动，日月星辰都围绕极星运行。北极是天文空间，极星是离北极最近的星，由于岁差，千年之后，本来离北极近的星渐远，远的会渐近。在五千年前黄河流域的星空，北斗离北极很近，且又由斗柄的旋转，指示着春夏秋冬的转换。古人把北极、极星、北斗视为一体，称为北辰。北极为空无，极星是帝星，北斗按帝星的意志而行。北极与极星构成了无与有的关系。北极、极星、北斗引导着日月星的运行，产生天地互动，进而产生天地万物。

天上北辰为天帝，居紫微垣，为宇宙中心；地下天子所居住的京城，为地上之中。中的观念一以贯之，北辰作为天上之中，引导着日月星的运行；京城作为地上之中，引导着州府县城以及边远地区的运行。同样，围绕北辰运行的日月星，构成了天之美；围绕京城运行的州县以及边远地区的标志建筑，包括五岳四渎的山水动植，构成了地之美。

北辰是怎样引导日月星运行，日月星又是怎样产生天地互动的呢？日月星的位移是可见的，但其运行的轨道与功能不可见，不可见的部分是可以体悟的，古人将之归于气。气乃是中国之美的灵性。

日月星运行对理解中国宇宙的重要性，主要在于理解气和道这两个重要观念。

气，甲骨文有三种字形，可谓三种来源：一源于云气，强调气由天上而地下的运行，以及由之而来的天地互动；二源于食物的香气，指祭祀中食物香气由地下而升天的运行，以及由之而来的天地互动；三既为天上有征兆性的云物，也为地上中杆上的旗帜，体现了天地之间的互动。天上的虚体之物（云物）下降到中杆的旗帜上，旗帜的翻动运行又是对天上云物运行的回应。

从逻辑上讲，气最初来源于宇宙之灵，后来为了解释北辰带动天地运行，成为由北辰而来又灌注在整个宇宙中的虚体，并在气化万物的运行中蕴藏于每一个物的内在。气既是天地的根本，又是个物之内的根本，同时也是宇宙万物之美的根本。

由此不难理解，中国美学里，气具有核心的地位："文以气为主"，画以"气韵生动"为第一，书法要"梭梭凛凛，常有生气"，抚琴要"满弦皆生气氤氲"。

道有三层含义，一是形上之道，二是运行之道，三是个物之道。道是中国之美的意义。形上之道存在，不可见不可说，但从运行之道中体现出来。形上之道通过运行之道而彰显为具体的个物之道。道的三义中，运行之道最为重要。具体个物通过其运行，呈现个物之性。宇宙本身通过运行，呈现宇宙之性。

天地有大美而不言，但通过天地万物的运行，其美便体现出来了。"日月叠璧，以垂丽天之象，山川焕绮，以铺地理之形，此盖道之文也。"文即是美。天上日月如璧玉一般美,地下山川似丝绸一般美,都是在运行中呈现的。

道的运行包括实的一面和虚的一面,实体现为形,虚体现为气。道之运行及其运行之美,从太极图中体现出来,太极生两仪,在太极图上体现为一黑一白,象征一阴一阳,作为整个宇宙的象征。黑白两条阴阳鱼的运行,白由大到小而化入黑中,黑由大到小又化入白中,彰显了阴阳的互动消长。

这就是"不愁明月尽,自有夜珠来","行到水穷处,坐看云起时","海日生残夜,江春入旧年"的境界。又如欧阳修《踏莎行》上阕写外出的行人想念家中的闺妇:"候馆梅残,溪桥柳细,草熏风暖摇征辔。离愁渐远渐无穷,迢迢不断如春水";下阕写游子想象中的闺妇思念:"寸寸柔肠,盈盈粉泪,楼高莫近危栏倚。平芜尽处是春山,行人更在春山外。"这里正是以阴阳互含的方式联结起来的。

太极图中的阴阳运行,最重要的是中间的太极曲线。太极曲线的圆意,从中国之美的方方面面体现出来。如书法上的运笔,欲左先右,欲下先上,由此构成圆意;诗词多用仰观俯察,远近往还而来,产生圆意,如杜甫《登高》"风急天高猿啸哀"是仰观,"渚清沙白鸟飞回"是俯察,"无边落木萧萧下"是由近到远,"不尽长江滚滚来"是由远到近。

太极曲线还含了一天、一季、一年的多个循环而来的圆意。如欧阳修《醉翁亭记》写道:"若夫日出而林霏开,云归而岩穴暝,晦明变化者,山间之朝暮也。野芳发而幽香,佳木秀而繁阴,风霜高洁,水落而石出者,山间之四时也。朝而往,暮而归,四时之景不同,而乐亦无穷也。"

圆在每一种文化中都被认为是最美的，但中国的圆是太极图的圆，把前面讲的所有内容都内蕴在其中。而太极曲线作为圆中的核心之线，对于中国美学具有核心意义。

中国之美的三个层级

中国之美，从理论上看是在先秦定形的，但先秦美学来源于远古之美。中国之美在自远古以来的形成进程中，东南西北各族群在互动中进行着文化和审美的竞争与互动，由工具之美演进为仪式之美。

中国远古之美，在工具上体现为由斤到斧再到钺的演进。斤是最初的片形斧，《庄子》的"运斤成风"透出了其与萌生的哲学观念和审美观念的联系。斧由族群首领之"父"加上工具之"斤"而成，关联到甫（作为父的人之美），以及黼（与斧相关的图案之美）。由斤到斧，表明工具已进入仪式阶段，得到美的升华。最后，斧提升为钺，钺成为群族首领的象征，完全进入仪式之美的精致之中。

从仪式的角度来看，美的演进更为清楚。仪式包括四个要项：一是仪式之人，人体之美由之而生；二是仪式地点，建筑之美由之而来；三是仪式器物，礼器之美由之而成；四是仪式过程，诗乐舞剧合一的表演之美由之而显。可见，人类进入仪式阶段，美得到体系性的提升。

中国之美自仪式阶段以来有怎样的特点呢？最重要的是从中国之美及其与之相关的两大概念——文和玉体现出来。在后来对美的描述中，美，以及与美相关的文与玉，形成了美的三个层级。美是普遍的美；文是对普遍之美中的核心进行强调，升华为雅致与语言之美；玉是对文中的核心进行强调，是内容与形式合一之美，后来文与玉，又展开为两类有特色的美的境界。

"美"的甲骨文作 ᗩ、ᗷ、ᗽ 等形，联系考古材料，盖起源于西北羌姜族仪式中的羊饰之人。美字所包括的内容，不仅是仪式之人的羊饰之美，也包括仪式地点的建筑中的羊形装饰，仪式器物上的羊形图案，饮食礼器所盛的羊肉美味，仪式过程中诗乐舞剧中充斥着的各种与羊相关的形象因素。

随着美的字义转变，所有带有羊的起源而又具有观念形态意义的字群也跟着发生了转变。比如：善，成为不仅与羊有关，而且具有普遍意义的"好"；祥，成为不仅与羊有关，而且具有普遍意义的"吉"；義（义），成为不仅与羊有关，而且具有普遍意义的"正义"；儀（仪），成为不仅与羊有关，而且具有普遍意义的"仪容"……

美的普遍化，应是在从远古到夏商周王朝中完成的，成为中国之美的普遍语汇，也是中国之美的第一个层级。

文，甲骨文为 ᗩ、ᗷ、ᗽ，来源于东南族群的仪式之人的文身。其含义如郑玄注《乐记·乐象篇》所讲，"文犹美也"。文身作为人体装饰，应还有南北差异，北方地区人体装饰在强调兽毛装饰时为"尨"。在族群互动中，南方之文与北方之尨共汇为仪式之人的文饰之美。

文作为身体美饰，随着技术的提升有一系列的演进。其要点是从裸身的刻镂之文和毛饰之尨，到衣服上的错画为文的图案之美，到丝织品出现后的丝绸服饰之美，最后在文化演进中形成了华夏衣冠的冕服体系。《周易·系辞下》说"黄帝、尧、舜垂衣裳而天下治"，讲的就是文之美成为文化和审美演进的重要内容。

文是仪式之人的美饰，仪式之人在仪式四项中具有引领的作用。因而，文从仪式之人之美扩展为整个仪式之美。人用仪式之美的眼光去观天看地，天地皆呈现为美之文。

文在从远古向王朝的演进中，成为普遍性的美：在语言上，《左传·僖公二十四年》有"言，身之文也"。在绘画上，《说文》有"文，错画也"，《乐记》讲"五色成文"。在音乐上，《乐记》讲"声成文，谓之音"。在自然中，日月星为天之文，山河动植为地之文。

在春秋战国的演变中，色、声、味的美都失去了形而上的、宗教的、政治的内容，更多地彰显为享乐之美。而作为语言之美的文，却保存了形而上的、宗教的、政治的性质，从而使文成为语言之美的专称。

由此，文有了高于其他各类之美的含义，而它作为普遍之美的用法和词义也依然存在。当其用来指普遍美时，语言之美高于其他之美的因素发挥了作用。所以说，在审美的等级上，文高于美。再进一步，由于语言之美是儒士文人的专项，其对语言之美的拥有辐射到审美上，成为因文而来的雅致之美，正如苏轼所说："腹有诗书气自华。"

玉，甲骨文为丰、丰、丰等，其源于远古仪式之人的美饰。远古的仪式之人为巫，文字的解释之一是胸前佩了两串玉；古代的豊（礼）字，王国维解释为器中盛玉。

以玉通灵，是远古的普遍观念。远古之巫"以玉事神"，巫通过身体上的装饰之玉，与灵互动而成为掌握宇宙之灵的巫王。兴隆洼文化就出现了玉玦和玉琯，有学者认为玉玦为耳饰，强调玉的听觉与宇宙之灵互动。玉璜于马家浜文化和高庙文化出现，在凌家滩文化中得到发扬。玉璜可一件，也可或二或三或五地成组挂在胸、腰、腹上或整个身前，强调玉在心灵上与宇宙之灵互动。这与获天地之德相关。玉璜的演进，闪耀在石峁、陶寺、二里头文化之中。《礼记·明堂位》曰："大璜……天子之器也。"身饰之璜，伴随着从远古巫王到夏代帝王的服饰之美的演进。如果说，文最初是巫王的服饰，那么，玉则是服饰之文的重点。后来的朝廷冕服，都有玉作为重要装饰在其中。正如文演进为整个仪式的外观，玉同时作为最核心的礼器，从良渚文化开始的玉琮，在齐家文化中盛行的玉璧，都是与宇宙整体之灵互动的礼器，在《周礼》被提升为理性化的"以苍璧礼天，以黄琮礼地"的话语。总之，玉与文一样，扩大为整个仪式之美的外观，并且是其中最重要的部分。如果说，以琮璧为主的玉器体系象征了天圆地方的宇宙观的完成，那么，以圭璋为主的玉器体系则标志着新型政治体系的建立。圭璋普遍出现在龙山文化时期的石家河、陶寺、石峁诸文化中，并继续盛行于夏商周。从文字上讲，圭以器形为主，璋在器形上有文绘。这一区别又因各地域和文化的不同而有互渗。从演进的大势看，最后的圭璋成为玉器的核心。

玉从远古到夏商周再到春秋战国的演进中，一方面成为首领身饰之美的重要组成部分，另一方面成为首领与天地相通的礼器之美的重要组成部分。从美学上讲，玉之美的特点，在于其是内外合一之美，玉作为人体装饰，既体现为人体的外饰，同时又与人的心灵

晋 顾恺之 《洛神赋图》局部

画中曹植解下佩玉赠予洛神,表达倾慕之情。

相关,作为礼器,既是仪式的外在体现,又与仪式的内容相关,因此,文更多强调与质相对的外在美,而玉是外在美与内在美的统一。正因此,玉之美在中国之美中占有了核心地位。

玉不仅为王之美,也成为士人之美。《诗经·秦风·小戎》讲君子"温其如玉"。玉之美由君王而士人,进而扩展到文化的方方面面:哲人以玉比德,诗人以玉喻心,俗人知玉为宝。话讲得好,谓之"玉言";人长得好,谓之"玉人";合作得好,谓"珠连璧合",璧即璧玉;婚姻之美,是金玉良缘;美人之韵,是玉洁冰清;朋友知己,说是"一片冰心在玉壶"……玉之美在整个中国之美中的位置,就如青金石在地中海文化之美中的位置一样,占有核心的地位。

公元前4世纪,古希腊哲人柏拉图面对美的女子、美的马儿、美的雕像等具体的美的事物开始沉思:这些纷繁复杂、性质悬殊的美的事物的共同本质是什么?于是写下了《大希庇阿斯》,专门询究美的本质问题。这篇专论饱含着一种努力，要使美学成为一门科学。而这种努力直到1750年才结出果实，德国学者鲍姆嘉通使美学正式成为一门学科，前后历时两千余年。

细而察之，中国古代文化从灿烂辉煌的原始彩陶开始，就意味着中国古人的实践活动产生了包含文化特质的审美对象，同时也在美的创造和欣赏中构塑了主体的心理结构。虽然没有形成一门学科，但诗、词、画、书等中国古代文艺，也各有其审美角度，对美学进行了深刻的研究。

美学源于文化，中、西、印不同的文化精神形成了各自不同的美学特质。在美学比较中可以看出，中国之美在中国文化多元一体的多方面演进中形成。概而言之，形成了以文化的中、气、道观念为核心，以美学中美以及与之关联的文和玉为基本结构的层级，并进一步展开为丰富多彩的中国之美。

（作者系国家社科基金项目"20世纪中西美学原理体系比较研究"负责人，中华美学学会副会长，四川大学文学与新闻学院教授）

美在艺境

篇二

中华民族有灿烂的艺术传统，艺术创造和品鉴中凝结着中国人丰富的审美观念。中国艺术重视境界的创造，如绘画中的山水清远就是一片心灵境界的呈现。它强调外师造化、中得心源，以气韵生动、形神结合为缔造原则，提倡落花无言、简淡素朴的美。通过艺术获得的美感体验对中国人的心灵世界产生了重要影响。

ман禪榻上　夢魂

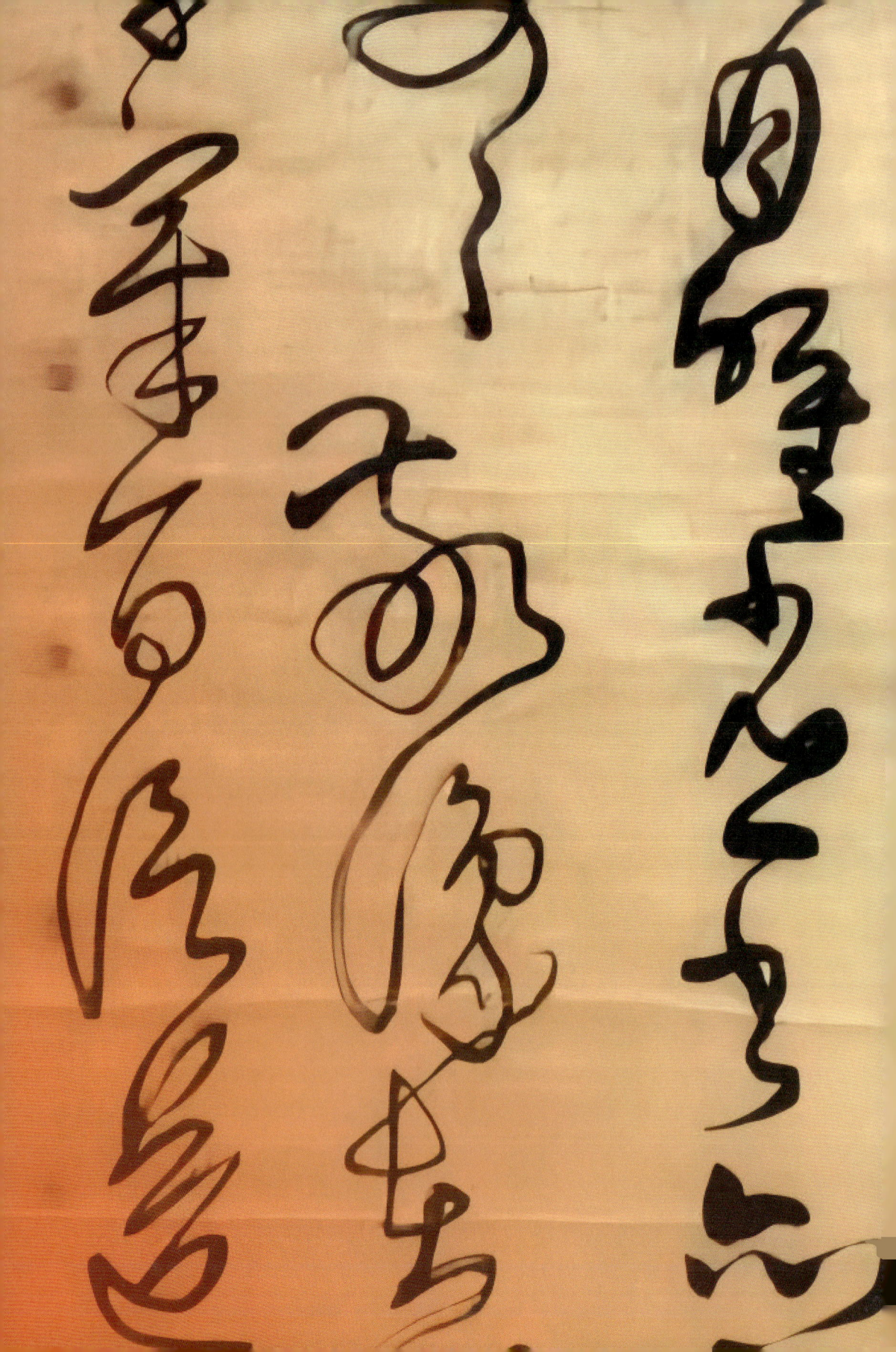

书法灵韵

王岳川

中国书法是直指人心的艺术,在意象美雅之线条中展现出人格襟抱。为何中国文字的毛笔书写竟能成为一门独特的艺术?逸笔草草、墨气四射的草书为何胜过工细排列的匠气人为?中国书法究竟要在一笺素白上表达何种意绪、情怀、精神?这盘旋飞动的水墨线条之舞叙述了中国文化怎样的禀赋气质?

两千多年的书法发展,是一个字体书写与情感互动互渗的过程。书法对汉字的再创造,因为柔软的毛笔而创造出灵韵艺术。毛笔的枯润疾徐,线条的铁画银钩,结构的豪放,章法的精致,使得千变万化的勾勒带给创作以灵感和情绪,进而带来出神入化的演变,得到广泛的审美认同。

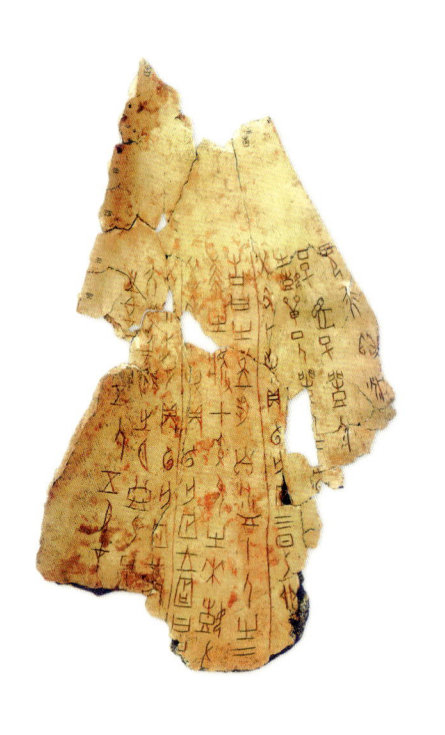

殷商 甲骨文

汉字基因之美

汉字是中华文明的基石，书法是中国文化的核心，中国书法艺术是伴随着汉字的产生而发展起来的。汉字与生俱来的审美基因，使得汉字书写的各种书体都有自己独特的美感。楷书的规整、行书的流畅、草书的奔放，无不显示空间构造的美感，既有静态的均衡和谐，又有动态的韵律变化，此为书法的汉字基因之美。

古人结绳记事，而文字的发明使得"天雨粟，鬼夜哭"，惊天动地。有了文字，人类才告别史前蛮荒时期，开启了文明时期。历史上有伏羲画卦、神农结绳、仓颉造字的传说，说明文字诞生于先民的抽象符号线条组合中。汉字的发展，大体经历了甲骨文、金文、篆书、隶书、楷书、草书、行书等字体形态的演变，其中最常见的书法五体是：篆、隶、行、楷、草。

甲骨文是殷商时代刻在龟甲兽骨上用以记事的文字，又叫"卜辞""龟甲文""殷契"等。甲骨文的线条已经具有横平竖直、疏密匀称等形式美的因素。因系用刀在龟甲上刻划，所以线条大多为直线，曲线也由短的直线连接而成，笔画为等粗线，两头略尖，线条瘦硬挺拔、坚实爽利，运笔健劲、刀迹遒劲。字体结构疏朗稚拙、雄健宏放，谨严中蕴含有飘逸的风骨，气势不凡。

尤其是甲骨文朱书、墨书作品，更能看到其运笔的轻重缓急，线

西周 《大盂鼎铭文》拓片 金文

条的起落运收,转折的流畅圆融,字距的疏密相间,章法的天然率真,全篇浑穆朴茂,呈现悠悠历史之感。可以说,甲骨文标志着中国书法审美意识的觉醒。

金文即秦汉以前刻在钟、鼎、盘、彝等铜器上的铭文。古代青铜器铭文的书写,刚劲古拙、端庄凝重,成为整个铜器之美的有机部分。金文有"款""识"之分,"款"指凹下去的阴文,"识"指凸起来的阳文。其文字内容大多指涉一种森严、威吓的权力。青铜器起初的纹饰和铭文包蕴着一种神秘感。尤其是商代青铜器上的饕餮纹,在那森然肃然令人生畏的形象中,积淀了一股深沉的历史力量,呈现出当时的时代精神。

金文之美,美在笔法结体。因为铸字原本为笔墨书写,所以有韵致节奏的自然美:首尾出锋、平正素朴;又因需铸造,所以有整齐匀

东周 《秦刻石鼓文》拓片局部 大篆

称的装饰美：谨严精到、端庄凝重。西周金文将商代金文的自由舒展的字形拉长，采取上紧下松的结体以求字体的秀丽感，章法亦由行款自如到匀称整饬。

篆书是大篆、小篆的统称。广义的篆书还包括甲骨文、金文、籀文等。石鼓文是典型的大篆，它是唐代陈仓出土，刻在石鼓上的记事韵文。其字体宽舒古朴，具有流畅宏伟的美。大篆由甲骨文演化而来，明显留有古代象形文字的痕迹。小篆是秦代统一文字以后的一种新书体，又称为"秦篆"。同大篆相比，小篆在用笔上变迟重收敛、粗细不匀为流畅飞扬、粗细停匀，更趋线条化。结构上变繁杂交错为整饬统一，字形略带纵势长方，分行布白更为圆匀齐整、宽舒飞动，具有一种图案花纹似的装饰美。小篆的代表作有传李斯所书的《泰山刻石》《秦诏版》《琅琊台刻石》《峄山刻石》等。

隶书始于秦代，成熟并通行于汉魏，早期隶书脱胎于草篆，用笔

汉 《银雀山汉简》 隶书

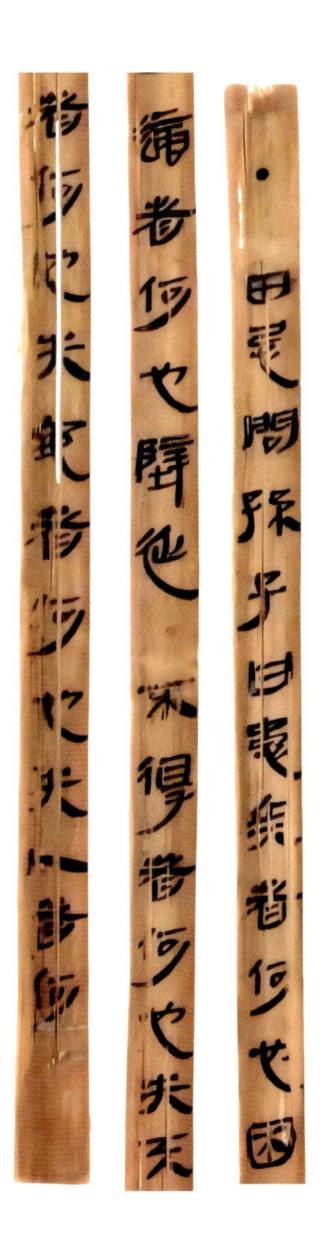

化篆书的曲线为直线，结构对称平衡。隶书可以被视为书法史上的一个分水岭：大篆小篆是古体书，隶楷行草是今体书。

从结体上看，隶书变篆书的均齐圆整为自然放纵，篆书内裹团抱、羁束笔墨，隶书则中敛外肆、舒展活泼。笔势上化纵为横，字形变长圆为扁方，丰富了毛笔的表现性。用笔方面也有突破，篆书多以中锋行笔，起止藏锋，隶书中则出现侧锋露锋和方折，线条变化丰富，更有层次感。

存世的大量汉碑多为隶书书写，神韵异趣、风格多样。最负盛名的有工整精细的《史晨碑》，飘逸秀美的《曹全碑》，厚重古朴的《衡方碑》，方劲高古的《张迁碑》，奇纵恣肆的《石门颂》，清劲精整的《朝侯小子碑》等。当代出土的大量汉简，笔墨奇纵、结构厚重，表现出一种自然浑厚的美。

楷书，又称真书、正书，始于汉末，盛行于东晋、南北朝。汉以后的魏碑处在从隶书到楷书的转变过程中。楷书用笔灵活多变，讲究藏露悬垂，结构由隶书的扁平变为方正，追求一种豪放奇传的美。

现存最早的楷书遗迹，有魏钟繇《宣示表》、

魏 钟繇 《宣示表》宋拓本 楷书

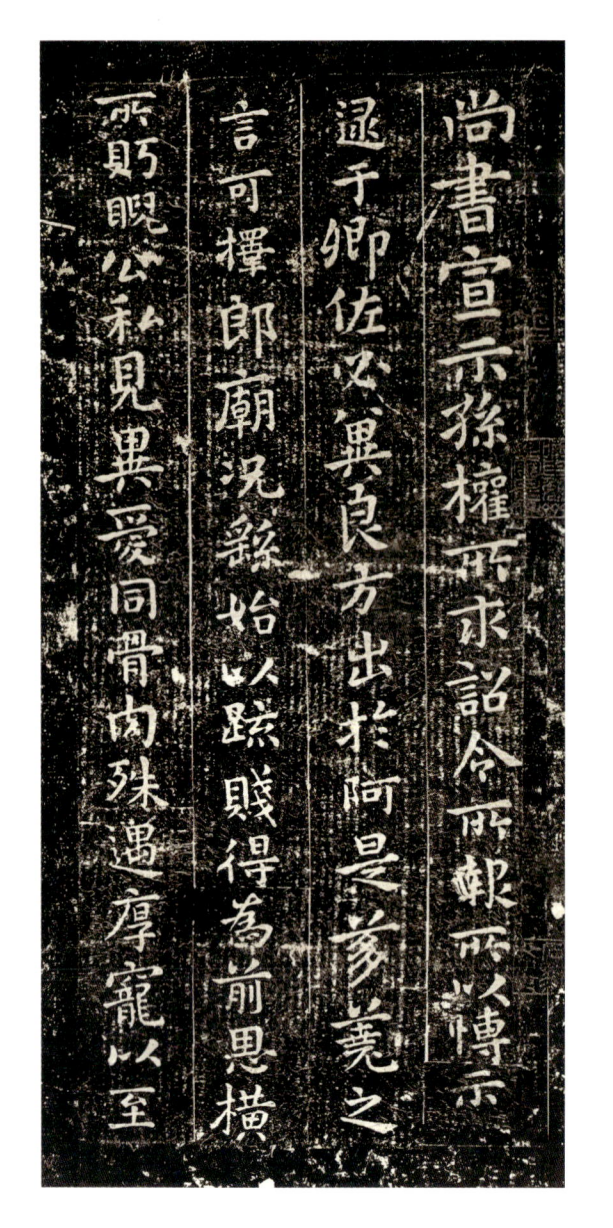

吴碑《九真太守谷朗碑》等。钟繇以后，到南北朝时期，大江南北形成不同书风，世称南派（以王羲之为代表）和北派（以索靖为代表）。南派擅长书牍，呈现一种疏宕秀劲的美；北派精于碑榜，注重一种方严古拙的美。到了隋代，南北熔为一炉，成为唐代书法的先导。

唐代书法中兴，名家辈出，在楷书书法美上追求肃然巍然、大气磅礴的境界，形成以颜真卿、柳公权为代表的端庄宽舒、刚健雄强的风格，与唐代时代精神——"豁达闳大之风"相适应。唐代碑帖成为楷书一大体系，对后世影响很大，名作有欧阳询《醴泉铭》、虞世南《夫子庙堂碑》、褚遂良《孟法师碑》、颜真卿《颜勤礼碑》《东方朔画赞》、柳公权《玄秘塔碑》《神策军碑》等。

唐代以后，楷书走向式微，尽管宋代蔡襄、元代赵孟頫、明代文徵明、清代何绍基曾努力振兴楷书，但终因印刷术的进步、发展，楷书的广泛实用性削弱，其艺术适用性也大受影响。

草书有广义和狭义之分。广义的草书包括草篆、草隶、章草、今草、狂草等。狭义的草书指具有一定法度而自成体系的草写书法，包括章草、今草和狂草三种。

章草兴起于秦末汉初，是隶书的草写，作为早期的草书，又称"隶草""急就"。章草因从隶书演化而成，所以笔法上还残留一些隶书的形迹，构造彰明，字字独立，不相连绵，波磔分明，劲骨天纵，既飘扬洒落又蕴含朴厚的意趣。

今草即现今通行的草书。相传东汉张芝脱去章草中隶书形迹，上下字之间的笔势牵连相通，偏旁相互假借，成为今草。历代书写今草的书家很多，最为著名的有王羲之、王献之父子，行草夹杂，字与字之间顾盼呼应，用笔巧拙相济，墨色枯润相合，意态活泼飞动，最为清丽秀美。

狂草将中国书法的写意性发挥到了极致，用笔上起抢收曳，化断为连，一气呵成，变化丰富而气脉贯通，在所有的书体中最为奔放跃动，也最能抒发书家的情感和表现书艺精神。在点画线条的飞动和翰墨泼洒的黑白世界中，书家物我两忘，化机在手，与线条墨象共"舞"而"羽化登仙"。

草书著名墨迹有汉张芝《冠军帖》，唐孙过庭《书谱》、张旭《古诗四帖》、怀素《苦笋帖》《自叙帖》，五代杨凝式《夏热帖》，宋米芾《草书九帖》，元鲜于枢《渔父词》，明祝允明《赤壁赋》、文徵明《滕王阁序》、王铎《草书诗卷》等。

行书，是介于楷、草之间的一种书体。它非真非草，真草兼行，有"行楷"和"行草"之分。一般认为，行书始于汉末，盛行于晋代。

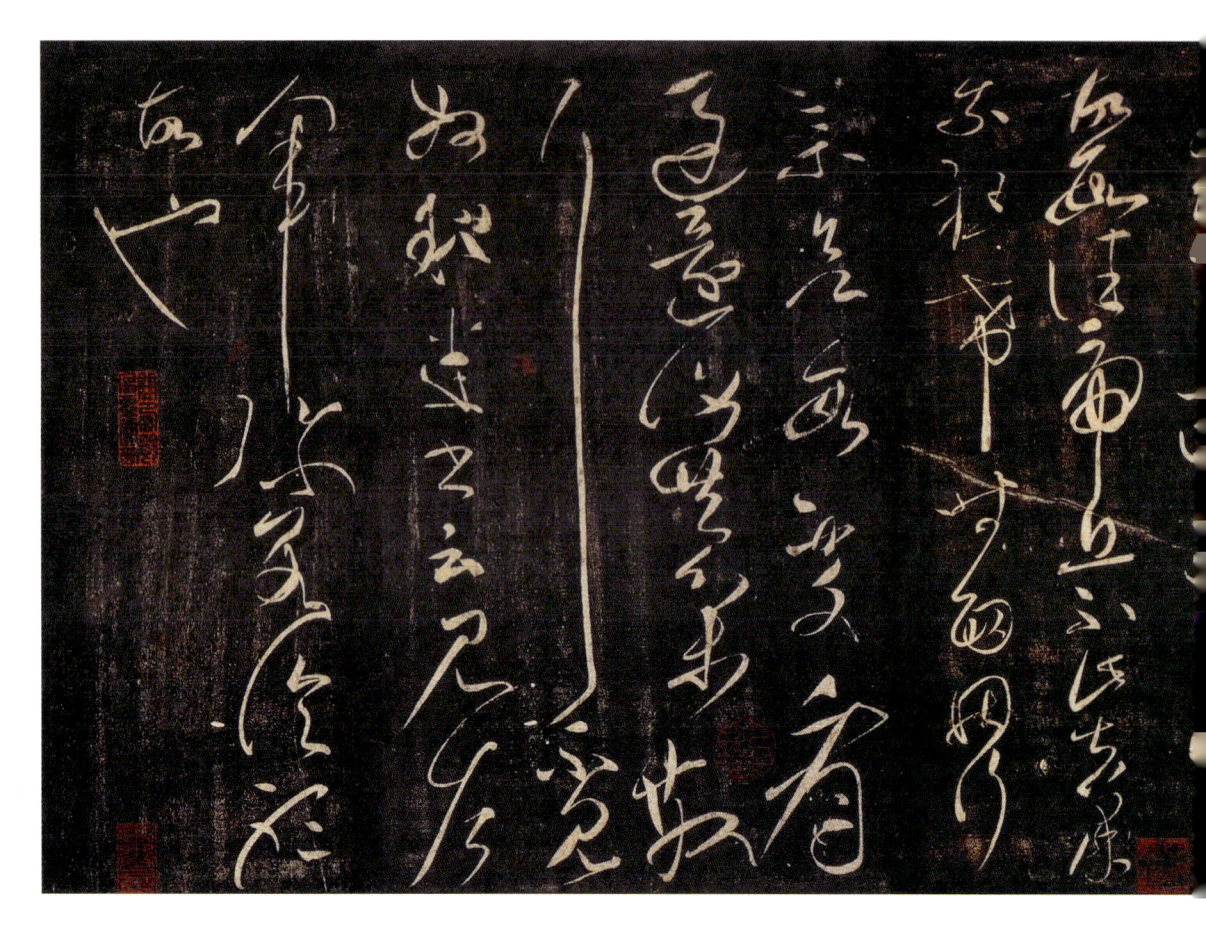

汉 张芝 《冠军帖》宋拓本局部 草书

行书切合实用，兼有楷书和草书的长处：既具备楷书的工整，清晰可认，又存有草书的飞动，活泼可现。

自晋以来，擅长书法的人大都工行书。东晋王羲之的行书代表作《兰亭序》，具有一种浑然天成、洗练含蓄的美，被公认为"天下第一行书"。颜真卿的《祭侄文稿》，字字挺拔、笔笔奔放、圆劲激越、诡异飞动，锋芒咄咄逼人，渴笔和萦带历历在目，可使人看到行笔的过程和转折处笔锋变换之妙，被誉为"天下第二行书"。苏东坡的《寒食帖》，笔迹匀净流丽、锋实墨饱、字势开张，行距疏朗空阔，给人以"端庄杂流丽，刚健复婀娜"的审美感受，被誉为"天下第三行书"。此外，王献之《鸭头丸帖》、苏东坡《洞庭春色赋》、黄庭坚

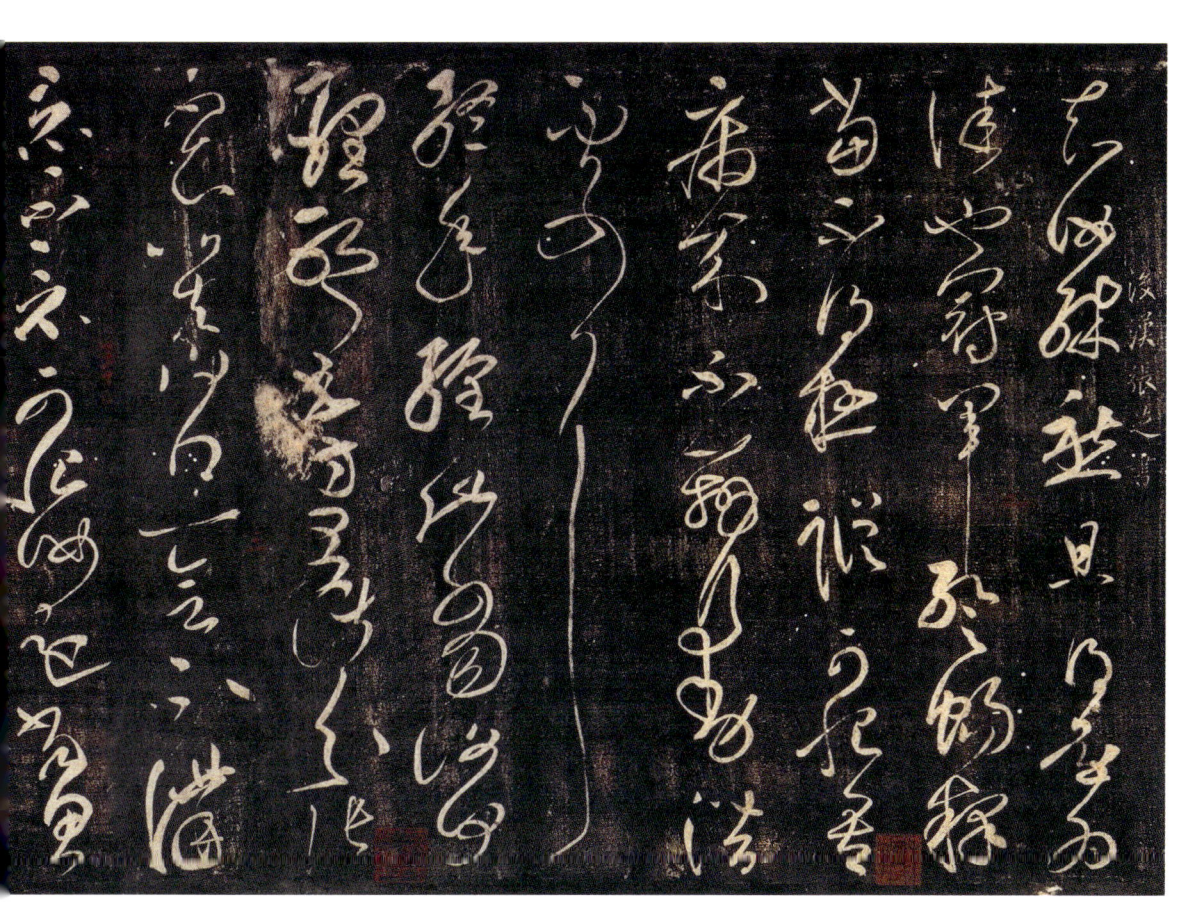

《松风阁诗》、米芾《蜀素帖》、蔡襄《自书诗卷》，以及赵孟頫《妙严寺记》、鲜于枢《行草墨迹》等，都是行书的上乘作品。

  一部中国书法发展史，是一部中国艺术精神不断觉醒、不断走向成熟的历史。中国书法源远流长，从商周以来，风格因时代而嬗变：有商周的古拙、秦汉的气势、魏晋的风韵、隋唐的法度，也有宋元的意趣和明清的朴态，展示出每一时代独特的文化风尚。

结构布局之美

  汉字书写结构严谨、线条流畅，富有节奏感。每个字的笔画安

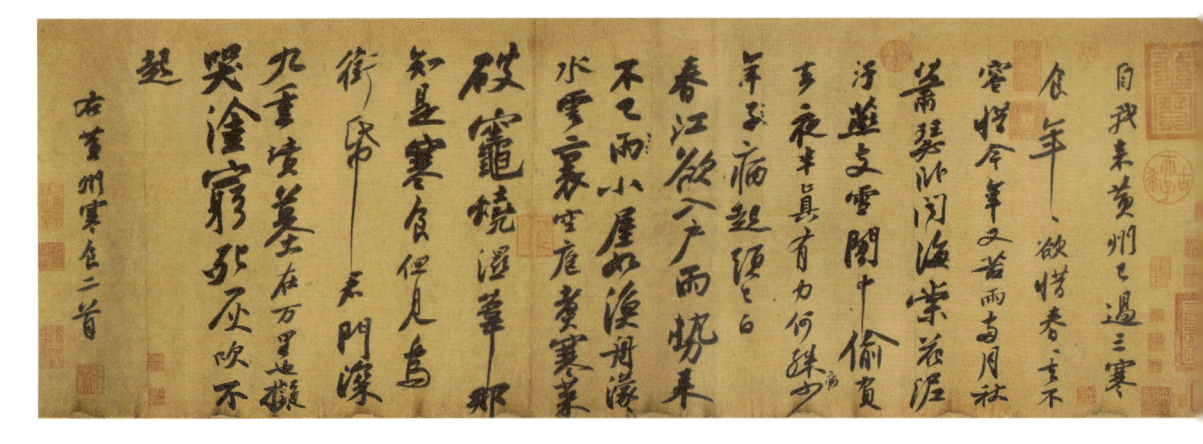

宋 苏轼 《寒食帖》 行书

排、重心分布、空白处理均极尽巧妙，形成了稳定的视觉平衡。整幅作品中，字与字之间、行与行之间的疏密关系、呼应连贯，以及通篇布局上的黑白分割、上下左右的照应，构成了一种流动的、有呼吸的空间节奏。此为书法的结构布局之美。

书法的结构布局之美，在于笔法、字法和章法。

王羲之的老师卫铄在《笔阵图》中说："夫三端之妙，莫先乎用笔；六艺之奥，莫重乎银钩。"可见书法用笔的重要。用笔主要有笔法、笔力、笔势、笔意等书写技巧。其中，笔法是使书法线条获得生命律动感的关键，这种点画线条不是板滞的，而是灵动的。书法家通过毛笔的挥运，创造出或刚劲有力或柔韧飘逸的线条，展示出浓淡干湿、飞白留黑的丰富变化，每一根线条都承载着用笔的力度、速度和节奏。

中国书法的用笔，每一点画的起讫都有起笔、行笔和收笔。起笔和收笔处的形象，是构成点画形象美的关键。而行笔则讲求迟速。迟，可以体现沉重有力的美；速，可以显出潇洒流畅的美。每一点画的粗细变化都有提顿、转折。提顿，使点画具有节奏感，呈现粗细深浅的丰富变化；转折，使点画有方有圆，转的效果是圆，折的效果是方。总之，笔法是书法构成的最基本要素，是书法形式美的基础。

晋　卫铄　《近奉帖》　载于《淳化阁帖》

字法，又称"结体"，说的是字的点画布置及结构安排。书法通过字的点画书写和字形结构，来表现动态美和气韵美。一般认为，平衡对称和多样统一，是字法最基本的美学原则，不同的书体有不同的结构规范。王羲之在《题〈笔阵图〉后》中说："夫欲书者，先干研墨，凝神静思，预想字形大小偃仰、平直振动，令筋脉相连，意在笔前，然后作字。"

总体上看，甲骨文、金文、大篆，在点画与字形安排上，运用随意发生、因势利导的审美原则，结体自然萧散、古朴拙雅。小篆则开始走向严谨匀称的结体风格，字形为长方形，上紧下松，给人以秀丽飘逸之感。汉隶结体一反篆书的纵长字形，演变为扁横形，以严谨整饬著称。而楷书则一变汉隶的扁横形，而形成中国方块字的基本形态。尤其是唐楷，更以横平竖直、结构匀称规范而成为楷书的典范。

章法又称"布局""分行布白"，是一幅作品字与字、行与行之间

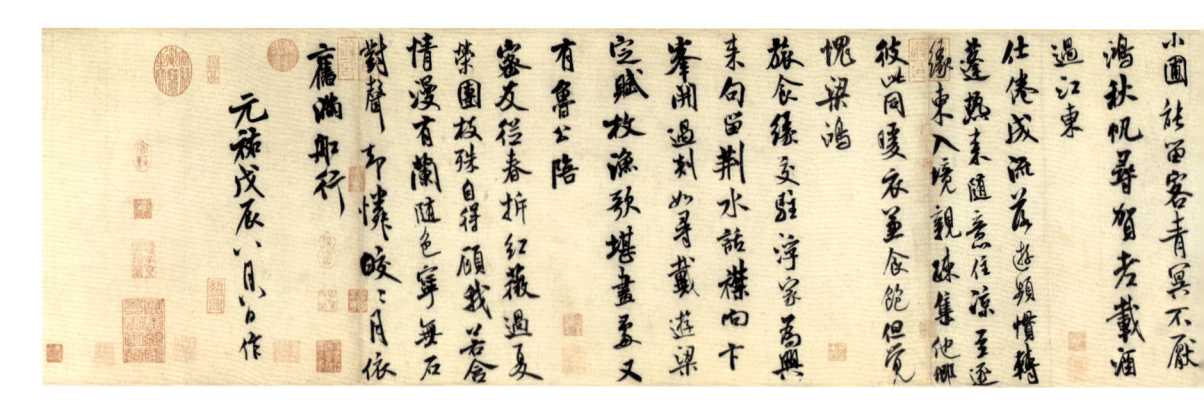

北宋 米芾 《苕溪诗卷》局部

的疏密搭配。一幅章法讲究的作品，则能表现顾盼有情、精神飞动、全章贯气的艺术效果。知书者"观章见阵"。章即章法，是欣赏书法艺术的总体表现；阵是布白，即书写以外的空白之处。

章法在下笔的一瞬间，就规定了一幅字的准绳。"一点成一字之规，一字乃终篇之准。"通篇结构，引领管带，首尾相应，一气呵成。巧妙的章法布白脱离世俗之气，使作品通篇产生高古深幽的审美效果。如米芾的《苕溪诗帖》，字势或正或斜，行间或左或右，气势贯注、顾盼生姿，深得自然朴拙之美。

笔法、字法、章法，是书法创作和欣赏的基本法则和审美奥秘，互相依存，缺一不可。

内涵意蕴之美

书法不仅仅是视觉艺术，更是一种精神寄托。笔法中的藏锋与露锋、回锋与出锋等技巧，传达出一种含而不露、意在言外的内在美。通过线条的起承转合，空间的留白处理，墨色的浓淡变化，产生了节奏与韵律之美，使每一笔每一画都如同音乐中的旋律，疾徐交替、轻重缓急，展现出动态的节奏美，反映了书法家内心的情感波动与意境营造。此为书法的内涵意蕴之美。

书法的内涵意蕴之美，在于墨韵、气韵和意境。

书法以玄黑的独特线条——墨韵，展示作品的多形态之美。一幅作品墨色的浓淡、轻重、枯润、明暗、薄厚、清浊等形成不同的审美风貌，不宜完全一样。墨色应随用笔的变化而变化，如果墨色毫无生气，"死墨"一团，会给人以浑浊不洁的非审美感受。

　　笔意墨象使书法线条随时间展开而构成空间形式，又使人于空间形式中体悟到时间的流动。这种时空的转换使点画线条、结字排列和章法布局产生了无穷的变化，呈现出种种审美意趣，使书法超越单纯字形，而成为具备筋骨、血肉、刚柔、神情的生命意象。

　　对气韵境界的创造，则集中体现了中国书法的艺术精神。在中国哲学中，"气"是一个多维的整体，书家之气与自然之气相通相感，凝结在笔意墨象中而成为书法作品的审美内容。作为美学意义上的"韵"，最早用来品藻人物形态风度，其后才逐渐扩大到书画诗文中，并成为写意艺术流派的理想美。韵在书法中，是超越线条之上的精神意态。书法之韵，通常指一种或生动自然，或缜密洗练，或委曲含蓄、意味无穷的艺术氛围。书法得其"韵"，即达到自然随化之境。

　　气与韵相依而彰，气是韵的本体，韵是气的表征。书法艺术之美在于书中之精蕴和书外之远致。如《兰亭序》无论是写喜还是抒悲，无一不是发自灵腑；《祭侄文稿》更是性情毕现，真气扑人。书法气韵的生动与否，与用笔、用墨、灵感、心性大有关系，只有"四美俱"，才能熔铸成一个优美的、生气勃勃的整体，作品才会呈现出卓越不凡的气象。

　　除气韵之外，书法的内在意蕴还体现在意境的营造上。书法作品具有了意境，就具有了观之有味、思之有余的不确定性魅力。书法意

上
晋 王羲之 《兰亭序》（神龙本）局部

下
唐 颜真卿 《祭侄文稿》局部

境重表现性而不重再现性,在造化和心灵的合一中创造意境。

而书法意境美的创造,取决于书法家思想感情、审美趣味、审美理想以及其人格襟抱。如王羲之《兰亭序》所体现的"清风出袖,明月入怀"的平和自然之美,正是他随顺自然、委运任化思想的表现,以及他那不沾滞于物的自由精神的外化;颜真卿《祭侄文稿》在审美理想上追求"肃然巍然"、大气磅礴的境界,使得他碑文的严肃内容与书法刚严的用笔和结构具有端庄宽舒、刚健雄强之美,给人一种酣畅淋漓、凛然正气的感受。

中国书法重视"法"字但不拘泥于"法"。实际上,中国称"书法"为"法",有三层意义:首先,蕴含着一种质朴无碍的"道"的精神——不轻易言"道",将"道"看作超越性存在;其次,"技近乎道",可以通过艺术触及"道"的精神,谈艺而触"道",这一点不难在《易经》《老子》《庄子》的"道"范畴中找到余音回响;最后,"法"可"师",进而提升个体的心性价值,则可达到高妙的境界。只有"不炫名不耀奇",才会真正达到"道"的至高无上。

历代书家尽管风格各异,姿态不同,但皆神骏飘逸、绵延摇曳,通神明之德,类万物之情,臻达生命的极境。在"致虚极""见素朴"中,将空间时间化,将有限无限化,将现实世界的一切都加以净化、简化、淡化。中国书法仅以其一线或浓或淡、或枯或润的游走墨迹,就可以体现超越于言象之上的玄妙之意与幽深之理。

左
明 王铎 《临豹奴帖》

右
宋 苏轼 《赤壁赋》

赤壁賦

壬戌之秋七月既望蘇子與客泛舟遊於赤壁之下清風徐來水波不興舉酒屬客誦明月之詩歌窈窕之章少焉月出於東山之上徘徊於斗牛之間白露橫江水光接天縱一葦之所如凌萬頃之茫然浩浩乎如馮虛御風而不知其所止飄飄乎如遺世獨立羽化而登仙於是飲酒樂甚扣舷而歌之歌曰桂棹兮蘭槳擊空明兮泝流光渺渺兮余懷望美人兮天一方客有吹洞簫者倚歌而和之其聲嗚嗚然如怨如慕如泣如訴餘音嫋嫋不絕如縷舞幽壑之潛蛟泣孤舟之嫠婦蘇子愀然正襟危坐而問客曰何為其然也客曰月明星稀烏鵲南飛此非曹孟德之詩乎西望夏口東望武昌山川相繆鬱乎蒼蒼此非孟德之困於周郎者乎方其破荊州下江陵順流而東也舳艫千里旌旗蔽空釃酒臨江橫槊賦詩固一世之雄也而今安在哉況吾與子漁樵於江渚之上侶魚蝦而友麋鹿駕一葉之扁舟舉匏樽以相屬寄蜉蝣於天地渺滄海之一粟哀吾生之須臾羨長江之無窮挾飛仙以遨遊抱明月而長終知不可乎驟得託遺響於悲風蘇子曰客亦知夫水與月乎逝者如斯而未嘗往也盈虛者如彼而卒莫消長也蓋將自其變者而觀之則天地曾不能以一瞬自其不變者而觀之則物與我皆無盡也而又何羨乎且夫天地之間物各有主苟非吾之所有雖一毫而莫取惟江上之清風與山間之明月耳得之而為聲目遇之而成色取之無禁用之不竭是造物者之無盡藏也而吾與子之所共食客喜而笑洗盞更酌肴核既盡杯盤狼藉相與枕藉乎舟中不知東方之既白

軾去歲作此賦未嘗輕出以示人見者蓋一二人而已

清 郑燮 《竹石图》

人文精神之美

中国书法深深植根于中华文化土壤之中，融入了儒家的中庸之道、道家的自然无为、禅宗的空灵简淡等多元哲学思想。透过书法，我们可以看到作者的人格修养、学识修养以及对宇宙人生的认识。在审美体验中，完成由技进道、以形媚道、以艺写意的审美人格升华。此为书法的人文精神之美。

中国文化注重人文精神，讲求天地人三才统一，以道德理性、感性慧心、人文精神为依托，内外兼修。人文精神所标举的书法艺术精神，是一种"穷观极照、心与物冥"的人生境界。

书法包含着丰富的人文精神之美，与其他艺术形式有着深层的审美关系，如国学、诗词、绘画、音乐、建筑……书法兼备结构造型美和情感表现美两种功能，它无色而具图画的灿烂，无声而有音乐的和谐。在长期的历史发展过程中，书法以点、画、线条等的变化运动构成一种形体美和动态美，传达出书法家的思想感情。

文学通过诗性语言传递艺术情思，书法通过点画线条传达人的精神气质、生命力度。文学成为书法书写的对象，如"厚德载物""自强不息""心远地自偏""更上一层楼"，将经典的经史子集、诗词曲赋，书写为亭台楼阁中的匾额、对联、中堂形式，保持并传承典雅的书法文化精神。而文学作品的意蕴与书法艺术的意味，使得经典文学和书法具有永恒的魅力。文学之"言"与书法之"线"都关乎人的心灵境界，并使人生与"道"接通而成为诗意的人生。文学的语言揭示出艺术是创造。书法的线条则是生命创造活动中最自由的形式，是使"道"具象化和生命化的轨迹。因此，书法线条与文学内容相依相合所体现的意蕴诗思和笔墨情趣，使书法成为一种深具"意味美"的形式，一种融文之精神、舞之风神、画之空间意象的综合审美艺术。

书法与绘画的关系也非常密切，书法界有书画相通之说。书画皆为内在灵性的呈现，是生命才情的写照。书为心画，画亦是心画，书与画本质都是写心。可以说，真正的绘画之境，不在形而在神。因而书与画是灵性风神的表现，而不是孜孜以求的工细形似。两者在这一层面上的相通相本，探及其审美的内在规律。

更进一步，书法与绘画可以互相阐发、互为补充。书与画都是通过对天、地、人的感应激发主体情感，再通过点线虚实而创造出来的审美境界。只不过绘画是"半抽象"艺术，而书法是纯抽象的艺术。画家们毕竟没有彻底摒弃物象，仍以之作为一个支架，在上面构筑起线和点的艺术形象来，抒写某种独特的思想感情。而书法仍然将再现因素减少到最小，以表现主体即自身感情作为重点。

书画家还喜欢在作品上钤印，通过印章来明心见性。诗、书、画、印作为中国的四种传统艺术，具有精神内质的互通性，可以说它们是中国艺术精神的集中体现。书画家用印方式形式多样，有诗句印、古谚语印、成语印、名言警句印等，其中以明心志印最为常见。如邓石如印"人随明月月随人"，赵之谦印"俯仰未能弭寻念非但一"，邓散木印"自强不息""白头唯有赤心存""乾坤一腐儒"等。无一不是通过印本身来抒发自己的情怀，或表达志向抱负，或针砭时弊，或言述艺术见解、创作体会，或表达处世治学态度、师承经历，或感悟天地光阴，或以名言警句自励自勉。

可以说，书法作品和绘画作品上钤上这类表明心性、出于心腑之言的印章，是很有情趣的，往往书印相彰、印画互涉，画幅意境顿增而书意益发深邃。就形式美而言，印章本身色泽鲜红，在墨气氤氲的书画作品上能够达到红黑互映、色韵对比的视觉审美效果，具有画龙点睛的妙处。透过中国诗、书、画、印的艺术境界，可以解悟中华美学精神之所在。

作为中华民族的精神象征，书法具有大美雅正的美学理想，书法艺术的笔法、字法、章法、墨法，同天地万物的空间形式具有同构关系。书法艺术有极丰厚的文化历史意味。看一块拓片、一帖古代书法，透过那斑驳失据的点画，那墨色依稀的笔画，感悟到的不正是中国文化历史的浑厚气息吗？尤其是在荒郊野岭面对残碑断简时，那种历史人生的苍茫感每每使人踟蹰难返。

　　书法艺术的最高境界，是一种心手双释、自由精神的"游"的境界，一种将对立面化解为一片化机的"和"的境界。书家抛弃了一切刻意求工的匠气，从线条中解放出来，以表现所领悟到的超越形式之上的精神意境，于斯，一片自然化机奏响在笔墨之间。出于自然，又复归自然，这是艺术意境的极境。

　　（作者系国家社科基金项目"中国当代文艺美学前沿问题研究"负责人，北京大学中文系教授）

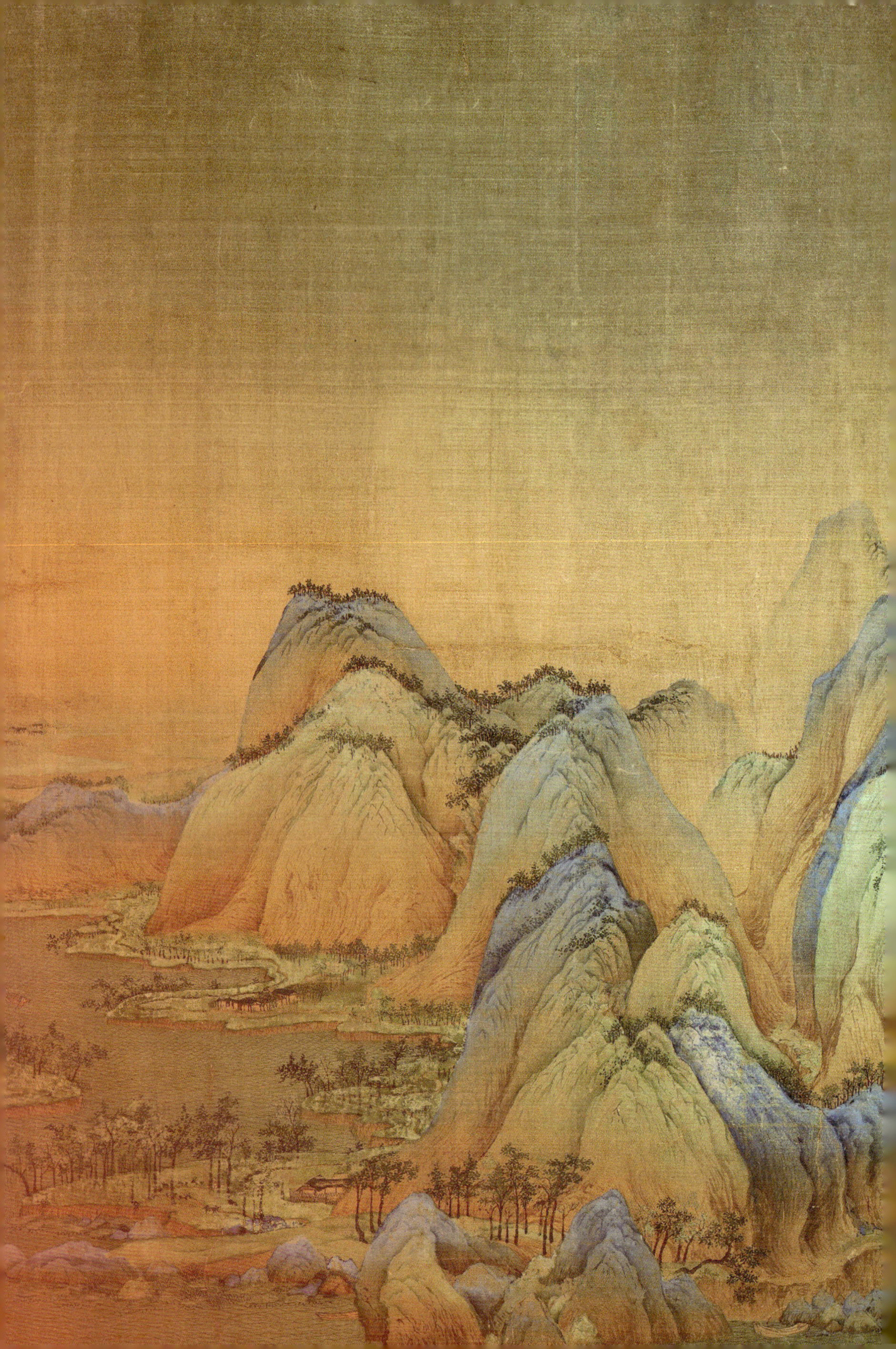

丹青妙意

杨琪

中国绘画是一座宝库。

吴道子的宗教人物画，顾闳中的宫廷人物画，张择端的风俗人物画，赵佶的工笔花鸟画，徐渭、八大山人的写意花鸟画，王希孟的青绿山水画，黄公望、倪瓒的水墨山水画……可谓琳琅满目，美不胜收。它们都是世界艺术之林中色彩独异的花朵。

中国山水画中蕴含着极其丰富的内涵：天人合一的理念，逸人高士的情怀，萧疏清远的追求，空灵荒寒的境界，耿介拔俗的灵魂。

几千年来，中国绘画创造了无数名垂青史的佳作，在这些佳作背后，往往有艺术家纯净善良的灵魂。这纯净的灵魂，在人们欣赏绘画时，也感染着、陶冶着、影响着、净化着观者的灵魂。

中国绘画之所长

从比较的观点来看，中西方的绘画如同春兰秋菊，各有各的色彩，各有各的芬芳，但人们对中西方绘画光芒的感受不同。有人说，西方绘画就像一盏永不熄灭的灯，任何一个人都可以或多或少地直观感受到它的光芒；而中国绘画则像天上的月亮，云遮雾绕，如果缺乏必备的中华传统文化修养，则难以感受到它耀眼的光芒。这话有一定的道理。

中西绘画对几个方面有不同的理解。

其一，关于绘画的"真"。

西方绘画最显著的特点和优点就在于它的真实性，并流传着许多动人的故事。画家提香画圣徒约翰牵来羔羊，激发了母羊愉快的叫声；学生在作业本上画了一只虫子，老师挥手要把虫子赶走。如此这般的故事有很多。西方画家追求"真"，研究透视、比例、明暗，其目的就是创造出足以乱真的真实作品。意大利画家卡拉瓦乔的《水果篮》，那葡萄的质感，那苹果上的小小虫眼，那卷曲的葡萄叶，那鲜明而实在的苹果、葡萄、柠檬、无花果和竹篮，就像一篮真的水果。德国画家丢勒的《野兔》，那毛茸茸的皮毛，栩栩如生，足以乱真。

中国绘画也有足以乱真的作品，只是中国画家认为，那不过是画工不入流的画技，甚至是道士的怪诞方术。这种绘画叫作"术画"，与艺术家所创造的"艺画"具有本质的区别。

宋代郭若虚在《图画见闻志》中讲了两个事例。事例一：五代西蜀，有一个术士自称善画。于是，蜀主孟昶就叫他在庭院东墙上画了

上
意大利 卡拉瓦乔 《水果篮》

下
宋 赵昌 《花篮图》

宋 赵昌 《写生蛱蝶图》局部

图中的蛱蝶非常灵动,翅翼薄如绢纱,花纹绚丽斑斓,灵趣生动,神韵盎然,展示了画家深厚的写生功底。

一只野鹊,不久,许多禽鸟飞来聚集而噪鸣。接着,孟昶叫大画家黄筌在庭院西墙上同样画了一只野鹊,却没有聚集群鸟的噪鸣。孟昶问黄筌这究竟是为什么,黄筌回答说:"臣所画者艺画也,彼所画者术画也。"孟昶认为黄筌说得正确。事例二:有一个道士叫陆希直,画一枝花,挂于壁间,就有游蜂飞来,而大画家边鸾、黄筌、徐熙、赵昌同样画一枝花,就没有游蜂飞来。究其原因,就在于道士的所谓作品"皆出方术怪诞"。因此,《图画见闻志》中不采录他们的作品。

为什么中国画家对足以乱真的绘画有如此评价呢?因为绘画中的"真",依赖的是"技",没有"技"就没有"真"。而中国古代士大夫认为,"技"是下乘的。儒家圣贤反复教导人们,"德成而上,艺成而下"。颜之推说:"艺不需过精","致远恐泥"。这就是说,高超的写实画技,不仅无益,反而有害。相反,业余作画,游戏笔墨,"逸笔草草,不求形似",心灵表现才是绘画的最高境界。

能不能说中国绘画抛弃了"真"呢?不能。只是中国绘画对"真"的理解不同于西方绘画罢了。西方绘画的"真",就是对事物形貌色彩的如实反映,而中国绘画理论认为,这不叫作"真",只能够叫作"似"。只有不但对事物的形貌色彩,而且对画家的心都做出了如实反映,才叫作"真"。五代绘画理论家荆浩说:"似者得其形遗其气,真者气质俱盛。"这就是说,以形写神、形神兼备、轻形重神、忘形得意等,都是中国绘画的"真"。

其二,关于色彩。

西方的油画那鲜艳明快的色彩,足以令人目眩。但是,在中国的水墨山水画中,人们看到的大多是数峰耸出,几棵树木;泉水远逝,瀑布高悬;山腰烟岚,山脚怪石。天是冷的,地是冻的,草是枯的,叶是落的,灰头土脸,哪里有斑斓的色彩呢?

其实,在唐朝之前,中国的山水画追求色彩斑斓,唐朝之后,有水墨山水,依然有青绿山水,王希孟的《千里江山图》不就有斑斓的色彩吗?问题在于,中国绘画理论认为,水墨高于青绿。传为王维所著的《画学秘诀》中说:"夫画道之中,水墨最为上。"中国称颂水墨,把红绿金碧称为"艳俗",克服的方法只能是以"清"代"俗","心清则气清矣"。

那么,中国绘画之所长在哪里呢?

最根本的一点就是绘画的丰满性和深刻性。这几乎是中外艺术理论家的共识。

英国艺术理论家苏立文在向西方读者介绍中国山水画与西方风景

宋 王希孟 《千里江山图》局部

画的区别时深刻地指出："我已经设法指出中国山水画的丰富性、持续性以及它的广度和深度，但这里存在一个困难。当人们写到欧洲风景画时，可以不涉及政治、哲学或画家的社会地位，读者已有足够的历史知识来欣赏……然而在中国，这就不行了。"

中国绘画的丰满性与深刻性，如果用两个字来概括，那就叫作"清气"。所谓"清气"，是自然、社会、灵魂中一切美好事物的结晶。

首先，"清气"是自然界美好事物的结晶。宋末元初方回说："天无云谓之清，水无泥谓之清，风凉谓之清，月皎谓之清；一日之气夜清，四时之气秋清；空山大泽，鹤唳龙吟为清，长松茂竹，雪积露凝为清；荒迥之野笛清，寂静之室琴清。"

其次，"清气"是绘画中美好事物的结晶。梅兰竹菊，水墨山水，好在哪里？一个字：清。梅兰竹菊为"花卉之至清"。其中最能够体现"清"的品格者，当属墨梅。清人查礼说："梅，卉之清介者也。"

最后,"清气"是指摆脱名利、志趣高洁的美好灵魂的结晶。"清"的对立面是"俗",黄庭坚说:"士大夫处世可以百为,唯不可俗,俗便不可医也。"绘画的清气,归根到底,来源于灵魂的清高。

"不要人夸好颜色,只留清气满乾坤。"王冕《墨梅图》中的这两句诗写出了中国绘画的独特之处,对中国绘画的内容、形式和作用做出了高度概括。它可以说是中国绘画艺术自信的表达。

中国绘画的精髓

任何时代的中国绘画,都是复杂的:有真实的,也有虚假的;有进步的,也有落后的;有杰出的,也有平庸的。前者构成了中国绘画的主流,究其精髓,具体表现为如下八点,它们是中国绘画艺术自信的根基。

第一,心灵表现。

西方著名艺术理论家、匈牙利人德西迪里厄斯·奥班恩在《艺术的涵义》一书中写道,"上千年来,东方艺术一直具有强烈的精神性",在中国艺术中有一些"不能被解释或者甚至不能完全描述的东西,就是作品的精神价值"。中国绘画精神性的集中表现,在于心画。心画,是中国绘画最突出的特点和优点。

中国绘画的发展,经历了从写实到写心的过程,以元代为分水岭。大体说来,元代之前,追求形似,师法造化,是写实性绘画;元代绘画表现心灵,叫作心画。美国艺术理论家卜寿珊认为,唐代及唐代以前,画家们一般关心如何忠实再现。在元代文人的著作中,绘画被看成一种自我表现的方式，如同书法那样，绘画再现的一面被贬低了。这种看法在元代文人那里得到了很大的发展，但在他们的宋代同行那里却仅仅是暗示。然而一种新的观点确实在宋代形成，艺术家起着阐释者的作用。

元代统治者对人进行等级划分，有"九儒十丐"之说。生活是痛苦的，精神是悲观的，前途是绝望的。那么，元代画家是怎样表现那个时代的呢？

在元代画家的作品中，没有杀戮，没有死亡，没有流血，没有废墟，没有饥饿，只有清风明月、平山秀水、梅兰竹菊。更为奇怪的是，那墨梅不是残梅，不是"雨骤风狂花尽落，雷鸣电闪人驻足"的梅。王冕笔下的梅，如《墨梅图》《南枝春早图》，竟然是繁花似锦，千朵万朵，竞相怒放，生意盎然。这对于不明就里的人来说，哪里是"天翻地覆"的元朝，分明是汉唐盛世；哪里是国破家亡的画家，分明是"春风得意马蹄疾，一日看尽长安花"的新科进士。这究竟是怎么回事呢？元代汤垕在《画鉴》中深刻地揭示了王冕创作《墨梅图》的奥秘，他说："画梅谓之写梅，画竹谓之写竹，画兰谓之写兰，何哉？盖花之至清，画者当以意写之，不在形似耳。"

"写梅"与"画梅"有什么区别？写者，泻也，泻自我之情也。王冕笔下的梅花，不是对国家命运的愤慨，不是对人民灾难的叹息，也不是对前途迷茫的无奈，而是对纯洁心灵的表现。只有繁花似锦、生意盎然的梅花，才能够表现画家那蔑视权贵、不慕名利、耿介拔俗、潇洒出尘的纯净心灵。

梅花，它不被风霜所欺，反而要"正色凛凛欺风霜"，这是何等

元 王冕 《南枝早春图》

强大的梅花！推而广之，元代的梅兰竹菊，哪一幅不是生机勃勃、昂扬向上、充满信心、笑傲尘世的呢？哪一幅不是元代画家纯净心灵的不朽颂歌呢？

中国古代艺术家反复说明心画的理论。宋代郭若虚说画乃"心印"。明代沈周说："一切由心造。"清代石涛说："夫画者，从于心者。"在中国画家看来，师古人不如师造化，师造化不如师吾心。

总之，心是中国绘画的灵魂。绘画不是模仿，而是"心造"，画境就是心境。画中的气象氤氲，原是心中的灵韵磅礴；画中的古木萧疏，原是心中的高逸耿介；画中的一轮寒月，原是心中的纯净无尘。

第二，不求形似。

俄国画家列宾所绘制的《托尔斯泰像》，就好像真实的托尔斯泰坐在我们面前一样。而《芥子园画谱》中有一幅画《对话的人》，说

《芥子园画谱·对话的人》

话的人没有嘴，听话的人没有耳——这幅作品高妙之处就在于，欣赏者丝毫没有感到，说话的人因为没有嘴而不能说，听话的人因为没有耳而不能听，在欣赏者的心中，似乎看见了他们的嘴和耳。

西方美术的"真"要靠笔，笔不到就没有"真"；中国画的"真"不靠笔，而靠意，是"意到笔不到"的"真"。被誉为西方艺术史泰斗的贡布里希对《对话的人》发表了中肯而深刻的意见。他说，任何艺术传统都超不过远东的艺术。中国的艺术理论讨论了笔墨不到的表现力，"无目而若视，无耳而若听……实有数十百笔所不能写出者，而此一两笔忽然而得，方为入微"。这些见解浓缩后即为一个原理——意到笔不到。

"不求形似"的真正高妙之处，就在于粗粗看来不似，细细品味却极似。倪瓒说：我画竹子，竹叶繁一些还是疏一些，竹枝直一些还是斜一些，都是无关紧要的事。就是别人说，你画的不是竹，是麻，是芦苇，我也不强辩。倪瓒画竹，还有一个生动的故事。一天，倪瓒灯下作竹，随意涂抹，如狮子独行，傲然自得，晓起展示，全不似竹，倪瓒很高兴地说：完全不像竹，真不容易做到啊！国画大师陈

元 倪瓒 《容膝斋图》

师曾对倪瓒的"不求形似"有深刻的理解,他说:"云林(倪瓒)不求形似,其画树何尝不似树?画石何尝不似石?所谓不求形似者,其精神不专注于形似,为画工之钩心斗角,惟形之是求耳。其用笔时,另有一种意思,另有一种寄托,不斤斤然刻舟求剑,自然天机流畅耳。"

倪瓒所谓"不求形似",实际是"不似似之""不似之似"。从科学的角度来说是不似的形象,但是从艺术的角度来说,观赏者却看到了真实的形象,这才是绘画的最高境界。

第三,物我同一。

中国艺术的"物我同一"理论有悠久的历史和深刻的根源。《庄子·齐物论》中说:"天地与我并生,而万物与我为一。"就是说,天地万物就是我,我就是天地万物,天地万物与我是同一的。

庄子"物我同一"的哲理深刻

清 八大山人 《花鸟虫鱼图册》十开之一

地影响了绘画创作。宋代画家曾云巢的草虫画得很好，人们问他创作草虫的奥秘。他说，哪里有什么奥秘？只是他对草虫的体验，有异于常人罢了。曾云巢体验草虫有个过程：第一阶段是取虫草笼而观之，穷昼夜不厌；第二阶段是又恐其神之不完也，复就草地之间观之；第三阶段是"不知我之为草虫耶？草虫之为我也？"对曾云巢来说，草虫就是我，我就是草虫。

中国艺术家，将"物我同一"的艺术体验表现在艺术作品之中，创造了"物我同一"的艺术形象。王冕的墨梅、郑板桥的墨竹、荆浩的山水、八大山人的鱼鸟、郑思肖的兰花，究其精神实质，归根到底，都是画家自己。

"物我同一"体现着中国人的人生理想的最高境界，体现着中国人的精神修养的最高境界，体现着中国人的精神自由的最高境界。

西方艺术的基本理念是模仿，因而，他们争论不休的问题是：艺术究竟是自然的儿子、孙子还是老子？中国艺术的基本理念是心灵的表现，因而，在中国艺术家看来，艺术既不是自然的儿子、孙子，也不是自然的老子。艺术是什么？艺术就是我自己。

第四，气韵生动。

可以说，不懂得"气韵生动"，就不懂得中国绘画。南齐谢赫在《古画品录》中说："虽画有六法，罕能尽该，而自古及今，各善一节。六法者何？一气韵生动是也，二骨法用笔是也，三应物象形是也，四随类赋彩是也，五经营位置是也，六传移模写是也。"

中国艺术最迷人的魅力，就是表现了活的生命。这个特点源于中国哲学。世界是什么？中国人说：世界是生生不息的过程。《易经》

说:"天行健,君子以自强不息。"这里的"天",不是指大气层,而是指世界,世界的运动,刚强劲健,君子要像天一样,自强不息。宇宙是一个生命流转、生生不息的过程。世界观决定了艺术观。画家的眼前都是生机,所以绘画就表现生机。

中国人以生命的精神看待大千世界,在艺术家的笔下,人物画、花鸟画,固然是有生命的,即或山水画,那深山飞瀑、苍松古木、幽涧寒潭,都像人一样,具有活泼泼的生命,有一股生气、生意贯穿其间。所谓绘画,归根到底,就是"写生"。

中国古代绘画所谓"写生",不同于西方绘画中的所谓"写生",不是对景作画,逼肖外物,而是表现生意。因此,"写生"也就是表现气韵生动。宗白华在《论中西画法的渊源与基础》一文中说,"中国画既以'气韵生动'即'生命的律动'为始终的对象","精神与着重点在全幅的节奏生命而不沾滞于个体形相的刻画。画家用笔墨的浓淡,点线的交错,明暗虚实的互映,形体气势的开合,谱成一幅如音乐如舞蹈的图案"。

第五,平淡天真。

在中国的山水画中,有三种不同的风格:以荆浩、范宽为代表的雄奇险峻,以董源为代表的平淡天真,以马远、夏圭为代表的类剑插空。何者为上?平淡天真。自元代赵孟頫、黄公望开始,水墨山水画沿着平淡天真的道路前进。原因在于平淡天真更能够表现文人画家那淡泊宁静的心态、纯净善良的灵魂以及孤高傲岸的品格。

平淡天真是水墨山水画之极致,是文人画家最高的境界,是画家一生苦学方能达到的境界。苏轼说,平淡天真,"实非平淡,绚烂之

上

五代 黄筌 《写生珍禽图》

此图为黄筌传世的重要作品，共绘有 24 只动物，造型准确、严谨，特征鲜明。这些动物或静立，或展翅，或滑翔，姿态各异、生动活泼。

下

元 黄公望 《富春山居图》局部

极也"。欧阳修在《鉴画》中也说:"萧条淡泊,此难画之意。画者得之,览者未必识也。故飞走迟速,意浅之物易见;而闲和严静,趣远之心难形。若乃高下向背,远近重复,此画工之艺耳,非精鉴者之事也。"

第六,荒寒之境。

明代艺术理论家李日华说:"以悲壮求琴,殊未浣筝笛耳,而以荒寒索画,不可谓非善鉴也。"就是说,以悲壮的心情弹琴,还不如吹奏筝笛呢;但是,以荒寒之情求画,不可谓不善于鉴赏绘画了。

在李日华看来,荒寒是中国绘画审美趣味的集中体现,也是打开中国绘画神秘大门的钥匙。那么,什么是荒寒呢?

所谓"荒",就是荒率、萧疏。树是枯的,石是瘦的,墨是淡的,笔是草草的,景致是荒凉的。清代盛大士说:"作画苍莽难,荒率更难,惟荒率乃益见苍莽,所谓荒率者,非专以枯淡取胜也,钩勒皴擦皆随手变化,而不见痕迹,大巧若拙,能到荒率地步,方是画家真本领。"在中国画家笔下,荒率往往表现为枯木、冷月、孤峰、野水、空山、青苔等。

所谓"寒",一是雪景。中国画家喜画雪景,王维可以说是中国画史上第一个将雪景作为主要表现对象的画家。今从其所传画迹《雪溪图》尚可见"雪意茫茫寒欲逼"的特征。生于南方温润之乡的董源,同样对雪景有浓厚的兴趣,《雪浦待渡图》《密雪渔归图》等都是他的作品。雪景并非单纯地师法造化,而是对画家心灵的表现。实际上,荒寒已经融于艺术家的哲学理念、艺术观念中,成了山水画家的自觉审美追求了。二是寒林。所谓"寒林",正如《图画见闻志》中

宋 李成（传）《寒鸦图》局部

所说：“夫气象萧疏，烟林清旷，毫锋颖脱，墨法精微者，营丘之制也。"这里说的营丘，就是李成。李成的山水画中有寒风中瑟瑟的枯树，一片寒冷萧瑟之气扑面而来。

欣赏水墨山水画之要旨，就在于"荒寒"二字。"荒寒"是山水画最微妙、最玄深之处。或天寒地冻，或积雪满山，或秋风萧索，或冬日枯木，幽幽寒意，直沁心脾。只有天是冷的，地是冻的，树是枯的，才能够充分地表现画家的心灵，那就是超然世外，悠远飘逸。

第七，茫远之境。

中国绘画，山水为上。山水画具有花鸟画、人物画无法企及的高度，表现在哪里呢？远。山水画能够表现"远"，而人物画、花鸟画不能表现"远"。

对于山水画之远，郭熙在《林泉高致》中总结道：“山有三远，自山下而仰山颠，谓之高远；自山前而窥山后，谓之深远；自近山而望远山，谓之平远。"

所谓高远，画面雄奇险峻。中间一峰，高高挺起，峥嵘秀拔，直插天际。观者处于较低的位置，视线自下而上。高远的代表作是范宽的《溪山行旅图》。那雄伟的大山，顶天立地，气势磅礴，撼人心魄。

所谓深远，观者身居高处，视线自下而上，直上苍穹，又从上而下，俯视万物。深远的代表作是元代王蒙的《青卞隐居图》。画面千岩万壑，重山复岭，层层而上。飞泉云雾，村舍山路，丛林密树，杂然其间。这些景物在观者俯瞰之下，气象幽深，意境苍茫。

所谓平远，就是观者身处近处，视线由近及远，以至无限。平远的代表作是宋代郭熙的《窠石平远图》，画面大部空白，近处几块巨石，远处一抹山峦，轻笼晚霭，清润秀雅，冲融旷远。

"三远"有无高下之分呢？有。平远为上，高远为下。

高远表现的是上下的关系，能够把人们的目光吸引向云霄，给人们一种崇高的美感，不是很好吗？为什么会低于平远呢？因为高远一是给人以"近"的感觉，二是给人以"卑下"的感觉，"登高必自卑"。就是由于这些理由，古代画家崇平远而贬高远。

中国山水画喜欢"远"，不喜欢"近"，也与道家的学说有关。道家认为"远"是世俗的超越和精神的自由，要挣脱有限的束缚，奔向无限的自由。远可以通向无限，无限包括一切，也包括"道"。只有能够体验"远"的心，才可以超越世事纷扰，体会到山水的"缥缈"，悟到"道"。简单地说，山水画的发展过程，就是由"高远""深远"向"平远"转变的过程。

因此，"三远"虽然都是"远"，但相对说来，"高远"与"深远"

左
宋 范宽 《溪山行旅图》

右
元 王蒙 《青卞隐居图》

下
宋 郭熙 《窠石平远图》

明 钱縠 《四清图》局部

依然是"近",只有"平远"才是真正的"远",更能够表现山水画的精神境界,更能够表现山水画家的心灵世界。

山水画中的"三远",不仅真实地表现了山水之景物的空间关系,更重要的是表现了艺术家所追求的人生境界。山的远把人的心带到那远离尘俗与烦嚣的仙境,使得追名逐利的灵魂得到暂时的解脱。

第八,净化灵魂。

中国绘画是中国哲学的延伸。傅抱石说,中国绘画是民族精神的最大表白,也是中国哲学思想最亲近的某种形式。因此,中国绘画的终极目的,就像中国哲学的终极目的一样,都是教人做一个灵魂纯净的好人。中国的艺术理论,从古至今,一以贯之地反复说明这个道理。汉代扬雄说:"言,心声也;书,心画也;声画形,君子小人见矣。"明代文徵明说:"人品不高,用墨无法。"清代王昱说:"学画者,先贵立品。立品之人,笔墨外自有一种正大光明之概。否则画虽可观,却有一种不正之气,隐跃毫端。"

人物画的主要功能就是戒恶劝善,画一个好人,供人敬仰;画一个坏人,使人切齿。山水画的终极目的就是教人淡纷争之心,启仁爱之性。花鸟画(例如梅兰竹菊)的终极目的就是教人具有崇高道德和纯净心灵。

中国绘画的生命力

当人物画、山水画和花鸟画三个高潮过去后,中国传统绘画要向何处去?传统绘画是否还有生命力?绘画前进的方向在哪里?这是摆在中国人面前必须回答的问题。

第一个回答这个问题的是康有为。"百日维新"失败后,康有为流亡国外。1904年,他在参观意大利博物馆文艺复兴的绘画时深有感触地说:"彼则求真,我求不真;以此相反,而我遂退化。"于是提出中国绘画"变法论"。继康有为之后,陈独秀提出绘画"革命论",徐悲鸿提出绘画"改良论"。所有这些理论,其所指只有一条:中国绘画已经山穷水尽,唯一前途就是学习西方求真写实的绘画来改造国画。以徐悲鸿为代表的画家汲取西方绘画的精髓,洋为中用,创造了"中西合璧"的绘画方式,取得了光辉的成就。

然而,以齐白石为代表的传统国画一派,并没有用西方求真写实的绘画来改造中国传统绘画,依然取得了光辉的成就,并把传统国画推进到一个新的发展阶段。

近百年来,除齐白石而外,也涌现出一大批杰出的传统艺术守护者,如黄宾虹、潘天寿、吴昌硕、李可染、刘海粟、傅抱石、蒋兆和等。遗憾的是,齐白石之后的画家,似乎并没有把中国传统绘画继续推向前进。当今国画,从整体上说,只有高原,没有高峰;只有画家，没有大师。

但是，我们相信，这只是中国绘画发展历程中的一段曲折。中国绘画以其顽强的生命力创造了辉煌的过去，同样，也必将创造辉煌的明天。著名思想家梁漱溟在《东西文化及其哲学》中说："世界文化的未来就是中国文化的复兴。"英国著名历史学家汤因比说："人类未来和平统一的地理和文化主轴是以中华文化为代表的东亚文化。"

若问：中国美术顽强的生命力究竟从哪里来？中国一位著名美术家说："中国美术在与外族、外国的交接上，最能吸收，同时又最能抵抗。""最能吸收"，说明它的包容性；"最能抵抗"，说明它的独立性。只有"最能吸收"与"最能抵抗"相结合的美术，也就是包容性与独立性相结合的美术，才能够爆发出强大的、顽强的生命力。

若问：为什么中国绘画具有包容性与独立性呢？这就必然追踪到中国哲学的奥秘。

中国的哲学，不同于西方哲学。西方哲学的核心，简而言之，就是两个字："分"和"斗"。而中国哲学的核心，简而言之，也是两个字："和"与"中"。所谓"和"，就是和谐；所谓"中"，就是中庸。《礼记》说："中也者，天下之大本也；和也者，天下之达道也。致中和，天地位焉，万物育焉。"董仲舒《春秋繁露》中说："中者，天下之所终始也；而和者，天地之所生成也。夫德莫大于和，而道莫正于中。中者，天地之美达理也，圣人之所保守也。"

对于同与异，对立与和谐，西方人与中国人所强调的方面不同。西方人重异、重对立、重斗争，中国人重同、重统一、重和谐。西方哲学是斗争的哲学、极端的哲学，在它的影响下，西方艺术是极端的艺术。中国哲学是和谐的哲学、中庸的哲学，在它的影响下，中国艺术是和谐的艺术。

中国最优秀的艺术，既不是与客观事物完全同一，也不是与客观事物完全不同一，而是处于"似与不似之间"的艺术，叫作和谐的艺术。中国的艺术，工笔也好，小写意也好，大写意也好，虽然有种种不同，但它们都处于"似与不似之间"，都是和谐的艺术。这样的艺术，既能够包容，又能够独立。

中国绘画是哲学精神的最大表白，是中国哲学培育成的绚丽花朵。这，就是艺术自信的坚实的理论基础。

1717年，清初"四王"之一的王翚已是风烛残年，当他完成最后一幅作品《草堂碧泉图》时，内心的痛苦终于按捺不住，发出了撕心裂肺的呼喊："何人解识高人意，溪上青山独自看。"是啊，能够成为中国绘画的知音，除了画家之外，还能有谁呢？

风云变幻，沧海桑田。今天，中国绘画的知音，不再是一个人，而是一个民族，一个富有活力的、伟大的中华民族。我们既为中国绘画的昨天而自豪，也对中国绘画的明天充满信心。这，就是中国绘画的艺术自信。

（作者系清华大学美术学院资深教授）

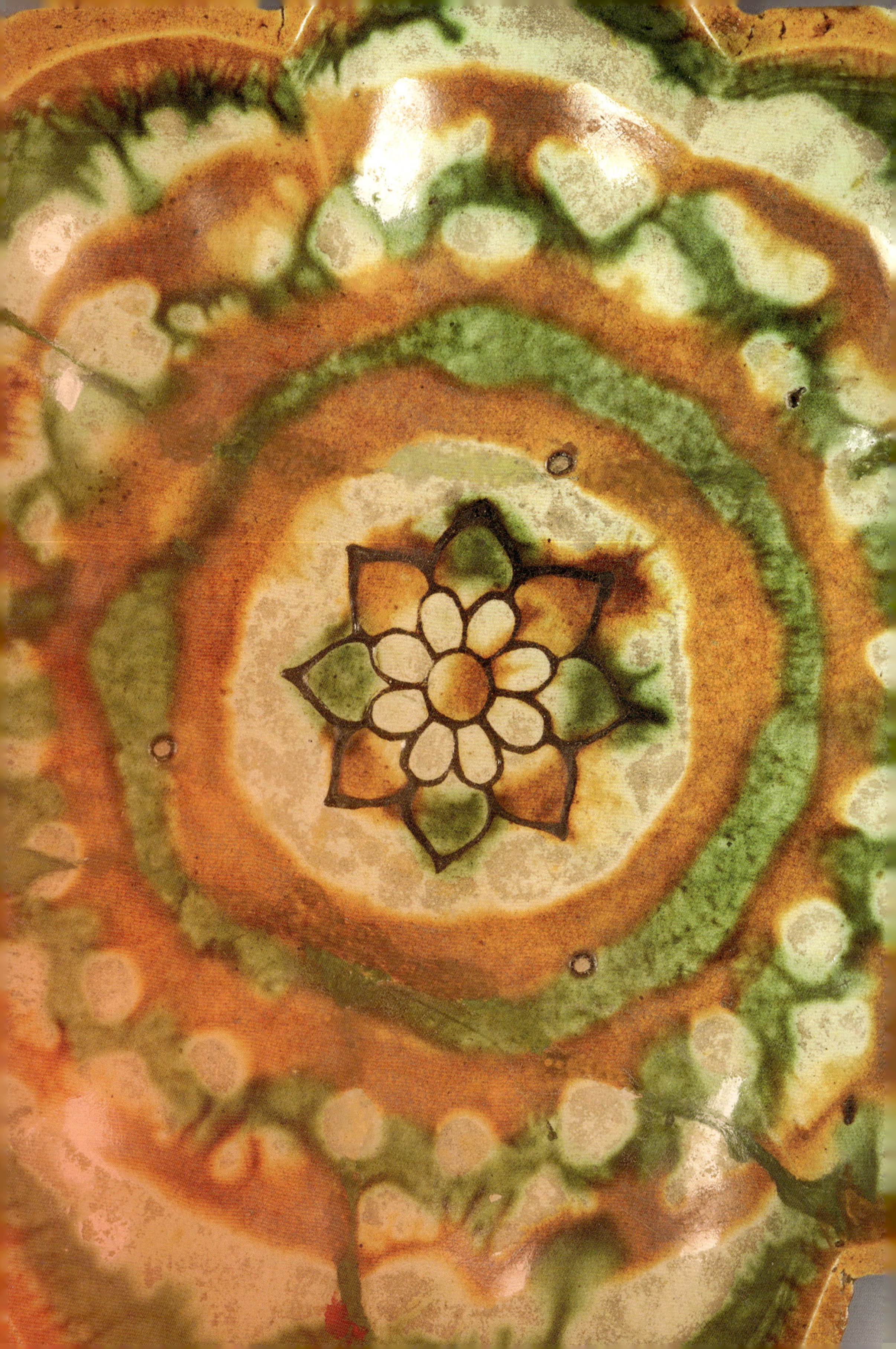

纹饰内蕴

任万平

"锦绣之文"曰纹，"物既成而加以文采"为饰。纹饰泛指器物、织品或建筑上的纹路、花纹或图案，其源于人类审美意识的觉醒与发展，是人类精神活动外化的产物，也是积淀着时代观念与审美理想的"有意味的形式"，通常有美饰、纪事、象征、寄意或载道之功能。历代工匠，融手巧和心灵于一体，创造出千姿百态、工拙自适的纹饰，其悦目之美、润心之滋，既为彼时风尚，亦为后世经典，甚至成为当今工艺美术创作的不竭源泉。

我们欣喜地看到，在2024年央视春节联欢晚会上，节目《年锦》采用93岁工艺美术大家常沙娜绘制的敦煌壁画上的中国传统纹样，色彩之绚烂，寓意之吉祥，获得亿万观众喝彩，展现出传统文化无穷的时代魅力。

广泛深入发掘中华优秀传统文化，使之焕发时代风采，需要溯其源流，识其根脉。中国古代的纹饰，肇端于旧石器时代晚期，经万年之流变，而持续演进至今，是文字之外承载先民智慧与精神的重要文化载体，更是中华民族万年文化史、五千多年的文明史之锦绣印迹。

远古时代的审美印迹

在人类童年时期，纹饰最初的发生，是源于人类通过制作工具改变外在世界所获得的成就感与满足感。约2万年前，随着采集和渔猎经济的发展，早期先民的生存条件有了较大改善，从而逐渐开始有意识地在石器、陶器或骨器上刻划或拍印痕迹，这成为早期先民在劳动实践中进行自我创造，表达自己对于自然与生命认知的重要形式，亦是后来人类制器造物纹饰之开端。

根据目前公布的考古资料，在江西万年县仙人洞遗址出土的陶片，经碳-14法测定年代最早的距今约2万到1.9万年，是世界上最早的陶器残片之一，其器表已经出现明显的"拍印竖绳纹以及平行条纹装饰"。而在湖南道县玉蟾岩遗址出土的距今1.8万到1.7万年的陶釜形器上，其内壁和器表亦有类似绳纹的印纹装饰。

早期陶器上绳纹、条纹等装饰纹饰的出现，无疑是人类在适应自然环境的过程中，通过不断地认识自然、磨合器物所创造出的审美符号，也与当时器物制作的工艺流程密切相关，是人类劳动能力与审美能力综合作用的成果。大约同时期，距今约1.8万年的山顶洞人也开始将鸟骨管磨光并在其上复刻线纹。另外，1987年在河北兴隆县采石厂内发现的已经石化了的刻纹鹿角，经碳-14法测定，其年代距今约1.3万年。在这块残长12.5厘米的赤鹿角上，以阴刻线条构成了三组纹饰，包含直线、斜线、连弧线、密集曲线等线纹，或类似于水波纹，并染成红色。有学者认为，其"应该与狩猎的巫术仪式有关"。

总体而言，目前发现距今1万年以前的纹饰资料较少，尚待更多的考古发现。通过有限的资料我们可以看出，这一时期人类对于器物已经开始通过不同的工艺手法探索其在实用功能之外所具有的观念性含义，或可视为早期纹饰之雏形，人类开始将无意识的劳动痕迹转为有意识的审美创造。

距今约9000年的浙江上山文化中期遗址出土了目前世界上最早的彩陶器，其中最为突出的是一片钵碗类弧形夹细砂红陶片，其上以白彩填绘实心圆形，周围绘短线呈放射状均匀围绕一周，形似太阳纹饰，旁边绘有两个顶角相对的三角形纹，下方纹饰残缺，仅可见一直角三角形纹剩余残边。上山文化中期遗址彩陶的出现，不仅使中国古代纹饰的主要装饰手法在刻划、拍印之外又增加了彩绘，而且其创造的纹饰图样较之前的绳纹、线纹、弦纹、网纹等单一几何纹饰增加了更多具有象征意义的符号性组合纹饰，"可能与祭祀性仪式活动的观念形态相适应"，并由此开启了中国新石器时代纹饰中最具有代表性的彩陶文化序幕。

距今7000年到5000年的仰韶文化是"中原文明起源和发展的关键阶段"，其早期彩陶纹饰以半坡类型的鱼纹以及后来的变形鱼纹

左
新石器时代仰韶文化 半坡彩陶几何纹盆

右
新石器时代仰韶文化 庙底沟彩陶花叶纹曲腹钵

较为常见。故宫博物院藏彩陶几何纹盆以黑彩绘就的连续三角形几何纹饰，实际上便是由具象鱼纹逐渐抽象演变而来的变形鱼纹，反映了当时先民以渔猎经济为主的社会生活。仰韶文化中期以后则以庙底沟类型的花卉纹（一说为变形鸟纹）最具特点，并逐渐影响了此后中国整个新石器时代彩陶纹饰的发展。

中国古代"华"通"花"，本义即为花，苏秉琦将庙底沟的这种花卉纹喻为"华山玫瑰"，而将创造此花纹饰的人群称为最初之"华人"。"华夏"一词，按孔颖达在《春秋左传正义》中的解释，指"中国有礼仪之大，故称夏；有服章之美，谓之华"，此"华"即指衣服之上的"纹章"，亦即"花"。《周易·系辞下》载，"古者包牺氏之王天下也，仰则观象于天，俯则观法于地，观鸟兽之文，与天地之宜，近取诸身，远取诸物，于是始作八卦，以通神明之德，以类万物之情"。

中国远古时代之纹饰，无论是鱼、蛙、龟、鹿、鸟、猪等动物纹，还是黍、粟、稻、花、叶等植物纹，以及特殊的人物纹或

商　三羊尊

抽象几何纹，无一不是先民"观物取象"思维方式的体现，是其对于外在世界的认知与理解，代表着中国人最初的情感寄托与美学追求。

狞厉肃穆的夏商周纹饰

随着新石器时代晚期生产力的发展，社会复杂程度提高，社会等级确立，夏王朝开始崛起于中原，遂从新石器时代跨入青铜时代，开启了以铜礼器为核心的夏、商、周三代之文明。巫鸿认为，"礼器和用器的区别首先表现为对'质地'和'形状'的有意识选择；'纹饰'随之成为礼器的另一个符号，并进而导致装饰艺术和铭文的产生"。

西周 克鼎

以商代后期三羊尊为例，作为祭祀仪式中所用的酒礼器，它是同类型器中最大者，其体形厚重，大口广肩，纹饰狞厉庄重，整器以细密云雷纹衬地，颈上饰三道凸弦纹，肩部一周高浮雕卷角羊首三只，羊首下为三组兽面纹，旧云"饕餮纹"，其双目突出，凝视着这个世界，仿佛带着不属于这个世界的庄严与肃穆。甲骨文中的"美"字即为头顶大角之羊形，而羊既为三牲之一，后世又兼有吉祥之意。

其后"商纣暴虐，鼎迁于周"，"周虽旧邦，其命维新"。西周时期，周人制礼作乐，改变了商人"先鬼而后礼"的治世理念，逐渐形成了后世中华文明的人文基调，并推动以宗法等级为基础的一系列政治、经济制度日趋完善，"百工"咸备。这一时期青铜器纹饰于商代基础上又有演进更迭，由之前的狞厉繁密变为典雅舒朗，且铭文逐渐增多。

  鼎通常用以烹煮或盛放肉食，后逐渐成为祭祀、宴飨、征伐、丧葬等活动中的重要礼器，"天子九鼎，诸侯七，卿大夫五，元士三也"。克鼎是西周中后期青铜器的代表之一，其形制厚重，颈部饰三组变形兽面纹，间以六道棱脊，腹部饰宽大的环带纹围绕一周，立耳两侧饰龙纹相对，三足上部饰浮雕兽首。其内壁铸铭文72字，记录了周王命膳夫克去成周发布命令，整肃部队成周八师。就在这一年，克做了这批纪念其祖父釐季的宝贵彝器，以之来祭享祖先，同时宣扬周王之德行，并祈佑康顺、福寿、长命与善终。铭文结体严正，章法严劲而刚健，其书法之美亦或可视为纹饰的重要组成部分，故宗白华言"中国古代商周铜器铭文里所表现章法的美，令人相信传说中仓颉四目窥见了宇宙的神奇，获得自然界最深妙的形式的秘密"。

  及至春秋战国时期，周室衰微，在"礼崩乐坏"的历史动荡中，以儒家、道家、法家、墨家、名家等为代表的诸子百家争鸣于世，空前的思想激荡与制度探索由是展开，并由此奠定了中华文明之基础，后世纹饰的审美思想亦多于此可以溯其源头。同时，随着铁器的使用与牛耕技术的推广，生产力巨变，生产关系鼎革，周王室青铜铸器减少，各诸侯国铸器明显增多，因而此时青铜器上的纹饰明显庙堂之气减少而艺术之气增加。

  1923年出土于河南新郑李家楼郑公大墓中的莲鹤方壶便可称其中代表，其壶延续西周晚期流行的方壶造型，上有盖冠，镂空之冠宛如重瓣莲花舒展开合，一派天真，盖上中立一鹤，引颈欲鸣，青姿忘机，颈部两侧以双龙为耳，四角各攀附一飞龙，壶下以双兽为足，通

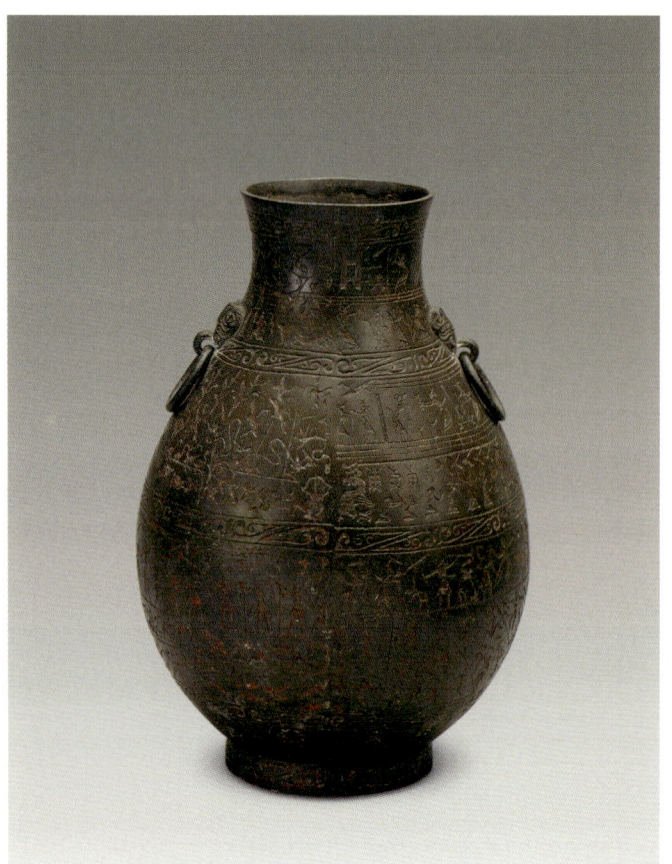

上
春秋 莲鹤方壶

下
战国 宴乐渔猎纹壶

体则满饰蟠螭纹。其纹与工均为上乘，洋溢着升腾的力量，极具生命张力。故郭沫若称"此鹤初突破上古时代之鸿蒙，正踌躇满志，睥睨一切，践踏传统于其脚下，而欲作更高更远之飞翔"，"为青铜器时代转变期的一个代表作品"。

进入战国时期，随着思想的进一步觉醒，人的观念逐渐增强，纹饰则由之前的神秘庄重变得更为生动活泼，仿佛从巫与神的世界回到人间。故宫博物院藏青铜宴乐渔猎纹壶便以最直观的纹饰呈现了当时社会的重要场景。壶肩部对称置兽耳衔环，其身以线刻工艺代替了之前常见的铸镶工艺，以云纹间隔，自上而下分为三层，第一层为采桑射礼图，第二层为宴乐图，第三层则为水陆攻战图，纹饰繁密精细，环环相扣，重叠有度，正是"纷纷战国"之写照。

古拙雄浑的秦汉纹饰

"及至始皇，奋六世之余烈，振长策而御宇内，吞二周而亡诸侯，履至尊而制六合"，乃置郡县，统一度量衡，车同轨，书同文，奠定之后中华文明赓续数千年而始终文化一体之根基。此后汉承秦制，依托儒家思想构建大一统下的国家认同，"秦完成了形式上的统一，而汉则使统一的理念嵌入到思想和文化的基因里"。同时，"测阴阳五行之变，明制礼作乐之原"的思想也深刻反映在汉代建筑、铜器、玉器或漆器的纹饰中，尤其是"四神"纹饰的出现和流行。中国古人"观乎天文，以察时变"，"苍龙、白虎、朱雀、玄武，天地四灵"亦称"四神"，作为中国早期的神灵，其根植于远古先民的信仰

汉代"四神"瓦当

玄武（上）、白虎（左）
青龙（右）、朱雀（下）

之中，是从二十八星宿的天象中联想和抽象出的艺术形象，分别代表了东、西、南、北四方。"到汉代，它们同五行观念相结合，成为对中国文化影响最大的宇宙论体系，此后也成为渗透在民众生活各方面的艺术符号。"

汉代"四神"瓦当，作为陶制建筑构件筒瓦之头，既有保护屋檐、增加建筑物美观等实用功能，也将中国古人浪漫的天文观念和哲学理念以具象化的幻想动物形态展现出来，成为其思想与观念物化的载体，并有祈保吉祥镇宅之寓意。除了"四神"纹饰，汉代瓦当上还常见"千秋万岁""延年益寿""长乐富贵""长生未央""万寿无疆"等吉语纹饰。总体而言，秦汉时期的纹饰在对神仙世界的浪漫向往中与对儒家经学教义的推崇中呈现出古拙雄浑之美。

气韵生动的三国两晋南北朝纹饰

三国两晋南北朝时期，随着门阀士族崛起、各民族进一步融合、崇尚老庄高谈玄理、佛教渐兴，新的价值观和艺术观不断丰富着中国古代纹饰的形式与内涵。鲁迅认为，这一时期是"文学的自觉时代"，某种程度上来说，亦可视为纹饰的自觉时代。尤其是对人之性灵、人之思想与情感的表现，对世俗现实生活需求与观念的咏叹，成为这一时期纹饰的主要特点。

谷仓作为粮食储蓄之地，象征着民生之本，而谷仓罐则不仅是中国古人粮食储藏设施的缩影，而且通常作为陪葬逝者之明器。与东周墓出土的陶仓、秦汉时的兽足陶囷、东汉五联罐上的简单纹饰相比，出土于浙江绍兴三国（吴）墓的青釉堆塑楼阁人物鸟兽纹谷仓罐上的纹饰则明显更为繁复，充满了人世间生活的气息。其纹饰以堆塑为主，三层楼阁居中，每一层楼门均有良犬守护，其上塑燕雀满楼檐，一鼠衔谷至，应取神话"雀、鼠送谷种"之意。楼阁两侧各立一阙，阙下八位乐师，各执乐器而演，仿佛玉楼金阙处，"琴羽张兮箫鼓陈"，弦歌仍未辍。楼前塑一赑屃驮碑，碑上刻"永安三年时，富且洋，宜公卿，多子孙，寿命长，千意万岁未见英"24 字，永安为三国时吴主孙休的年号，其中"洋"通"祥"，"意"即"亿"，"英"

左
三国（吴） 青釉堆塑楼阁人物鸟兽纹谷仓罐

右
北朝 青釉莲花尊

则同"殃"，此碑文基本包含了《尚书·洪范》中之"五福"，即"一曰寿、二曰富、三曰康宁、四曰攸好德、五曰考终命"，是中国古人幸福观最直接的体现。碑旁一周塑有人、龟、鹿、猪，并刻划有狗、鱼等纹饰，皆栩栩如生。其虽为墓中明器，却充满了人之情感与生之乐趣。

如果说这一时期谷仓罐上的纹饰承载了古人对于世俗物质生活的祈盼，那么同为明器的北朝青釉莲花尊则或代表了南北朝时期人们精神世界的寄托。佛教于汉代传入中国，在南北朝时期完成了本土化的

唐 三彩菱花式三足盘

重要历程，并在交流中不断发展繁盛。"南朝四百八十寺，多少楼台烟雨中"，佛教的盛行深刻影响了这一时期的纹饰艺术，最为典型的便是莲花纹饰的大量使用，于陶瓷、石刻、铜器上多有所见。其"薏藏生意，藕复萌芽，展转生生，造化不息"，故可作为佛国净土之象征，通常有清净圣洁、生生不息之意。后世亦以"莲之出淤泥而不染，濯清涟而不妖"而作为文人墨客托物言志之载体。

雍容博大的唐代纹饰

唐代，是一个激昂着理想与风骨的时代，是"大鹏一日同风起，扶摇直上九万里"的时代，也是充盈着无数可能性的时代。"陶至唐而盛，始有窑名"；织物"创瑞锦宫绫，章彩奇丽"，有"对雉、斗羊、翔凤、游麟之状"；古玉"自唐宋以下，所制不一"，如"猿、马、牛、羊、犬、猫、花朵种种玩物"。苏轼云："君子之于学，百工之于技，自三代历汉，至唐而备矣。"空前强盛之国力，统一辽阔之疆土，开放包容之政策，生气蓬勃之精神，海纳百川之胸怀，成就了壮美而深厚的盛唐气象。那是张九龄眼中的"三年一上计，万国趋河洛"，是王维描绘的"九天阊阖开宫殿，万国衣冠拜冕旒"，也是杜甫回忆里的"忆昔开元全盛日，小邑犹藏万家室"。

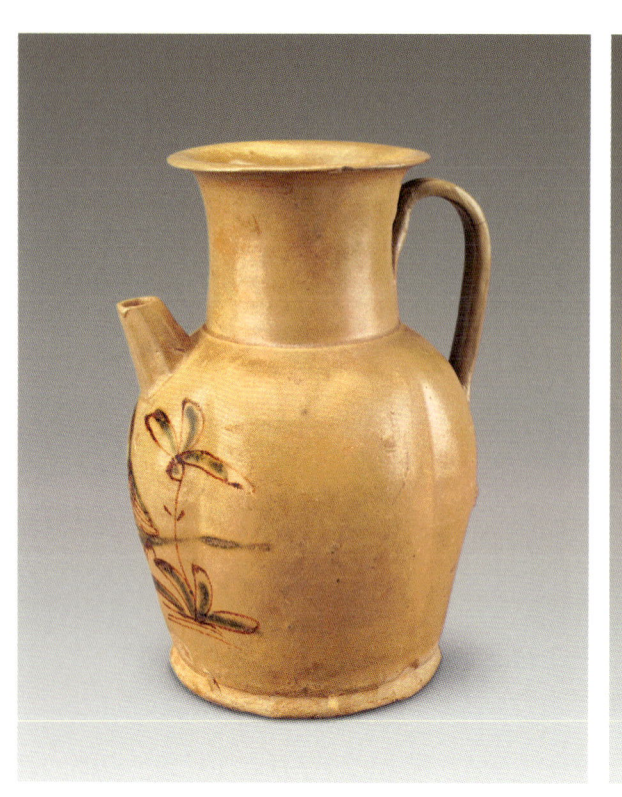

唐 长沙窑青釉彩绘花鸟纹执壶

驼铃相闻、风帆相望，共同奏响盛唐之音，遂有文学、书法、绘画、建筑、陶瓷、丝织、玉器、铜器、金银器等诸多艺术形式交相辉映，也造就了这一时期纹饰之雍容博大、圆融兼美，尤其是各种花鸟纹饰渐成主流。单以陶瓷而论，就有"千峰翠色"越窑之荷叶纹、云鹤纹、鱼纹、贴塑龙纹等，唐三彩之花纹、鸟纹、几何纹等。

尤其是湖南长沙窑与四川邛崃窑釉下彩绘工艺的成熟，开后世釉下彩瓷绘之先声，并成为元、明、清瓷器纹饰工艺之主流一直至今。其用颜料于胎体上作画，施釉后经1300°C左右高温一次烧成，加之模印贴花技艺的高度发展，使得唐代长沙窑瓷器纹饰尤为丰富，除了莲花、菊花、梅花、椰枣、垂叶、蔓草、宝相花等植物纹饰，雀鸟、雁、鹭、鹤、鹿、狮子等动物纹饰之外，还有竹林七贤、渔翁垂钓、童子采莲、胡人乐舞等人物纹饰，云气山水、帆船远航、楼阁宝塔等景物纹饰。

此外,在这个诗歌盛行的时代,还有大量的文字纹饰出现,既有汉字书五言诗、六言诗、七言诗、成语、谚语、广告语等,皆通俗易懂,朗朗上口;也有以阿拉伯文书写的伊斯兰文化相关纹饰,显示出文明之间的美美与共。

清逸淡雅的宋代纹饰

相较于唐代纹饰的雍容饱满、繁复华美,宋代纹饰则更显清雅精致、细腻而含蓄,一如唐诗与宋词之区别,大抵就像"白发三千丈,缘愁似个长"与"试问闲愁知几许?一川烟草,满城风絮,梅子黄时雨"之别。陈寅恪说"华夏民族之文化,历数千载之演进,造极于赵宋之世",此说虽是针对新宋学之建立而言,"造极"之说亦可商榷,而宋"以文化成天下""兴文教,抑武事""崇文抑武"的治国理念,使得文官政治空前发达,亦使士大夫之雅韵引领了整个社会的审美趣味却无疑问。

宋代设有专门的手工业管理机构,据《文献通考》载,"文思院掌造金、银、犀、玉工巧之物,金彩绘素装钿之饰,以供舆辇、册宝、法物及凡器服之用","绫锦院掌织纴锦绣,以供乘舆及凡服饰之用","染院掌染丝枲币帛","裁造院掌裁造服饰","文绣院掌纂绣,以供乘舆服御及宾客祭祀之用",极大地促进了手工业的发展与纹饰的创新。同时,宋代城市经济的发展,市民阶层的扩大,市井文化的丰富也促使中国古代纹饰进一步世俗化,具有了更多的人文气息。

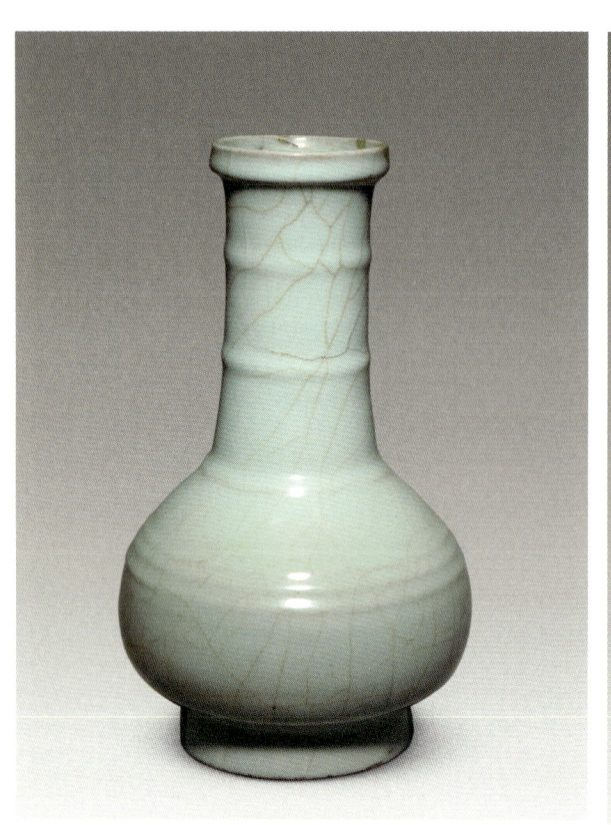

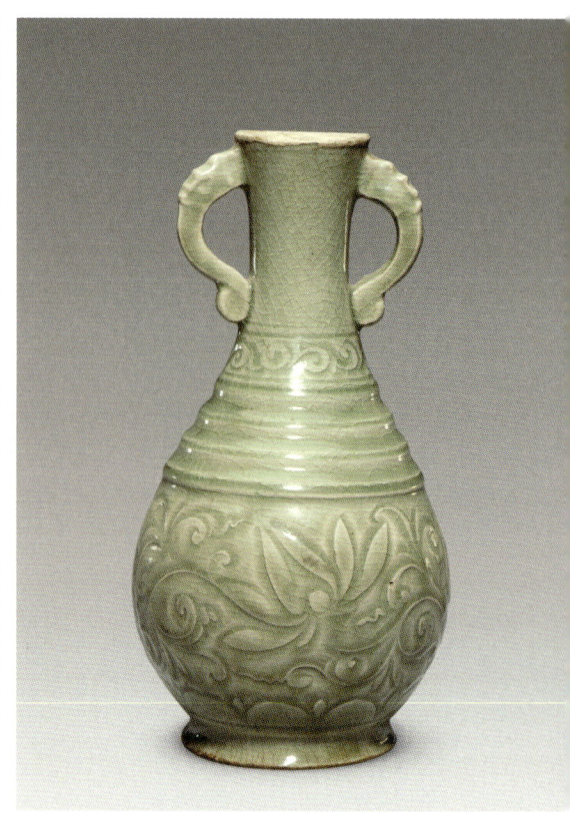

左
南宋 官窑粉青釉弦纹盘口穿带瓶

右
北宋 耀州窑青釉刻缠枝莲纹双耳玉壶春瓶

因而，宋代纹饰一方面有像汝窑、官窑、哥窑等仅以简洁的弦纹或釉面开片为饰，抛却繁复，不饰雕琢，追求"淡而不厌，简而文，温而理"的典雅自然之美，代表了士林之风雅。另一方面，也有如耀州窑、龙泉窑、磁州窑、吉州窑、景德镇窑等大量烧造的以民间日用为主的瓷器，其以刻、划、印、绘、剔、贴等多种装饰手法进行纹饰创造，题材更为广泛，内容生动活泼，尤其是各色花卉与婴戏图题材的大量出现和流行，如耀州窑青釉刻缠枝莲纹双耳玉壶春瓶、景德镇窑青白釉婴戏莲纹碗等，寄寓着人间的憧憬与希望，代表了市井之风情。

宋代丝织业亦盛，其纹饰种类丰富，风格清雅，有"举之若无，裁以为衣，真若烟雾"的亳州轻纱；有"以熟色丝经于木杼上，随所欲作花草禽兽状……承空视之，如雕镂之象"的定州缂丝；也有花样繁多如"盘球锦、簇四金雕锦、葵花锦、八答晕锦、六答晕锦、翠池狮子锦、天下乐锦、云雁锦"等之蜀锦；更有"设色精妙，光彩射目，山水分远近之趣，楼阁得深邃之体，人物具瞻眺生动之情，花鸟极绰约嚵唼之态"之宋绣。

多元意趣的元代纹饰

元代以降，纹饰风格则又一变。随着蒙古族崛起于塞北、定鼎中原，在政治上结束了自唐末以来多个政权并立的局面，实现了空前的统一，广阔的疆域里民族进一步融合，文化和思想进一步碰撞、交融。在草原民族崇尚自由与力量等观念的影响下，元代纹饰一方面延续了中国传统纹饰的题材和意境，另一方面则一改宋代纹饰细腻含蓄、重视神韵之特点，呈现出通俗简率、讲求意气、更具力量之美感。就像宋词与元曲之别，"飞云冉冉蘅皋暮，彩笔新题断肠句"是词，而"夕阳西下，断肠人在天涯"就是曲。

这一时期，亚欧大陆上的联系与交流也更加频繁，新的审美、新的工艺、新的材料也造就了元代纹饰多元之美。例如，元代流行的织金锦上既有中国传统的龙纹、缠枝莲纹，也有西域风情的对鹰纹、狮身人面等纹饰。再如，珐琅工艺在元代传入中国，这种将珐琅釉料通过不同技术固着于金、银、铜等金属表面的工艺，一经传入便迅速与

上　元　掐丝珐琅缠枝莲纹双耳鼎式炉

下　元　青花缠枝牡丹纹罐

中国传统器型、纹饰相结合，目前所见元代珐琅器上以缠枝莲纹为代表的花卉纹饰最为常见，颇为精丽繁缛。

同时，波斯地区的钴料在元代传入中国，元青花瓷器迅速发展成熟，并逐渐成为此后中国釉下彩瓷器生产之主流。其纹饰在布局上亦受西亚影响，与宋瓷一般只有一个主体纹饰，多有留白的结构不同，元青花瓷器纹饰通常为多层次分格装饰的繁密结构。题材既有龙纹、凤纹、麒麟纹、莲池鸳鸯纹（亦称"满池娇"）、芦雁纹、鱼藻纹、莲纹、牡丹纹、菊花纹、蕉叶纹、卷草纹、杂宝纹、如意云头纹等传统纹饰，还出现了大量人物故事纹饰，如"萧何月下追韩信图"梅瓶、"蒙恬将军图"玉壶春瓶、"尉迟恭单骑救主图"罐、"昭君出塞图"罐等，应与元曲之兴盛有关。

融汇吉祥的明清纹饰

到了明清时期，社会经济环境相对稳定，手工业、商业发展，并且随着15世纪大航海时代开始，中外文化交流与碰撞更加频繁。这一时期是中国古代纹饰发展的沉淀期，也是其集大成的时期。建筑、织绣、家具、陶瓷、玉器、漆器、铜器、金银器、珐琅器、竹木牙角器上皆有其美，几何纹、植物纹、动物纹、人物纹、景物纹、文字纹等无所不具。手工业的进一步发展与审美思想的嬗变，令这一时期纹饰种类浩繁，变化万千。其或灿若漫天云霞，或雅似雨后天空，湖山之胜，花木之荣，人物神仙，鸟兽虫鱼，各自面目，参差高下，应于目而会于心，形于纹而寄于意，祈福求吉成为这一时期纹饰的主要特点。

清同治 五福捧寿三多纹红色妆花缎

一如清人蒋士铨诗云:"世人爱吉祥,画师工颂祷。谐声而取譬,隐语戛戛造。"以形相喻、以音相谐,随形、音以象征寓意,在创造性的联想思维中寄寓了人们对福、禄、寿、财、喜的心理愿景和幸福追求。如因蝙蝠或佛手与"福"谐音而寓之"福"意,故以蝙蝠和流云寓意"流云百福"或"福自天来",以红色蝙蝠寓意"洪福齐天",以蝙蝠与钱币寓意"福在眼前",以蝙蝠与"卍"字寓意"万福",以五只蝙蝠围绕团"寿"字寓意"五福捧寿";而佛手与石榴、寿桃组合成纹,则称"三多",寓意多福、多子、多寿。

因鹿与"禄"谐音,故常绘于戴高冠的人物纹背后,寓意"高官厚禄",而与鹤组合则寓意"鹤鹿同春"。以马与猴组合寓意"马上封侯",以瓶中插三戟寓意"平升三级",以人物手指太阳而寓意"指日高升"。同时,因绶带为标志官阶的饰物,故绶带鸟也寓意"加官晋爵",而"绶"与"寿"同音,故又含"福寿双全"之意。

《礼记》云"八十九十曰耄",《尔雅》曰"八十为耋",而猫与"耄",蝶与"耋"谐音,故以猫蝶纹、百蝶纹等寓意长寿。此外还有"海屋添筹""群仙祝寿""八仙庆寿""郭子仪拜寿""麻姑献寿""芝

清光绪 明黄色绸绣百蝶纹夹衬衣

仙祝寿""白猿献桃""福禄寿三星""松鹤延年""五老图"等祝寿纹饰。

而"财，人所宝也"，通常以牡丹象征富贵，宋代《宣和画谱》中即云"花之于牡丹芍药，禽之于鸾凤孔翠，必使之富贵"，故以牡丹与海棠花组合寓意"满堂富贵"，与芙蓉组合寓意"荣华富贵"，与玉兰、海棠花组合寓意"玉堂富贵"，与玉兰、月季、梅花组合寓意"四季富贵"，与"卍"字构成"万年富贵"，与如意组成"富贵如意"。而金鱼与"金玉"谐音，亦常寓意"金玉满堂"。

"喜，乐也"，吉祥欢庆之事皆曰"喜"，故有以"麒麟送子""麟吐玉书""连生贵子""瓜瓞绵绵""螽斯衍庆""百子图"等象征子孙昌炽之喜；以"龙凤呈祥""鸾凤和鸣""喜上眉梢""百年和合""鸳鸯戏莲"及"囍"或"喜"字等象征新婚或夫妻和睦之喜；金榜题名亦是人生一大喜事，故常以一只白鹭与莲花组合寓意"一路连科"，一只螃蟹与芦苇组合寓意"一甲传胪"，以五个童子争夺头盔

178

左
明永乐 剔红牡丹纹圆盒

右
清同治 金錾囍寿字茶碗

寓意"五子夺魁",以鱼和楼阁寓意"鱼跃龙门",以魁星右手执笔、左手持斗寓意"魁星点斗",以金蟾、宫殿与桂树组合寓意"蟾宫折桂"。另外,还有以大象驮宝瓶寓意"太平有象",以鹌鹑栖于菊花下寓意"安居乐业",以花瓶之中安插戟、磬寓意"平安吉庆",以宫灯与谷穗、蜜蜂组合寓意"五谷丰登",以百合、柿子、如意组合寓意"百事如意",以三羊图寓意"三阳开泰",以老子出关图寓意"紫气东来",以"桃源图""耕织图""渔乐图"等纹饰象征国泰民安、社会和谐之喜。

除了寓意福、禄、寿、财、喜的纹饰之外,还有象征文人气节或雅致品味的纹饰,如以松、竹、梅为代表的"岁寒三友"图,以

故宫九龙壁（局部）

梅、兰、竹、菊为代表的"四君子"图，以王羲之爱兰、陶渊明爱菊、林和靖爱梅、周敦颐爱莲为代表的"四爱"图，以及文人雅集图等，皆于形妙神全之间寄意或载道。

纹饰是人类审美观念的物质载体，人类一方面创造着纹饰，另一方面也始终在被纹饰塑造着。从距今约2万年前产生一直到清末，中国古代纹饰完成了从自然到自觉，再到自由的跨越——从远古之质朴神秘，夏商周之狞厉肃穆，秦汉之古拙雄浑，到三国两晋南北朝之气韵生动，唐之雍容博大，宋之清逸淡雅，再到元之多元意趣，明清之融汇吉祥。

其中，最具代表性的龙纹作为"中华民族的图腾，具有刚健威武的雄姿、勇猛无畏的气概、福泽四海的情怀、强大无比的力量"，是民族"发祥和文化肇端的象征"，代表了中华民族最基本的人文精神与核心价值观。从新石器时代之多样孕育到历史时期的融合发展，直到今天成为全世界华人的独特精神标识,龙纹不仅是中华民族多元一体演进格局的真实写照,而且也是中华文明连续性、统一性、包容性和创新性的有力见证。

由此观之,作为中华民族的集体文化记忆,纹饰的发展受生产力影响,也始终伴随着中华民族发展的历史进程,其作为每一个时代核心精神的形式印迹,已然成为中华文明和中华美学风范独特而重要的象征。

泱泱中华、万古江河,中国古代纹饰生动见证着我国一万年文化史的起源与发展,凝结着五千多年文明史的智慧与底蕴,最真实地呈现出源远流长、博大精深的中华文明与重德守义、海纳百川的中国形象。其所承载和传递的天下情怀、崇礼重仁、开放包容、自强不息之精神与刚健勇武、和合雅正、向上向善、天人合一之美至今依然镌刻在每一个中国人的生命记忆里,不仅是中华民族生生不息的文化基因,更是我们今天精神生活的重要源泉,是我们面向未来和世界的文化自信与底气。

(作者任万平系国家社科基金重大项目"清代宫藏民族交往交流交融文物与史料整理研究"首席专家,故宫博物院副院长、研究馆员;马林系故宫博物院副研究馆员,对本文亦有贡献)

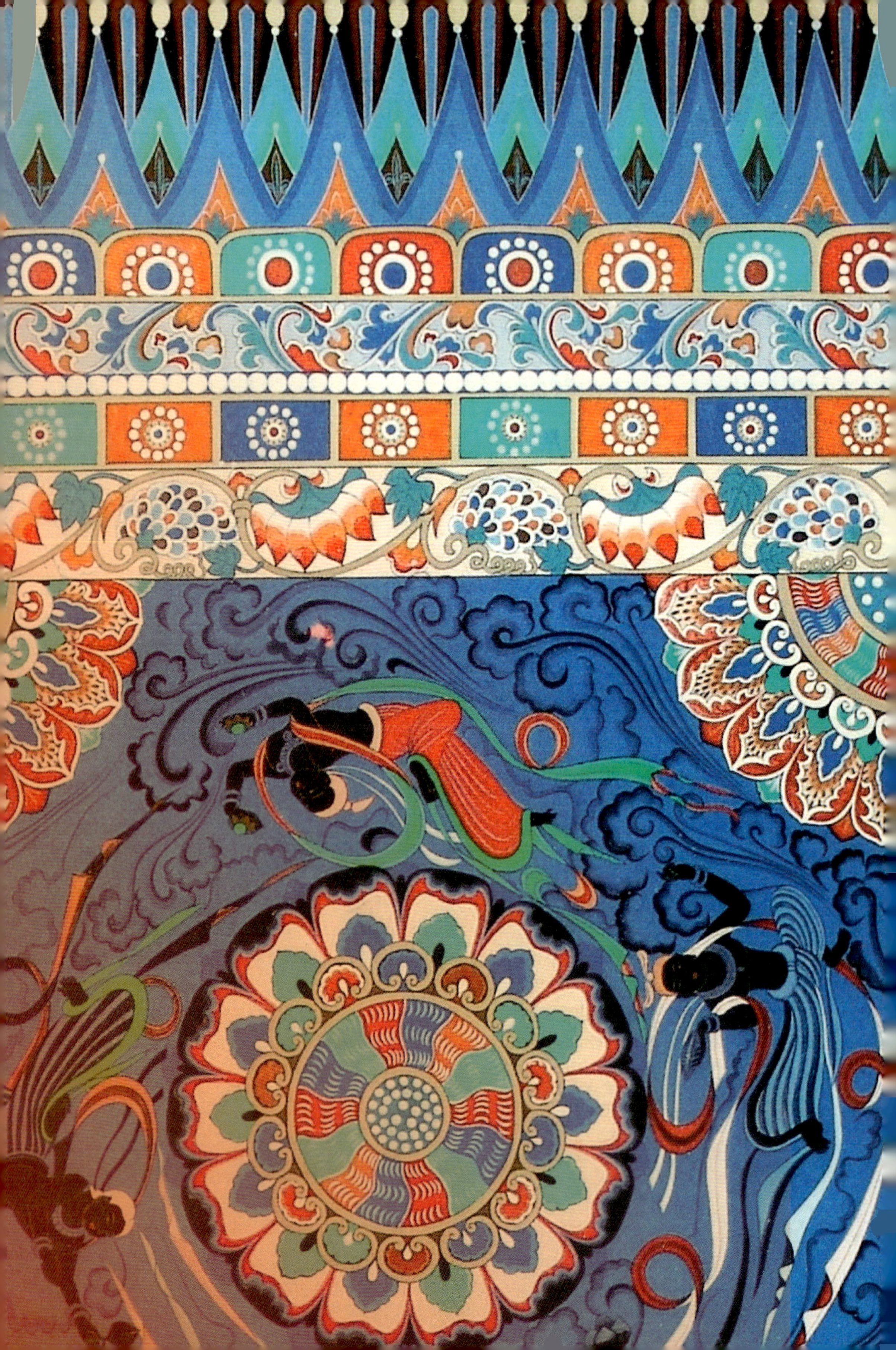

色彩雍容

赵声良

中华文明有自己完整独立的色彩体系与应用观念,在数千年发展中,不断吸取各种文化因素,不断创新,形成了十分丰富的色彩体系。考察各时期的绘画遗存,可以了解古代中国色彩的审美精神以及各时期的色彩时尚,体会视觉感知中的"中国之美"。

中国传统色彩美学中沉淀着中国人独特的审美和中华文化,蕴含着生生不息的生命力,反映了中国人如何去看待这个世界。而敦煌石窟壁画深厚的色彩氛围,丰富的色彩构成,体现着中国古代艺术家对复杂色彩的掌握和色彩运用的高度成就。这些成就反映了魏晋南北朝至隋唐时期,由于丝绸之路中外文化交流的兴盛发达,绘画艺术也高度繁荣。艺术家们在深厚的传统文化基础上不断吸取外来艺术的有益成分，不断创造出富有中国文化精神的新的风格。

　　自五代以后，水墨画流行，并逐渐成为中国古代绘画的主流，绘画中表现的色彩日渐单一，便给人一种错觉：似乎中国画自古以来就是单色的水墨风格。其实，只要看一看魏晋南北朝至唐代的石窟壁画，就可知在唐和唐以前，绘画中的用色是极其丰富的，而且在色彩表现方面取得了极高成就。通过敦煌壁画，我们就可以了解并体悟到中国传统艺术中的雍容色彩以及色彩美学。

微妙光色，超凡世境

　　魏晋南北朝时期，外来民族的文化融合促进了中国色彩的变化与发展，使得色彩的使用增添了异域风格。最初，佛教石窟以强烈的土红色彩表现庄严，营造佛教中的理想世界，但很快，受到中原内地的影响，西魏时期的佛教石窟开始采用中国式审美。从北朝到隋朝，外来风格与中国传统风格并存了较长时间。

　　作为宗教的场所，佛教石窟要表现的是一个佛教的理想世界。佛经中反复强调佛陀会放出各种微妙的光芒，而这些光芒又会照射到世间万物中，犹如阳光照射大地，因此，大千世界也就有了种种丰富的色彩。这样的描述必然会影响到古代工匠对洞窟壁画的色彩表现。当然，如何来表现佛国世界，除了考虑应用当时的颜料等客观条件外，还不可避免地会受到印度、中亚等外来佛教艺术风格的影响。

　　北凉、北魏的洞窟均以土红色为底，在土红底色上绘制说法图、千佛等形象，窟内气氛神秘而庄严，给人以强烈的感染力。如北凉第

上
北魏 莫高窟第251窟

（本文图片均由敦煌研究院提供）

下
北周 莫高窟第428窟

272窟是平面为方形的小型洞窟，正面开一佛龛。壁画整体为土红底色，包括主尊佛像的袈裟也是土红色，但在千佛、菩萨、天人等形象的头光、衣饰等物上分别用石青、石绿、赭色、白色等颜色相间表现，全窟色调统一，气氛庄重热烈。

北魏流行中心柱窟，洞窟平面为长方形，中心靠后的位置有中心塔柱，在中心塔柱的四面开龛造像。如北魏第251窟，南北两壁前半部分为大型说法图，其中佛像的身后染出大面积的石绿色、白色等明亮颜色以表现佛光，佛、菩萨的服饰中也较多地使用石绿和石青色。值得注意的是，南北壁后部大面积的千佛中，分别用石青、石绿、赭色、白色等色有规律地排列组合，整体看来仿佛一道道色光，体现着佛经中所描述的不可思议的光芒。

这些不同的色调表现，使热烈的红色与明净的青绿等色形成综合平衡，洞窟的色彩基调不再是单一的红色，而是呈现更加热烈而又明亮、典雅的气氛。北周时期的第428窟是北朝时期最大的中心柱窟，中心柱的四面及四壁均以土红为底色，其中的佛像、故事画等除使用土红色外，多用石青、赭色、白色及少量绿色。由于此窟的绿色并非石绿，经过一千多年的时光，大多已变暗，因而形成了土红色占主导的洞窟氛围。

以上例证所见，敦煌早期石窟中的色彩构成较多地受到外来艺术的影响，从印度的阿旃陀石窟、阿富汗的巴米扬石窟以及中亚等地出土壁画中就可看到，以土红为底色，并配以石青、石绿，是较为普遍的现象。

洞窟的整体色彩受到外来影响，人物造型的色彩晕染方法也同样如此。如北凉第272窟的供养菩萨像，壁画现状变色较严重，但从其色彩的晕染形式即可看出，画家大体按人体的轮廓线对身体部分进行晕染，面部主要是围绕眼眶及面颊呈圆弧形晕染，边缘较深，中央渐浅，从而形成一定的立体感。这样的色彩晕染方法被称为"西域式晕染法"，就是古代文献中记录的"凹凸法"或"天竺遗法"，古代的"天竺"就是印度，说明这种技法来自印度。

古代画工对西域式晕染法掌握的程度不同，壁画的效果就会有一些差异，莫高窟第254窟的壁画，绘制精细，技法娴熟，充分反映

左
北凉 莫高窟第272窟 供养菩萨像

右
北魏 莫高窟第254窟 尸毗王像

出西域风格人物的微妙之处。如北壁的尸毗王本生故事画中，尸毗王就是画家着意刻画的形象，虽然画面大部分变黑，但面部的晕染历历可见，眼眶与嘴唇变黑的颜色中仍可看出色彩过渡自然天成，晕染技法一丝不苟，体现出尸毗王沉静而超然的表情。除了肌肤部分变黑外，石青色的头发，石绿与白色相间染出的头冠以及飘带等，虽用色不多却显得十分丰富。

西域式晕染法对于面部表现的最大特点，在于眼睛和鼻梁等部分先以白色打底，形成高光。身体部分，主要是胸部分为两个圆形块面，腹部为一个圆形块面。双手及双腿，各按关节分成块面，进行晕

西魏 莫高窟第 285 窟

染。当时的画家对肌肉的色彩染得比较细腻，红色中似含有朱砂或朱磦的颜料，又与白色混合，形成浓淡过渡，表现肌肤的质感。白色是以白垩为主的颜料，一般来说不容易变色，而红色中往往会含有铅丹的成分，铅丹经过氧化后，极容易变黑，所以敦煌早期壁画中大多数人物面部及身体部分往往程度不同地变黑。而在变黑的面部，又可看到未变色的白色双眼和鼻梁，形状如汉字的"小"字，被称为"小字脸"。

有意思的是，我们在印度的阿旃陀石窟中也发现了类似敦煌壁画"小字脸"的壁画，鼻梁、双眼、下颌部分均用白色打底，然后用棕色晕染，经千百年后，肌肤的颜色虽然没有变黑，但显然已变深了，原来在底层作为混合色的白色却保持下来。类似的人物画法也可见于新疆克孜尔石窟等壁画中。

与外来风格相对的是西魏时期的第249窟、第285窟。这两窟壁画中出现了中国传统神仙的形象，在人物造型上也体现出"秀骨清像""褒衣博带"等特色，被公认为是具有中原风格的洞窟。在色彩表现上，最大的特点就是大面积的壁画，采用白色调为底（这里说的白色，并非纯白色，往往近于乳白色、粉白色，相对于浓重的土红或青绿色来，它倾向于白色，以下为行文简便，均称其为白色），窟顶壁画中或表现西王母、东王公乘车飞驰，或描绘伏羲、女娲飞行于天空。其间又绘有雷神、电神、风神、飞仙等，人物多以赭色描线，衣饰飘带则以石青、石绿等色，在白底色中体现出淡雅、清丽之风。

根据专家们对壁画颜料成分的分析研究，早期壁画中所用的红、蓝、绿等颜色均为矿物质颜料。特别是蓝色系的石青、绿色系的石绿以及红色系的土红、朱砂等颜料十分稳定，不易变色。北魏时期蓝色类颜料多用石青，也有纯度较高的青金石颜料，历经千百年仍然色彩鲜丽，与石绿相配合，在幽暗的洞窟中，仿佛有荧光闪烁。

以上两个类型的色彩风格，一类是以土红色做底，总体呈现一种热烈、庄重的色彩氛围；一类则以白色为基调，多以石青、石绿来表现人物衣饰及云气等物，呈现出清新的风格。这两类色彩风格都持续影响到隋及初唐。

旧痕新绿一般齐

到了隋及唐初，早期壁画的基本色调渐渐改变。随着唐王朝经济文化的高度发达，以长安为中心的文化强烈地影响到敦煌地区，内地流行的色彩迅速在敦煌石窟流行起来：从最初的淡绿色、淡蓝色逐渐

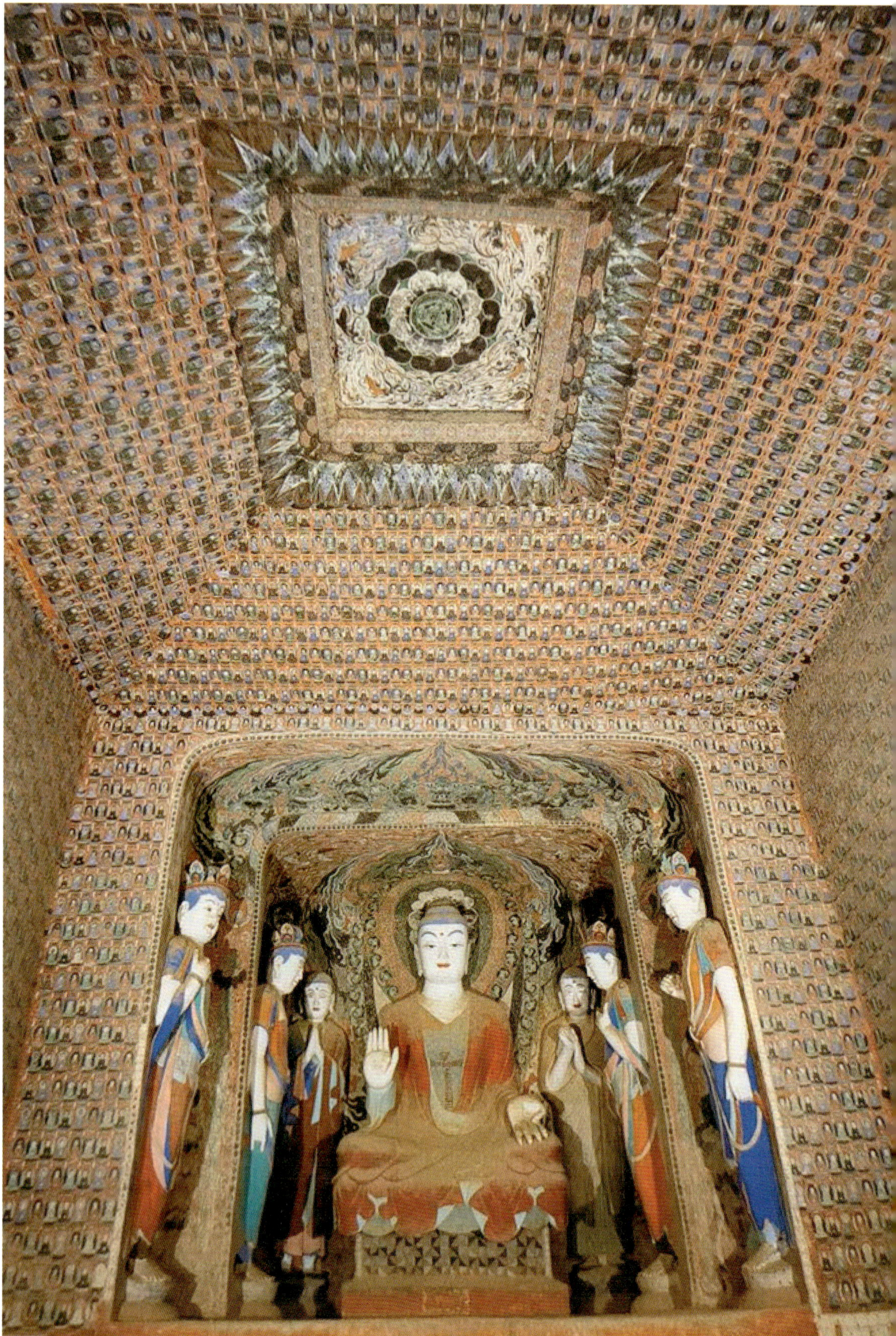

隋 莫高窟第 407 窟

向强烈的色彩对比发展。

隋唐时期，佛教艺术发展到一个极盛时期，壁画色彩表现更加完善，每一个洞窟有统一的色彩设计，在技法上已很成熟。一窟之内，正面龛内造出佛像，辅以弟子、菩萨、天王像；龛内壁画也配合塑像绘制相应的内容；两侧壁绘制大型经变画，表现佛国世界的西方净土、药师净土或弥勒净土等；窟顶中央绘藻井装饰，四披有大面积的千佛等画面。一个洞窟就是一个理想的佛国世界，洞窟里仿佛佛光普照，观者进入洞窟，即被全窟的色彩环境所感染，而沉浸在艺术家所呈现的佛国世界中。

如隋朝第401窟、第407窟等，窟中全部以土红做底色，注重全窟色彩氛围的统一。在以千佛为主体的壁画中，通过佛像不同颜色的袈裟，每5身佛像为一组，每一行按规律排列，行与行之间则错位布局，整体就形成了一道道有规律的色带，犹如不同的色光相接，形成彩虹般的效果，构成华丽而热烈的色彩气氛。

初唐时期，仍然有不少洞窟也基本上保持着这样一种风格，但同时出现了新的艺术表现手法：不仅说法图的面积扩大了，里面的色彩也增添了新的因素。如窟内左右两侧壁说法图出现了不少明亮的青绿色调，窟顶中间的藻井，中心部位以及边缘有一圈飞天，以蓝色为底色，类似石青，当中增加白色点缀，让石青整体呈现出一种浅蓝色调，用以表现天空。虽然这些石青在全窟用色中仅占很小的比例，但与土红的对比中，显得特别突出，有一种耳目一新的感觉。

藻井用的色调是石青色、白色，还有一些浅黄色。浅黄色的出现让整个洞窟的色彩氛围一下变得非常明亮。总体来说，洞窟的色彩搭

莫高窟第329窟藻井（史苇湘复原临摹）

配在保持传统土红的基调上冒出了一些明亮的元素，而正是这些少量的色彩变化形成了洞窟配色的亮点。虽然，从全窟的色彩风格来看似乎仍是隋朝传统的气氛，但是其中已呈现出新的气息，仿佛是初春的新绿，这一境界正如明朝诗人杨基诗中所写"多谢清明三日雨，旧痕新绿一般齐"。

类似这样的色彩搭配，我们在第329窟中也可以看到。此窟窟顶仍是沿袭隋朝的习惯，以土红为底色描绘大面积的千佛，包括龛内壁画都体现着非常热烈的红色调。龛内顶部佛传故事画则采用浅橙色为底，画面中的马和象呈现大块的枣红色，包括飞天群体的整个身体也是深棕色，与窟顶四披的氛围一致。仅仅在主要人物、飞天的飘带、裙子上出现了一些明亮的粉绿色、浅蓝色，形成一定的点缀，但似乎并未影响土红色调的总气氛。

改变全窟色彩风格的，首先是窟顶藻井，此窟藻井比起第322窟藻井的蓝色更加强烈。通过史苇湘先生临摹复原的壁画可以看出：藻井的井心是在深蓝底色上画出的飞天，藻井四边与中心相呼应，画出的垂角纹也以蓝色为主。石青色是特别强烈、明亮的，尤其是在大面积土红色作底的情况下，更加突出了石青、石绿的亮度。

在这样一个红色调的气氛当中，出现的这特别强烈的绿色、蓝色，仿佛是春天的新绿一样，体现出清新的意境。初唐有相当一部分洞窟的壁画流行这种做法，窟内的色彩体现出清新宁静的风格。

缥缈霓裳飞碧空

洞窟壁画要表现佛教的天国，这是佛教绘画的一个常见的主题，与之相关联的就是表现天空，因为天国一定是在天上的。早期敦煌石窟中也常常会描绘天空，如莫高窟西魏时期第249窟、第285窟的窟顶，就是表现了天国的景象。此二窟中都是以略偏乳白的土色（类似墙壁的本色）作为底色，这样有利于表现神仙、飞天等内容，但似乎还没有考虑到天空的颜色。

而在隋朝的一些洞窟中，画家已开始探索天空色彩的表现方法，如第404窟南、西、北壁上部接近窟顶的位置表现天宫栏墙与飞天，古代画师以凹凸有致的建筑平台形式象征佛国的天宫。而且，天空的表现不是单一平涂石青色，而是上部略深，下部略浅，形成颜色的过渡，使天色的感觉更接近真实。显然，画家对天空色彩变化是有考虑

初唐 莫高窟第 321 窟 龛顶壁画

的。类似这样以蓝色背景表示天空并在其上描绘飞天的做法，在隋朝第427窟、第401窟等窟中也有出现。

如果说隋朝某些洞窟仅仅是在表现飞天时才考虑到以蓝色表现天空，那么进入唐代，则出现了以整窟壁画表现天空的尝试，莫高窟初唐第321窟就是一个典型例子。此窟壁画出现了大面积表现天空、天国的景象：正面佛龛较大，龛内顶部，沿着接近侧壁的地方画出栏杆，有不少天人在栏杆凭栏俯视，或向下散花。在天人身后，则是广阔的蓝色天空。天空中还有佛、菩萨和天人乘云来去。从栏墙到蓝天，近景到远景，组合成一幅空灵的天空景象。由于蓝色（石青）的大面积使用，天空表现得十分真切，配上天人的自由飞行，令人想起宋人李仁本诗中所说"杖藜携我恣遥望，缥缈霓裳飞碧空"的意境。

初唐 莫高窟第 321 窟 北壁

  第321窟北壁描绘的无量寿经变也与龛内壁画色彩相呼应，此图下部有三分之二的壁画以楼阁和平台建筑表现佛国世界。而上部三分之一的画面则以石青色表现天空，这样的表现在莫高窟壁画中是非常突出的，一下子改变了壁画色彩的风格。房屋建筑保留了大量的红色调，但并不是隋朝的那种土红色，而是有部分廊柱采用鲜红的朱砂色，大部分向赭石色转化，总体来看，与以石青为主的深蓝色相协调。

  此窟南壁的十轮经变则是以青绿色调为主的山水背景，大面积青绿山水与龛内和北壁的天空色彩相呼应。此窟窟顶的藻井也是十分精致的团花图案，井心部分以土红为底，画面为青绿色搭配团花，在井心的边缘四方则以石青为底色，配以石绿为主色调的卷草纹样。井心的红底色与石青、石绿交错，并点缀着不少白色装饰，形成了蓝白相间为主调的明亮天空色。与龛内及南北壁的色彩交互呼应，构成了洞窟内广阔而爽朗的意境。

  在隋朝，已有部分洞窟采用大面积的石青来表现，但是总的来说仍然是在红底色中画出的青绿色。只是经过千年的岁月，大部分红色已变黑，今天呈现出的视觉效果是黑与青绿的搭配，应该跟当时的风格完全不同了。如果说隋朝第419窟、第420窟体现出的是在赭红底背景下与青绿重色的一种搭配，那么，初唐第321窟呈现出来的则是青绿色调为主导的天空与自然的境界，显然是一种明亮、新颖的时代特征。

青春鹦鹉，杨柳楼台

初唐还有一些洞窟出现了崭新的风格：以淡绿色调为主，辅以石青，显示出一种明净、淡雅的韵味，彻底区别于隋朝的土红底色。这种春意盎然的意境，正是《二十四诗品》中所说的"青春鹦鹉，杨柳楼台"，最典型的就是敦煌莫高窟第220窟、第332窟等。

第220窟建于贞观十六年（642），根据学者们的研究，此窟的供养者翟氏一家从长安来到敦煌，出任敦煌的官员，并营建了这个洞窟。壁画样式为当时中原的最新绘画风格，推测有可能是翟家直接从中原带来了绘制壁画的画师。这个洞窟呈现出新的风格、新的气象，首先是出现绘满整壁的大型经变画。从色彩构成来看，同样也体现着一个时代的新风格，以比较淡的石绿色为主调，表现出春天一般的青春气息。

我们仔细观察其细部，就会发现，为了协调这样一个壁面，以石绿为底色，菩萨头光画成了蓝色，莲花甚至也被画成了蓝色。这在以前是没出现过的，头光怎么会是蓝色的呢？莲花向来也是红色、白色为主，从来没有出现过蓝色的莲花。但是唐朝的画家非常大胆，极有创造力，不去理会莲花本身是红的还是别的颜色，为了壁面色调的完

上
初唐 莫高窟第 220 窟 南壁 无量寿经变

下
无量寿经变（局部）

整性，将整个佛国世界营造成一个富有春天气息的淡青绿色调的世界：菩萨、飞天的飘带以绿色为主调，有很多是浅蓝色的；莲花也往往变成蓝色的，水是绿色的，与蓝色协调起来，整个色彩气氛非常完整、协调、统一，表现出充满青春气息的梦幻般的佛国世界。

北壁画的药师经变也是如此，整个壁面都是绿色调，比起南壁的经变多了一些红色调，但这主要是为了突出药师佛像和东方药师琉璃光世界的所谓琉璃的色彩。因此，七尊药师佛像的袈裟色彩很厚重，偏红色，现在有变黑的、变成赭色的。壁画中其他的颜色都画得比较淡，呈现出"往后退"的观感，突出了佛像袈裟主体，整体上看还是青绿色彩的氛围。古人对色彩的布局、画面整体感的把握是非常精妙的，所以画面中主次分明，空间关系也能够通过色彩体现出来。画面中有蓝色、绿色、土红色三种颜色，它们的深浅、亮度各有变化，但又相互关联、相互协调，呈现出和谐的美感。

千里莺啼绿映红

经过初唐到盛唐的发展，在整个盛唐时期形成强烈的红绿对比这种较为流行的色彩风格，体现出盛唐时期富丽堂皇而又典雅庄重的气氛。仿佛就是唐人杜牧诗中"千里莺啼绿映红，水村山郭酒旗风"的色彩意境，这种风格在盛唐很多洞窟中都可以找到。

莫高窟第217窟是盛唐时期的代表窟，正壁开敞口龛，内塑佛像，现仅存中央跌坐佛一尊，其余塑像已失。龛内壁画则是配合塑像绘出佛、菩萨像的头光，在头光之间，则绘出菩萨、弟子形象，龛顶

盛唐 莫高窟第217窟 北壁 观无量寿经变

残存经变画局部。此窟南北壁均整壁绘经变画，南壁为佛顶尊胜陀罗尼经变，北壁为观无量寿经变。

其中南壁经变画以山水景物为背景，青绿色就是画面的底色。但在大面积绿色基调中，佛像的红色袈裟、菩萨的装饰、部分莲花的红色也十分鲜明。北壁经变以雄伟的殿堂楼阁表现阿弥陀净土世界，大面积的建筑多以深红色表现廊柱、斗拱等结构，加之佛陀的袈裟、菩萨的衣饰多为鲜艳的红色。但是，同样在建筑中屋顶多以青绿重色表现，在表现砖石结构的高台时，也往往以青绿色与红色相间表现琉璃砖的装饰，配合天空的青绿色调，形成了艳丽的红色、粉色与同样明亮的青绿色调均衡搭配的状况。绿色、红色的饱和度都很高，加上偏黑的石青色，三种强烈的颜色放到一起，有序组合，搭配巧妙。

画面中主体形象色彩极为丰富，已说不清哪个是主调，往往是多种颜色都很鲜明，对比非常清晰。画家们运用的颜料基本上是直接用原色，没有调和，饱和度很高。把很强烈的红色、蓝色、绿色放到一

左
盛唐 莫高窟第 320 窟 北壁 山水

右
盛唐 莫高窟第 148 窟

起，加上适当的白色和黑色，整个画面华丽灿烂。

从色彩的构成看盛唐气象，其特点就在于这样强烈、浓重的色彩并列，要体现的是一种华丽无比、庄严而辉煌的氛围，唐朝人追求绚烂、华美，颜色都用得非常饱和。多种强烈的颜色并列在一起，形成色彩强烈而厚重、丰富而均衡的局面。盛唐绘画基本上是朝着这个方向发展的。

第320窟北壁的观无量寿经变也采用了当时最流行的结构形式：以宏伟的建筑为构架，展示佛国世界。其中的佛像、背光、殿堂与平台建筑、树木、净水池等内容，均以蓝色（石青）、绿色、红色三种饱和的颜色并列。尽管今天相当多的画面已变黑，但我们还是可以感受到强烈的色彩对比。在净土图两侧的故事画中，如日想观所绘的山水，在青绿色的氛围中，赭红色显得更加强烈。盛唐的青绿山水往往就是用这种颜色对比，使人感受到华丽灿烂的美。

盛唐第148窟是一个涅槃窟，窟中塑出长达16米的涅槃佛像。此窟主题是涅槃，配合涅槃佛像绘制出的涅槃经变是最重要的内容。这铺经变从南壁到西壁、北壁，所占壁面很大。经变基本上也是用石绿色为底来统摄全图，其中的色彩构成丰富而强烈，故事情节都分布在广阔的山水空间里，青绿色的山水自然就成为全部画面的背景。但在其中如城郭、宫殿等画面，不免会有大面积的土红、赭石、石青等颜色出现，加之众多人物不同的衣饰色彩，也使画面色彩丰富，即使在山水风景中，画家也有意以赭红、橙黄、白色等来表现天空的云霞。

同窟东壁门两侧分别绘出巨幅的观无量寿经变和药师经变，同样也是以青绿色为基调来绘制的。经变画中表现建筑物的红色柱子、栏杆与蓝色、绿色的屋顶形成一种华丽的对比，树木、水池中大面积的石绿、石青色又与佛、菩萨等形象的红色调形成另一种对比。诸如此类细部的色彩对比组合，体现了唐朝画家细腻的色彩构成逻辑。

盛唐以后，石绿色基本上就成为敦煌壁画中的主色调，逐渐形成一个传统。但是从盛唐的壁画中可以看出，窟中的壁画并不是完全单纯的石绿色，而是有红色、蓝色、白色、黑色等与它并存，而且往往

五代 莫高窟第 98 窟 于阗国王供养像

供养人所戴的头冠、手中的法器上有贴金装饰。

都是以饱和色并列，从而展现出极其丰富灿烂的色彩效果。即使从单独的菩萨、天人以及供养人像中，也可以感受到这种极其丰富的色彩搭配，反映出唐人所追求的华丽而雍容、繁复而灿烂的色彩精神。

到了五代至北宋时期，敦煌地区与中原王朝交流减少，敦煌石窟艺术的发展受到局限，绘画风格偏单一，但也开凿了相当数量的大型洞窟，仍然可见一些较高水平的壁画，并在装饰上颇为讲究。这一时期广泛应用沥粉堆金的表现手法，即在佛像或供养人的头冠、首饰等重要部位饰以贴金，显得十分富丽堂皇。

到了元代，敦煌壁画明显呈现出两种风格类型，一种是汉风绘画，色彩以浅赭为主，四壁色彩较淡，仅有少量的赭红、石绿和黄色，形成一种淡雅的风格；另一种是藏密风格，以强烈的蓝色、绿色与红、白、黑色相配，形成一种偏冷色调的神秘风格。

五代以后，是敦煌艺术发展的最后阶段。元代是又一次从分裂走向统一的时代，对敦煌艺术来说也是吸收融合各地艺术的契机，为敦煌石窟艺术发展画上了完满的句号。

由此观之，中国传统色彩最重要的特点，就是拥有属于自己的、完整的美学体系。不同于西方三原色的分类法，中国传统色有两个大的自然系统相对应，一个是五行，一个是四季。青、赤、白、黑、黄，这五色与中国传统哲学中的"五行"相对应，被认为是正色，往往应用在与礼制相关的场合；而古人日常生活中所使用的色彩，是从自然中取色，这在一千多年前敦煌壁画的设色中，在最具代表性的石青、石绿、赭色等特别的颜色中，得到了淋漓尽致的体现。

中国传统色彩从远古至当下绵延流远，涉及社会生活的方方面面——诗词歌赋、艺术图像、传统服饰、建筑彩绘、民俗风物等。它既存在于历史进程中，也在当下的社会生活中得以体现。虽然我们的生活中处处都有色彩，却因为其体系庞杂，难以归纳其全貌。这里，我们也仅从敦煌壁画入手，希望可以"以小见大"，以敦煌色窥见中国色彩的绚烂丰富、搭配范式和东方美学特征。

可以说，在中国色彩美学的背后，隐藏着中国人深层的精神结构，那就是对于宇宙天地秩序的礼敬，与对自然的亲近和对美好生活的热爱。凝练了自然意境之美的中国色彩，是古人给我们留下的充满智慧的宝贵财富，应该得到继承和发扬。

（作者系国家社科基金艺术学重点项目"敦煌唐朝石窟美术史研究"负责人，敦煌研究院党委书记、研究员）

美与生活

篇三

中国人对美的认识和体会,也在衣食住行等具体生活中体现出来。中国人以独特的美的眼光来『装饰』生活,以从容洒脱的情怀来安顿人心,审美化的生活中,体现出人与世界和合相处的生命智慧。

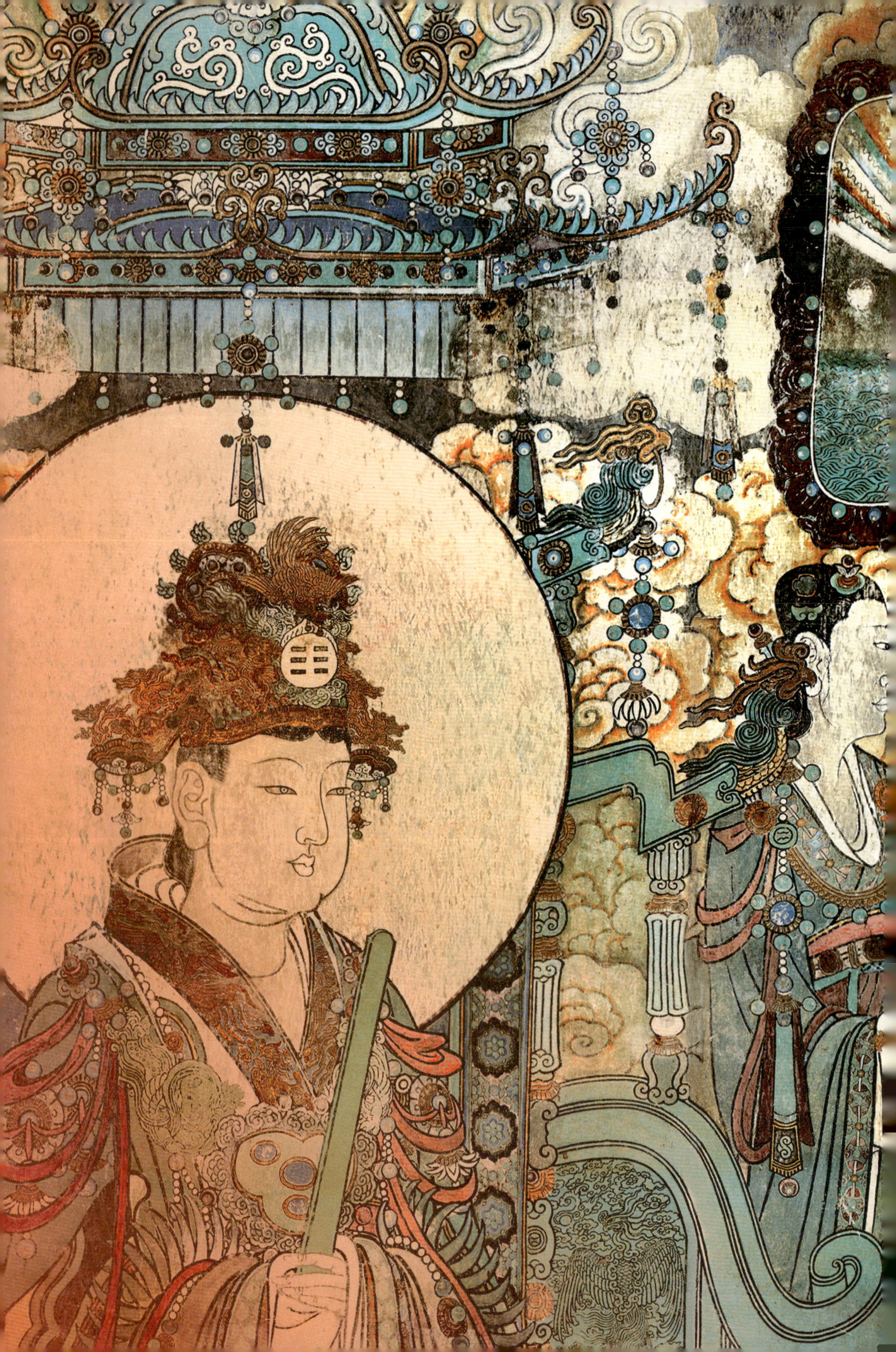

衣冠华彩

高春明

　　一部服饰艺术史，既是一部华夏民族的物质文明发展史，又是一部共同生活的记忆史。作为历史悠久的文明古国，中国素有"衣冠王国"的美称。传统服饰华美精致，且蕴含着丰富的文化内涵。古人对服饰的重视远远超过我们的想象，服饰与礼仪的密切关系，也从商周延续至今。在华夏大地上生活的人们，用服饰来装扮自己的身体，彰显自己的身份，标示彼此的关系，由此融入共同的社会生活。

　　五千多年来的中国服饰，彰显着这个伟大东方民族的审美情趣和创造能量。历代服饰的传承，不仅在服饰艺术上创造出一个又一个的高峰，同时也像活化石一样反映着特定社会的政治、经济、军事、文化、艺术和民俗。

河南安阳殷墟妇好墓出土玉人
戴筒式冠巾、穿华丽服装的贵族男子。

尊卑有序：上古服制

　　商代，冠服制度初步建立，服装具有了划分身份等级的功能。殷商时期社会生产力较为低下，大规模的丝织生产尚未得以确立。人们普遍穿着朴素，一般百姓主要使用粗布和毛褐材料制作衣服。奴隶社会高度发展的时期，商朝社会经济尤其是纺织技术有长足发展，人们具备了初步的纺织知识，在传统的织机上安装了提花装置，织造出各种图纹，服饰的装饰水平愈益提高。由此，用以昭示身份和区别等级的冠服制度开始确立。

　　公元前11世纪，西周取代商建立政权。周代的纺织技艺大大提高，国家出现了专门为贵族生产丝绸的作坊，丝绸的规模性生产从此开始。衣冠制度作为一项重要的政治制度被逐步完善。从此，上自天子卿士，下及庶民百姓，衣帽服饰各有等差，衣冠服饰贵贱有别，尊卑有序的服饰等级系统运行起来。到了周代后期，奴隶社会土崩瓦解，封建社会逐渐形成，冠服制度又被纳入"礼治"的范畴，并且作为礼仪的表现形式，成为国家政治文化生活的重要组成部分。

　　春秋战国相交之际，社会的经济、政治、思想、文化等各个领域都发生急剧的变化，形成"百家争鸣"的局面。百家争鸣对当时的衣冠服饰制度也产生了一定的影响。这个时期的服饰形制异彩纷呈，

曲裾深衣展示图

（参考出土帛画复原绘制）

各异其制。如楚国崇尚戴高冠，贵族男女不仅穿着丝履，还在履上装饰珠翠。魏国男子喜欢在黑衣之外加罩一件白色罩衣。齐国则从齐桓公开始，举国上下皆尚紫服，致使紫色丝帛珍贵异常。秦国崇尚武力，勇士头上皆裹红色头巾。赵国的儒生则身穿褒袖长衣，足蹑方履，走起路来两袖翩翩。

春秋以后，中国还出现了一种新颖的服装——深衣。深衣就是长衣，具体的做法是将上衣和下裳合为一体，连成一件。因为其穿着方便而受到社会各界的欢迎，被广泛用作礼服和常服。中国历代服装虽然姿态万千，但从形式上看只有两种基本形制，一种是上衣下裳制，一种是衣裳连属制。深衣就属于后者。后世的袍褂、长衫等衣服，都是在深衣的基础上产生的。

深衣独特的前襟被称为曲裾，衣服的前襟被接出一段，形成三角，穿时绕至背后，可以用带子系缚。曲裾这种形式主要是为了掩盖下体，因当时的裤子还不完备，仅在小腿上套两只名叫胫衣的裤腿，无法蔽体。在上衣和下裳分开穿着时，下身因有裳的遮蔽，不存在暴露的问题。但衣裳连属的长衣，对下体的遮护便存在隐患：如果将下体裹住，走路就迈不开脚步；如果在衣服的下摆开衩，又难免会暴露。为了解决这个矛盾，聪明的古人想到了曲裾相掩的办法。

河北平山战国墓曾出土一盏人形铜灯，铜人所穿的深衣即是如此。衣襟被斜裁成下垂的燕尾式曲裾，穿着时由前绕至身后，尖角部分被掖在腰带之下。这是一种典型的曲裾。深衣也有变体，如湖南长沙战国楚墓出土的帛画上，妇女身穿宽袖深衣，衣裾曲折，形成三角，下摆部分则拖曳在地。

古朴典雅：秦汉礼仪

公元前221年，秦国结束春秋战国长期分裂割据的局面，完成了统一中国的大业，建立起一个中央集权的封建国家。秦始皇在建国伊始便着手统一各诸侯国的车马服饰制度，改变了战国时期各项制度混杂的混乱局面。秦的统一只有短短十五年，系统的服饰制度尚未健全。受阴阳学说的影响，服饰崇尚黑色，但服装在款式上还是延续了春秋时期的基本形式。随着大汉王朝的一统天下，衣冠制度与服饰妆容走入了新的时期。

汉初建国，衣冠制度还未全备，帝王百官参加祭祀仍沿用秦朝旧制，不分尊卑，都穿黑色之衣。直到公元59年，才正式议定了车服制度。上自帝王诸侯，下及士庶百姓，衣冠服饰各有等差，尤其体现在冠帽和佩绶之上。

汉代冠式丰富，名目繁多，这些冠式是区别身份等级的重要标志。各人根据不同的身份在不同的场合佩戴。如帝王、臣僚出席重大

灰地菱纹袍展示图

（根据河北望都汉墓壁画、山东沂南汉墓壁画，并参考马王堆汉墓出土实物纹饰复原绘制）

祭祀仪式时戴冕冠，文官、儒士上朝时戴进贤冠，武官的专用冠是武冠。

秦汉时期的男子服装以袍为贵，袍也是在深衣的基础上演变而成的。袍出现于战国，秦朝沿用，并令三品以上官吏穿着绿袍，庶人穿着白袍。汉代因袭其制，不分男女均可着之，甚至将其用作朝服。它的基本样式以大袖为多，袖口部分有明显的收敛，领、袖都饰有花边。袍服的领子以袒领为主，大多裁成鸡心式，穿时露出里衣。河北望都汉墓壁画所绘的男子服装，就有不少这种形式。

到了汉代，妇女居家时也可将袍穿露在外。因为外面不加罩衣，所以不能过于简洁，人们一般会在袍的领、袖、襟、裾等部位缀上缘边；袍上的装饰也变得更加精美，一些别出心裁的妇女纷纷在袍上施以重彩，绣上各种美丽的花纹。久而久之，袍服便成了一种礼服，甚至在一生中最为隆重的婚嫁时刻，也穿这种服装。汉代袍服的特征是衣袖宽博，尤其是臂肘处做得十分宽大，形成圆弧，但到了袖端，则明显收敛并装上袖口。这是从保暖及便于活动的角度做出的考虑。

东晋 顾恺之 《女史箴图》局部

穿绕襟深衣的汉代妇女。

　　汉代以后，妇女的深衣又有发展，最明显的变化仍在衣裾。从湖南长沙楚墓的帛画以及湖北、山东、山西等地出土的陶俑、木俑来看，西汉时期妇女的深衣将衣襟接得甚长，穿在身上可以缠绕数道，每道还有花边露在外面，层层叠叠，十分美丽。还有一种深衣，下摆被裁成三角，上广下狭，形同刀圭，穿着时叠压相交，绕体一周，宛如燕尾。从晋代画家顾恺之的作品《女史箴图》中可以看出，在这种深衣边饰上，还常常有狭长的飘带垂下，与燕尾状裙裾互为呼应，别具情趣。

潇洒飘逸：魏晋风度

　　魏晋南北朝是一个服饰文化碰撞与融合的时代。当时战争频繁、王朝更迭、社会动荡、民众迁徙，多民族的文化传播与融合，正是始

大袖宽衫及漆纱笼冠展示图

（根据魏晋壁画及卷轴画复原绘制）

于这风云变化的年代。中原人民与北方各少数民族互相影响，服饰风尚发生着显著的变化；佛教的传播，玄学的盛行，各种思想文化风起云涌，折射出时代特定的审美取向。由是，魏晋服饰风尚飘逸洒脱，大开大合。

魏晋时期的士大夫喜欢穿大袖宽衫，上自王公名士，下及文人儒生，无不大袖翩翩。衫子之制有单、夹之别，以练、縠、纱、罗为材料，制为对襟，两襟之间用襟带相连。也可不用襟带，一任衣襟敞开。衫子的袖子和秦汉时期的袍服不同，秦汉时期的袍服袖端多缀有一个收敛的袖口，魏晋时期的衫子则不用这种袖口，袖端宽敞，给人以飘逸之感。衫子的颜色以素雅为主，尤喜用白色，即便在婚嫁宴会等喜庆场合，仍可穿着白色之衫。其穿法也非常随意，有的敞开领襟，有的袒胸露臂。

这种不拘礼法、崇尚自由的服装风格就是在当时的文化思潮下

汉 画像砖 《竹林七贤和荣启期》

魏晋衣衫。

产生的。由于连年战乱，人们渴望的安宁生活无法实现，因而产生了强烈的愤世情绪。尤其是一批士人，一反温文儒雅之态，生活上变得任情不羁，放浪形骸，甚至在会见宾客时也穿着随便，以袒胸露脯为尚，衫的形制恰恰符合这种需要，这在江苏南京南朝墓出土的砖印壁画上可以看到。在这幅名为"竹林七贤与荣启期"的壁画中，几位雅士穿着单衫，袒胸露脯，散淡超脱，是魏晋风度的真实写照。

魏晋南北朝时期也是裤子的盛行时期。这个时期的士庶百姓受北方少数民族生活方式的影响，崇尚穿着长裤。裤的款式相当宽松，尤其是两只裤管大多做得十分肥大，俗称大口裤。和大口裤相配的上衣则做得比较紧窄，名为褶，这一套衣服在当时被称为裤褶。裤褶是魏晋南北朝时期最流行的一种服式，最初被当作戎服，专用于军人，后广泛用于民间，成为普通百姓的常服，且通用于妇女。

雍容华美：盛唐气象

公元6世纪末，隋文帝杨坚统一了南北朝，结束了西晋末年以来的分裂割据局面。隋朝建立之后，本欲根据《周礼》改革服制。但由于连年兵事不息，生产频遭破坏，财力、物力均已枯竭，且长期以来南北各族人民的服饰业已合璧，要大规模地变易服制已不可能。因此，只能在原有的基础上对个别衣冠礼器做些调整。直到605年，隋炀帝即位，才创建了隋朝的服制，上自帝王，下逮胥吏，各有等差。

隋朝灭亡之后，继之而起的是唐朝。唐初车服制度皆因隋制。至唐高祖武德四年（621），正式颁布车舆衣服之令，冠服制度始定。唐代是中国封建社会的鼎盛时期，京师长安是当时政治、经济和文化的中心，同时也是世界著名的都会和东西文化交流的中心。据《唐六典》记载，和唐朝政府来往的国家有300多个，最少时也有70多个。少数民族及外国使者大量云集长安，也带来了他们的文化。对于外来的衣冠服饰，唐朝政府采取兼收并蓄的态度，从而使唐代的服饰变得更加丰美和华丽，尤其是妇女装饰之盛，达到了前所未有的高度。

唐代服饰是在隋代基础上发展而成的。这个时期，男子的服饰有幞头和圆领袍衫等。幞头是一种包头用的巾帛，因以帕巾裹头不太容易系结，所以幞头特地在方帕上裁出四脚，并将四脚接长形成阔带。裹头时将巾帕覆盖在头顶，后面两脚朝前包抄，自下而上，于额上系

圆领袍衫、罗纱幞头展示图

（根据传世绘画及出土陶俑复原绘制）

结；前面两脚则包过前额，绕至脑后，缚结下垂。圆领袍衫是隋唐时期男子服装的主要形式。除祭祀典礼之外，平常都穿这种服饰，一般都用织有暗花的料子制作，并以颜色区别等级。在袍服的下部，通常还施有一道横襕，名为"襕衫"，这种襕衫一直延传到宋代，仍为士人上服。

　　这一时期，女性的服饰装扮瑰丽美艳，风格大胆开放，是文化上的交流与融合在服装上的体现。隋代及初唐时期的妇女服装以小袖短襦及长裙为主，裙腰束至腋下。盛唐以后衣袖日趋宽大。衣服的领子有各种形式，如圆领、方领、斜领、直领和鸡心领等。特别是盛唐以后流行袒领，里面不穿衬衣，袒露胸脯。所谓"粉胸半掩疑晴

左
西安王家坟唐墓出土三彩俑
穿袒领半臂及襦裙的唐代妇女。

右
襦裙、披帛穿戴展示图

（根据传世绘画复制）

雪""长留白雪占胸前"等诗句，吟咏的都是这种装束。

唐代妇女除衫襦以外，还穿一种名为"半臂"的上衣。"半臂"最先为宫女所着，后传至民间，成为一时风气。这是一种短袖上衣，其制由汉魏时期的"半袖"发展而来。短袖衣的出现，最早可追溯到汉代。因其衣袖长度为长袖衣的一半，所以称之为"半袖"，也称"半臂"。一般多做成对襟，长及腰际，两袖宽大而平直，长不掩肘。

唐代妇女还喜欢在肩背上披搭一条帛巾，名谓"披帛"。披帛的材料，通常以轻薄的纱罗为之，上面印画各种图纹。它的形制大体可分两种。一种横幅较宽，但长度较短，使用时披在肩上形似一件披风。陕西乾县永泰公主墓及山西太原金胜村墓壁画所绘的妇女，就

唐 张萱 《虢国夫人游春图》局部

穿襦裙、披帛的唐代贵妇。

做这种打扮。另一种帛巾，长度多达两米以上，妇女平时用此，辄将其缠绕于双臂，酷似两条飘带，走起路来飘飘若仙。周昉《簪花仕女图》《纨扇仕女图》及张萱《虢国夫人游春图》所绘的妇女，即披有这种巾帛。

　　隋唐五代贵族妇女的裙围以宽博为尚，尤其在唐代，大多数妇女的裙子都集六幅布帛而成。这一时期裙饰也很有特点。如安乐公主用百鸟之羽制作了一条"百鸟裙"，裙子颜色会随着光线的不同而发生变化，华美异常，名噪一时。各阶层妇女趋之如鹜，纷纷效仿，一时间山林中奇禽异鸟被捕获无遗。后由朝廷出面禁止，才有所收敛，但也未能禁绝。后世所谓的翠纹裙、翠霞裙及孔雀罗裙等，均由这种裙子发展而来。

　　天宝年间，在妇女中还流行过穿着男装的风气。这种风气不仅流行在民间，还一度影响到宫内，成为贵族妇女的家常衣着。

清新雅致：宋式美学

宋代兴起的理学对人们的生活影响很大，在这种思想的支配之下，人们的美学观点也相应变化。譬如在建筑上，出现了以白墙黑瓦为主体的艺术形式，槛枋梁栋，不设颜色，只用木头的本色。在绘画上，常采用清秀简洁的水墨画和淡彩形式。在衣冠服饰上的反映就更为明显，整个社会主张服饰不应过分豪华，而应崇尚素简。所以，宋代的衣冠服饰样式变化不多，色彩也不如以前那样鲜艳，给人以质朴、洁净和自然之感。

宋代男子服装仍以圆领袍衫为主，百官公服也是如此。隋唐时期的幞头发展到宋代，已成为男子的主要首服。上自帝王，下至百官，除祭祀典礼、隆重朝会需服冠冕之外，一般都戴幞头。幞头的形制和前代有所不同，其最大特点是从巾帕演变成了一种帽子。公服幞头以硬翅为多，展其两脚，长如直尺。隋唐时期的幞头一般都用黑纱制成，而宋朝的幞头却不限于黑色，尤其是在喜庆宴会等隆重场合，也可以用鲜艳的颜色，有的还用金色丝线在幞头上盘成各花样。

妇女的服装，上衣有襦、袄、衫、大袖、背子、半臂、背心等多种形制，下裳多穿裙。宋代妇女虽然也穿纱罗之衫，但在穿法上与晚唐、五代有所不同。因为宋代的社会风气比较内敛，妇女穿着罗衫时多在里面加入衬衣，有的还在衫子里面缀上一层衬里，做成夹衫的形式。因为袖身宽大，宋代妇女所穿的衫被称为"大袖"，多作为在外面穿着的正式服装。这种大袖的服饰，在敦煌莫高窟壁画、永乐宫三清殿壁画中有具体反映。

大袖襕袍、展脚幞头、玉銙大带展示图

（根据传世绘画，及出土陶俑、实物复原绘制）

对襟大袖衫、披帛、长裙穿戴展示图

（根据敦煌壁画供养人服饰复原绘制）

大袖原是皇后嫔妃的常服，因其两袖宽大，故名。以后传到民间，成为贵族妇女的礼服。不过普通妇女不能穿着大袖，只能以背子代替。背子是一种便服，在宋代妇女中比较流行。它的形制与大袖相似，也用直领对襟，两腋开衩，不用纽扣或绳带系连，任其露出里衣。衣长大多过膝，只是衣袖做得比较窄小，不如大袖宽阔。穿着时可以把它罩在襦袄之外，也可衬在大袖里面。上自后妃，下及婢妾都可以穿着。士大夫之家的未婚女子及身份低卑的侍妾，尤以穿背子居

山西永乐宫三清殿壁画（局部）

宋式大袖礼服。

穿背子的宋代妇女

（参考出土砖刻、陶塑及出土实物复原绘制）

多，因为她们没有资格穿大袖，只能以背子作礼服。士庶妇女因为劳作的关系，也更喜欢穿简洁的背子。

这个时期的女裙样式，仍保存着前代遗制。贵族妇女用香草浸染裙子，穿在身上会散发出阵阵香气，所以深受妇女欢迎。北宋以后，裙子的样式稍有变化，裙幅也多在六幅以上，中间施有细裥，腰间用绸带盘扎，并有绶环垂下。在女服用色上，一般上衣比较清淡，通常采用间色，如淡绿、粉紫、银灰、葱白等色，以质朴清秀为雅；下裙颜色较为鲜艳，有青、碧、绿、蓝、白及杏黄等色。

从宋至元，不同民族间的服饰文化交流也依然在延续。元代服装也以长袍为主。男子公服多从汉俗，大袖、盘领、右衽，下长至足，并以颜色及纹样区别等级。蒙古族妇女服饰亦以袍服为主，其制多用左衽，袖口较为紧窄。汉族妇女仍穿襦裙，受蒙古族的影响，服式也有变化，有时也用左衽。

整饬回归：大明复兴

1368年，以朱元璋为首的农民起义军推翻了元朝统治，建立起

明 文徵明 《惠山茶会图》局部

穿宽袖衫的明代儒士。

明朝政权。明朝统治者对整顿和恢复传统的汉族礼仪制度相当重视，建国不久便做出废弃元朝服制的决定，并根据汉族的传统习俗，上采周汉，下取唐宋，着手制定新的服制。新的服制颁布之后，数百年间变动不大，只是在服装的颜色及禁忌方面做了些更为具体的规定，如不许官民人等服蟒龙、飞鱼、斗牛图案，不准用黑色、黄色和紫色，不准私穿紫花罩甲等。

从这些规定中可以看出，这个时期人们的衣着本应比较朴素，颜色黯淡。但是，从明朝中后期开始，江南士人的服饰逐渐趋向华丽鲜艳，质地追求丝绸绫罗，式样也追求奇异翻新，甚至男着女装，图案上也出现了团龙、立龙等逾越名分的现象。这一趋势的出现，与明代后期资本主义萌芽的出现有相当密切的关系。这一时期，男子头上的

左

比甲展示图

（根据明人仕女画复原绘制）

右

明 唐寅 《王蜀宫妓图》局部

穿窄袖长背子，上襦下裙的明代女子。

儒巾飘逸洒脱，女子身上的比甲柔媚紧致，形成了一道亮丽的市井风情画。

明代男子的服装恢复了传统特色，以袍衫为尚。职官朝服仍承古制，用冠冕衣裳，儒士所穿的服装也有详细的制度规定，如"生员襕衫，用玉色布绢为之，宽袖皂缘，皂绦软巾垂带"。这种服装的实物，在江苏扬州、泰州一带有不少出土。只是服装的颜色变成了蓝青色，与文献记载稍有距离。这种样式的服装在当时被称为"直裰"或者"直身"。

明代妇女的服装，主要有衫、袄、背子、比甲、裙子等。衣服的基本样式大多仿自唐宋，一般都用右衽，恢复了汉族的习俗。背子也是明代妇女的常用服饰，它的基本样式和宋代大体相同，仍以对襟为主，下长过膝。到了明末清初，人们对这种背子做了改制，如将袖口放宽、衣领改短等。比甲是一种没有袖子的对襟马甲，其样式较后来的马甲为长，据说产生于元代，先为皇帝所穿，后来才普及于民间，转而成为妇女的服饰。到了明代中叶，妇女穿着比甲已成一种风尚，大多流行在年轻女子中间。直到清代，比甲仍盛行不衰。后来的马甲就是在这个基础上形成的。

上襦下裙的服装形式在明代妇女服饰中仍占一定比例。裙子的颜色崇尚浅淡，虽有纹饰，但并不明显。裙幅初用六幅，即所谓"裙拖六幅湘江水"，后用八幅，腰间有细褶数十，行动则如水纹。到了明末，裙子的装饰日益讲究，裙幅也增至十幅，腰间的褶裥越来越密，每褶都用一种颜色，微风吹来，色如月华，故被称为"月华裙"。此外，还有用绸缎裁剪成大小规则的条子，每条绣以花纹，另在两畔镶以金线，时称"凤尾裙"。更有用整幅缎料折成细道，制成"百褶裙"的。

多元共生：满汉融合

清王朝统治中原后，强迫汉人遵照其习俗，改服满族服饰。男子服装有袍、褂、袄、衫、裤等形制，其中，袍褂是最主要的礼服。清

上
清 窄袖花边镶挽袖大袄（传世实物）

下
清 红缎绣龙凤马面裙（传世实物）

代长袍多开衩，官吏士人开两衩，皇族宗室开四衩。开衩之袍袖口装有箭袖，以便骑马射箭，因其形似马蹄，故称"马蹄袖"。平时袖口翻起，行礼时则放下。不开衩的袍褂俗称"一裹圆"，为市民百姓的服饰。袍上所用的纹样也有严格规定，除皇帝、皇后绣有龙纹之外，其余以绣蟒为贵。

清朝职官的褂子颜色多用石青，即黑中透红的颜色。另外在胸背正中各缀一块补子，俗称"补褂"，或"补服"。补子的形制，文官绣禽，武官绣兽，大体与明朝相同。还有一种褂子长度仅及腰际，最初是军队中的服饰，由于它便于骑马，所以被称为"马褂"。以后传到民间，不分男女贵贱都以此作为装束，逐渐变成一种礼服。

汉族妇女服装，在"男从女不从"（即对汉族男子要求严格遵从满族服制，而对妇女则放宽）的规范下，变化较男服为少。普通妇女穿披风、袄裙。披风是清代妇女的外套，作用和男褂相似，其制为对襟、大袖，下长及膝。披风之上装有低领，点缀着各式珠宝；披风的里面还有大袄小袄，小袄是妇女的贴身里衣，颜色大多用红，如粉红、桃红、水红等。

妇女的下裳多为裙子，颜色以红为贵。裙子的样式初期尚保存着明代习俗，有马面裙、凤尾裙及月华裙等，随着时间推移也有许多变化：有在裙上装满飘带的，有在裙幅底下系以小铃铛的，也有在裙子下端绣满水纹的，形形色色，不一而足。

披肩则是妇女披搭在领肩上的一种小型服饰，通常用质地厚实的布帛制成，一般裁制成方形、圆形或菱形，中部挖一领口，领口的正前部位开直襟，使用时把它系在脖颈上。受少数民族服饰的影响，披肩也常常被裁制成如意头式，前后左右各饰一硕大的云头，因此得名"云肩"。清代妇女的云肩曾流行过多种式样，其中最为讲究的一种是用白绫裁制，前后两面刺绣花鸟，缀上金珠、宝石、钟铃，行动时还会叮当作响，使穿着者显得格外俏丽动人。

综上所言，每个朝代的服饰都有其独特的魅力：自上古祖先垂衣裳而天下治，汉服已具基本形式，历经周朝礼法的继承，到了汉朝形成完善的衣冠体系并普及于民众,还通过文化传播影响了整个汉文化圈。汉代的古朴、魏晋的飘逸、隋唐的雍容、宋代的雅致、明清的奢华……服饰的演变与时代的变迁息息相关,成为一个国家和民族的文化沉积和情感印记,最终形成博大精深的中国传统美学思想体系。透过服饰,现实与历史一次次邂逅、交互、对话。

在古老的中华大地上,服饰之美如同一幅绚烂的画卷,细腻地描绘了文明的脉络与韵味。锦绣山河间,人们身着五彩斑斓的衣裳,或婉约或豪放,彰显着中华民族的独特气质。都城里巷中,绣娘巧手如飞,用丝线编织着岁月的故事,将千年的传统融入每一寸布帛。乡间田野上,农夫村姑褐衣短打,虽无华丽之饰,却流露出朴实无华之美。衣裳虽简,但每一个细节都透露出劳动人民的勤劳与智慧,舒展开一幅幅生动的风俗画卷。

服饰之美,不仅仅在于其外在的华丽与精致,更在于其背后所肩负的中华文明。中华服饰之美,美在其历经千百年岁月的沉淀,依旧熠熠生辉。它见证了历史的变迁,承载了民族的记忆,成为中国式审美不可或缺的一部分。在服饰的流变沿革中,我们仿佛能够听到古人的呼吸,感受到他们生命脉搏的跳动。如今,随着时代的变迁,服饰也在不断地创新与发展,然而那份对美的追求和对传统的尊重却亘古常在,历久弥新。

(作者系上海市非物质文化遗产保护协会会长,研究员)

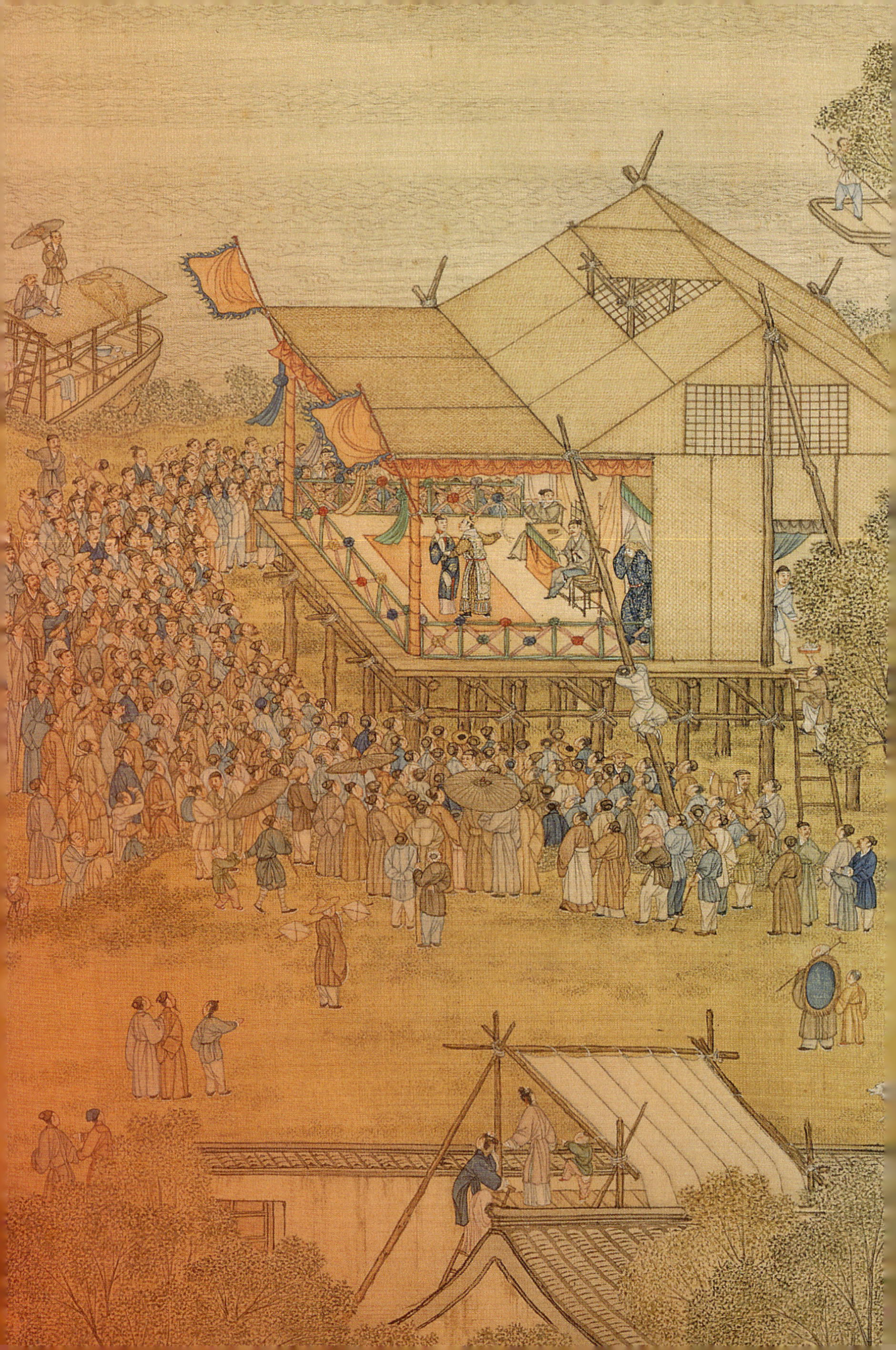

舞台芬芳

周育德

戏曲是中华民族传统文化的瑰宝。它有着悠久的历史，又有着鲜活的现实生命，是中国城乡群众精神生活的重要组成部分。若论戏曲的表演艺术之精美，演出剧目之丰富，观众普及面之广大，都是世界所罕见的。在中华民族独特的文化土壤上孕育而成的戏曲艺术有着许多品格不同的剧种，当今存活在不同地区不同民族的戏曲剧种就有三百多个。尽管个性不同，但它们有着共同的文化特质，是中华民族舞台艺术的重要组成部分。

戏曲是一种高度综合的艺术，它吸纳了文学、音乐、舞蹈、美术、哑剧、武术、杂技等多种表现元素，形成独具风格的综合艺术品类。这种集多种艺术于一体的舞台艺术，在西方剧种中几乎找不到与

之对应的形式，这可能与民族性格和民族文化传统的巨大差别有关。中华文化从原始神话时代，就有浑同与包容的特点，戏曲这一独具中华美学风格的舞台表演艺术正是在此文化土壤的培育下形成的。

一路芳菲的戏曲百花园

　　戏曲有着长期的孕育过程。远在秦汉时期就已经有了戏曲的胚胎。隋唐时期，出现了戏曲的雏形。但是戏曲作为一种独立存在与发展的艺术形态，直到宋代才形成。

　　宋元时期是戏曲艺术的第一个黄金期。当时，汴梁、临安、大都等都市里出现了专门的娱乐场所——勾栏瓦舍。中国戏曲由表演短小的滑稽故事的小杂剧，发展成可以表演大规模故事的南戏（永嘉杂

上

南宋 佚名 《歌乐图》

图上有鼓、拍板、排箫、笛、琵琶等，表现的应是宋代北曲杂剧。

下

清 沈蓉圃 《同光十三绝》

剧）和北曲杂剧。

南戏是流行于南方的戏曲品种。南戏音乐由宋人词曲加上里巷歌谣、村坊小曲构成，有《琵琶记》《荆钗记》《白兔记》《拜月亭》等影响深远的剧作。南戏演唱在不同的地区形成了不同的声腔，如温州腔、海盐腔、弋阳腔、昆山腔、余姚腔等。而北曲杂剧盛行于元代，出现了关汉卿、王实甫、马致远、白朴、纪君祥等杰出的剧作家，出现了《窦娥冤》《西厢记》《汉宫秋》《梧桐雨》《赵氏孤儿》等杂剧杰作。

戏曲艺术的第二个黄金期是明清传奇时代。元代南北方艺术广泛交流，南戏接受了北曲杂剧的艺术经验，实现了精密化和规范化，形成了传奇艺术。在明代的嘉靖、隆庆年间，演唱南戏的昆山腔经过魏良辅等民间音乐家的改良，成了体局静好、柔婉细腻的"水磨调"，也即昆曲。昆曲由清唱而进一步演唱传奇，成为大受欢迎的戏曲声腔。

许多文人雅士参与到传奇的写作中，出现了"曲海词山"的奇观。从明朝中叶到清朝中叶，传奇艺术繁荣了两个多世纪，汤显祖、李玉、李渔、洪昇、孔尚任等杰出的传奇作家不断涌现，出现了《牡丹亭》《长生殿》《桃花扇》等一大批传奇杰作。

戏曲的第三个黄金期，是清代地方戏繁荣的时代。明代晚期，南北各地出现了许多新生的地方性的戏曲剧种。清代初年，这些地方戏曲逐渐成熟。乾隆年间，形形色色的地方戏曲由村社而乡镇，由乡镇而城市，以至进入京城，成为戏曲艺术的劲旅。它们以梆子腔、柳子腔、皮黄腔等演唱通俗的故事，深受广大城乡观众的欢迎，在舞台上很快取代了传奇的地位。与此同时，在少数民族地区也形成了戏曲剧种，如藏语地区的藏戏等。

清代乾隆年间，来自安庆、扬州的以二簧调为代表性声腔，汇聚京腔、秦腔、昆腔等多种声腔的"徽班"进京。道光年间，来自湖北的皮黄腔戏班"汉班"进京。京都舞台上"徽汉合流"，在北京城独特的文化土壤中，形成后来影响全国的"京戏"。

清代晚期，又有一批由民间歌舞和说唱艺术等形成的地方戏曲出现在南北城乡，那就是滩簧戏、花鼓戏、采茶戏、花灯戏、秧歌戏、道情戏等。地方戏曲形成的过程，一直延续到今天。

林林总总，风采各异的戏曲剧种，构成了古老与青春共生、文雅与通俗并存的戏曲艺术灿烂绚丽的百花园。

独特时空里的大美世界

戏曲是一种特殊的戏剧艺术。世界各国的戏剧遵循的舞台原则不同，使用的舞台方法不同，艺术家追求的目标不同，观众的审美享受也是不同的。

以戏剧和生活的关系而论，世界上的戏剧大体可分为两种。一种是以求"真"为目标。艺术家制造舞台的幻觉，让观众以为舞台上出现的是真实生活，而不是在做戏。写实主义话剧就是如此。另一种是以求"变"为目标。艺术家要努力地改变生活的自然面貌，把舞台上的一切都变成可以欣赏的艺术品。既告诉观众这是在做戏，又要把戏做足。歌剧、舞剧、中国戏曲就是如此。

在中国戏曲的舞台上，演员们尽可能地把生活的语言音乐化，把生活的动作舞蹈化，尽量做到"无声不歌，无动不舞"。这样一来，就把舞台上的生活和实际生活的自然状态拉开了距离。

中国戏曲遵循的重要舞台原则，突出地体现在处理"人"和"物"的关系上。中国传统戏曲舞台是重人而轻物的。传统的戏曲舞台很"空"，基本上不设布景，有时摆上的"一桌二椅"也常常是被符号化的。传统戏曲舞台上铺设的那块地毯，被文雅地称呼为"红氍毹"，也是指定的表演区。除此之外，"身外之物"都尽量简化，以至归零。

这里，我们具体说说中国传统戏曲舞台上那没有固定含义，其功能却近乎神奇的"一桌二椅"。那张桌子可以是茶几，也可以是饭桌。摆上一个笔架，就是文人的书桌；摆上一方大印，就是官员的公案；摆上

左
戏曲舞台上的一桌二椅

（王学锋 摄）

右
戏曲服装

一个香炉，就是皇帝的龙案。它可以是窑门，可以是高山，也可以是画楼。

"一桌二椅"的摆放是有规矩的。桌子放在舞台正中，椅子置于桌后，叫作"大座"，皇帝上朝，官员升堂，就在这大座上。桌子放在舞台正中，椅子靠在桌前，叫作"小座"，任何人都可以在这把椅子上坐下来。如果摆成"八字桌"——舞台两侧各设一大座，那就是要开宴会。如果摆成个"三堂桌"——舞台正中和两侧各设一大座，就是三堂会审的公堂。可见，传统戏曲舞台上的"一桌二椅"实际上已经被符号化了。

不仅是"一桌二椅"，传统戏曲舞台上的大小道具都可化为符号，成为表演的手段。比如扇子。不论春夏秋冬，不论男女老少，不论帝王将相、士农工商，传统戏曲舞台上的角色手里常常有一把扇子。它不是扇凉的小器具，而是一种特殊的道具。这把扇子是用来虚拟象征的符号。扇子拿在手里，它可以是一把"尺子"，也可以是一把"刀"。握在手中，可示意为"笔"。展开来，可示意为"纸"或"书卷"。托之，可示意为"盘"。用这把扇子可以表现喜、怒、哀、乐、惊、惧、恨、狂等各种人物情绪，可以表现风、雨、晴、雪等各种自然景象，甚至高树、浅草、艳花等各种所见事物。

前面提到，戏曲舞台上的一切身外之物都需要尽量简化，景物造型简之又简，但是和人结为一体的人物造型却非常地讲究。戏曲人物的面部装扮，不仅有俊扮，而且有脸谱。净丑角色都要在面部描绘特定的图案，尤其是表现豪迈、粗犷或凶猛人物的净角（花脸），其脸谱更是五彩斑斓。戏曲人物的服饰穿扮也非常精美和讲究，头上的盔帽、浑身的衣衫、脚下的靴鞋，都是材质精良且刺绣装饰等手工艺考究的上乘工艺品。

戏曲服饰不仅讲究美化，而且追求可舞化。不管是水袖、大带，还是帽翅、翎子、甩发、辫子，都可以舞动起来，成为舞蹈的辅助，成为表现人物精神和情绪的手段。

在把舞台上的景物简化和符号化的同时，传统戏曲却能够把人的创造功能发挥到极致。舞台上故事发生的具体地点，故事的具体内容，都是靠演员唱词念白的描绘，动作身段的暗示，或者舞台道具的提示"表演"出来。

所以，传统戏曲舞台上从来不出现门、船、车、马、轿、楼等具体实物，但是通过演员虚拟象征的表演，却可以创造出开门、关门、上楼、下楼、骑马、乘车、坐轿等种种情景。比如骑马，演员挥舞一根马鞭，象征骑马。马鞭成了马的符号。再如坐轿，挑一个"小帐子"上场，帐子成了轿的符号。有时连这些符号都可以省略，变成了纯粹的表演。如包公乘坐官轿出场时，王朝、马汉做一个撩起"轿帘"的手势，包公向前走几步就是从轿子里出来了。莆仙戏《春草闯堂》，角色春草和两个轿夫通过舞蹈表演，表现出了乘坐一顶二人小轿的情景。而豫剧《抬花轿》，角色周凤莲和四个轿夫的舞蹈表演，表现的就是乘坐一顶大花轿了。这种"徒手"的表演，使观众看到角色和轿夫的种种情态，达到出神入化的美妙境界。摆脱物累，以虚拟象征的表演创造大千世界的一切，成为戏曲艺术重要的舞台原则。

正因为传统的戏曲舞台充满虚拟象征的表演，所以对于时间和空间的处理就十分灵活自由。传统戏曲舞台上的时间是自由的、流动的。戏曲舞台的空间变幻莫测，戏曲舞台的时间也异常自由。

京剧《文昭关》里，伍子胥配合着锣鼓敲打的更点，唱完一段台词，就代表经过了恐惧和忧伤的一个夜晚。《苏三起解》里，苏三在老解差的押送下连唱带做地走了几个圆场，就代表经历了从洪洞到太原至少半个月的路程。《坐楼杀惜》里，宋江被拉进乌龙院，和阎惜娇都夜不能寐。从黄昏到黎明，至少要八个小时，可是宋江和阎惜娇每人唱两段"四平调"就交代过去了。戏曲角色挥舞着马鞭走一个圆场，就是"人行千里路，马过万重山"。几个"龙套"就能象征千军万马。大将军领起龙套"走太极图"，原地转一个圈，就是完成了从一个战场到另一个战场的军队大转移。

戏曲舞台上的象征性表演

  戏曲舞台上还可以组织起多重空间。例如昆剧《借扇》，孙悟空钻进铁扇公主肚子里，把铁扇公主折腾得痛苦不堪。按常理说，孙悟空在肚子里如何动作人们是看不到的，但是戏曲舞台上一边是孙悟空翻筋斗，一边是铁扇公主打滚，肚子内外两重空间由两个角色的唱做同时表现出来，这种舞台手段令人惊叹。

  由此可见，传统戏曲舞台上的时间和空间，舞台上出现的一切事物，都可以凭演员的唱做表演出来。当然，这种表演同时需要观众的理解和想象。戏曲艺术充分相信观众的智慧和想象力，观众的阅历越丰富，舞台的天地也就越广阔。走进传统的戏曲剧场观剧，即可仰望演员和观众共同创造的绚丽多彩又无边无垠的艺术天空。

戏曲的美学范式：程式和功法

在传统的戏曲舞台上，演员用各种手段表现大千世界里的种种事物，但是演员的一举一动都不再是生活的自然状态，而是要按照美的原则予以提炼、概括、夸张、美化，使之成为节奏鲜明、格律严整的技术格式。这一整套的规格和法式，成为戏曲舞台特殊的舞台语汇体系，即所谓"程式"和"功法"。这也是中国戏曲的美学范式。

戏曲表演的身段、手势、步法、功架，武打的各种"套子"，以至于人物的喜怒哀乐、哭笑惊叹，无一不是生活中的语言声调、心理变化和形体动作的程式化。

戏曲演员是分行当的，如生、旦、净、丑。不同行当的角色擅长塑造不同类型的人物，舞台风格不同，在舞台上使用的舞台语汇（程式）也是丰富多彩的。

戏曲艺术特殊的舞台语汇不是演员天生具有的，而是后天培养锻炼出来的，它蕴含着由训练而得的各种功夫和技巧，戏曲界通常把这些功夫和技巧归纳为"四功五法"。

所谓"四功"，指的是"唱念做打"四种基本功。

"唱"在戏曲舞台上占有特别重要的地位。尽管不同的戏曲剧目中歌唱的分量不一，但绝对不含歌唱的剧目是极少的。在戏曲艺术走向成熟的宋元时代，戏曲的歌唱就被摆到了非常重要的位置上。明清以来，各种戏曲声腔都非常讲究歌唱的艺术。

戏曲的声乐有表现人物性格、情绪等的功能，所以要求很高。一是唱声，如昆曲要求正五音、清四呼、明四声、辨阴阳等音韵学方面的基本功，进而要求歌唱的技巧，要求字清、腔纯、板正。二是唱情，要求设身处地揣摩人物的性情气象，唱出"宛若其人之自述其语"。戏曲的不同行当，唱功的色彩是不同的。如秦腔的旦角唱腔细腻委婉，如泣如诉，如怨如慕；老生唱腔一唱三叹，热耳酸心；净角唱腔则如雷霆轰鸣，听起来让人血脉偾张。

戏曲的歌唱通常是有管弦丝竹乐器伴奏的，但是有的剧种如川剧的高腔却是无丝竹伴奏的徒歌。这种徒歌加上帮腔和锣鼓，成为中国戏曲舞台上的一种极具特色的音乐形式。

"念"就是道白，具有一定的音乐性和节奏感，是在生活语言的基础上加工提炼而成。戏谚有云："唱为臣，念为君。""说千斤，唱四两。"这虽是对戏曲发展过程中曾经有过的重唱轻白偏向的矫枉过正的说法，但也足见念白功夫的重要。

戏曲的念白有韵白、白话之分。其中，韵白是韵律化了的念白，抑扬顿挫对比鲜明，是一种具有旋律性的语言，是戏曲舞台上特有的一种念白形式。白话接近日常口语，以某一方言为标准语音，但也经过了艺术化的处理，如京剧的"京白"，昆曲的"苏白"等。戏曲舞台上也有以念白功夫取胜的剧目，如京剧《法门寺》的丑角贾桂念状子，那状纸奇长无比，贾桂用超快的语速读来，恰似"大珠小珠落玉盘"，成为一种"绝活儿"。

戏曲各行当的念白有追求音乐化的共同要求，但各行角色有各行的特殊要求，如文老生庄重、纯厚、潇洒，武老生苍老、刚毅、威武，文小生文雅、含蓄、洒脱，武小生英武、豪放、高昂，花旦端庄、活泼、伶俐，武旦磊落、大方、明朗，等等。

戏曲四功之打：京剧《三岔口》

（王学锋 摄）

不似"唱"有既定的旋律，又有伴奏烘托，"念白"全无依托，仅凭演员从内心去体会感情和节奏，念出戏曲艺术特有的那种音韵美和节奏感，实现一定程度的音乐化。

"做"是形体表演的功夫，它伴随着唱、念，贯穿于演出的始终。戏曲有韵体做功，伴以节奏性强的音乐锣鼓点，动作严整，程式性很强；也有散体做功，表演较为自由，接近生活，程式性不强。

韵体做功最突出的要数舞蹈，分为边唱边舞的和纯舞蹈两类，前者如昆剧《林冲夜奔》，后者如《牡丹亭·惊梦》中的花神群舞。戏曲表演常常引进整段的舞蹈，如目连戏演出就有"哑背疯""长人舞枪""千手观音""鹤舞""虎舞""武将舞""道士舞"等。精彩的做功有时也表现出特技"绝活儿"，如已为海内外人们所熟知的川剧变脸。又如川剧《萧方杀船》的"藏刀",强盗萧方从看似毫无藏掖的衣衫里,突然拔出一柄大刀。楚剧《站花墙》,小姐在空舞台上能摘下一朵又一朵的鲜花。这已经是属于杂技、魔术了。

所谓"打"就是戏曲表演中的武打,是戏曲"四功"中技术性较强的一门功夫。戏曲舞台上有不少打斗拼杀的武戏,根据不同剧情、不同人物、不同的规定情景,武打的各种"套路"及技巧能够表现出不同的打斗场面。如京剧《三岔口》中的摸黑格斗,《武松打店》中的徒手对匕首,《挡马》中的椅格斗,《战金山》中的船战,《火烧余洪》中的火战,《战马超》中的夜战……

戏曲舞台上的"打",不仅要表现出拼杀的情景,更要打得美观动人,打得惊心动魄,打出身法技巧,打出滑稽幽默,且符合艺术审美需求。

戏曲的打功,主要有"毯子功"和"把子功"。毯子功指翻打跌扑功夫,有抢背、扑虎、旋子、滚猫、跌翻、乌龙绞柱等。把子功是用刀枪剑戟等道具来做武打表演的功夫。所有这些武打都是有套路的舞蹈化和程式化的。

所谓"五法",是戏曲艺人在长期练功和演出实践中,摸索到的一些以自己的形体为工具,进行程式性表演的技法和窍门。关于"五法",有说指"手、眼、身、法、步",有说指"口、手、眼、身、步",有说指"手、眼、身、发(头发)、步"。总之,手、眼、身、步少不了。

我们先来看看手法。戏谚云:"行家一伸手,便知有没有。"可见手法的重要。戏曲手法包括手状、手位、手势,内容非常丰富。有人总结梅兰芳的手法,竟有53种之多。

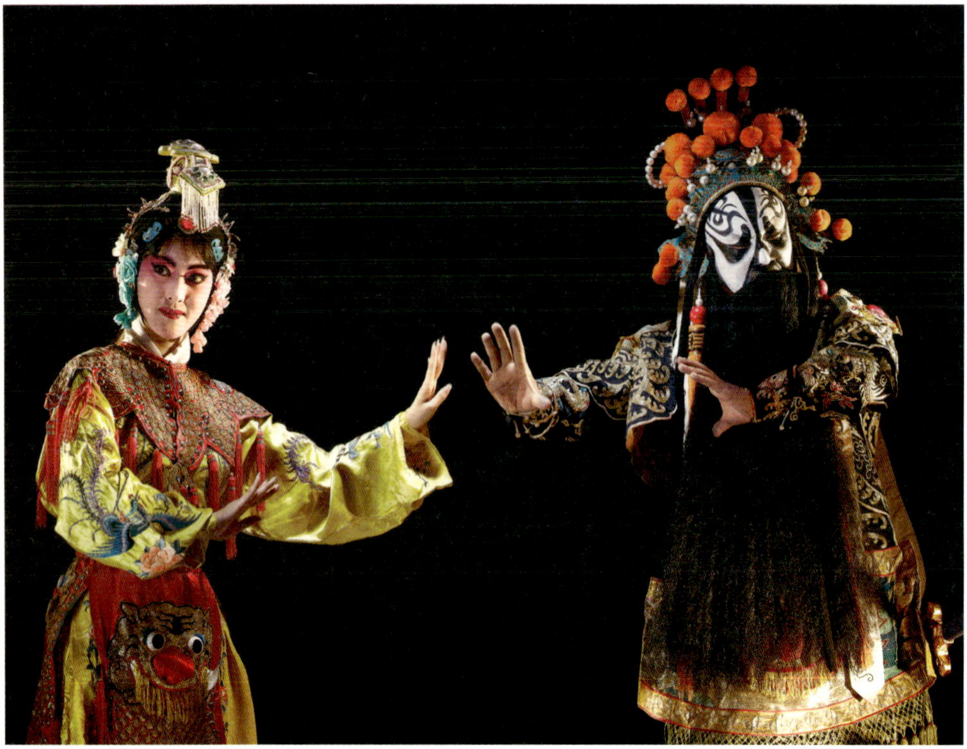

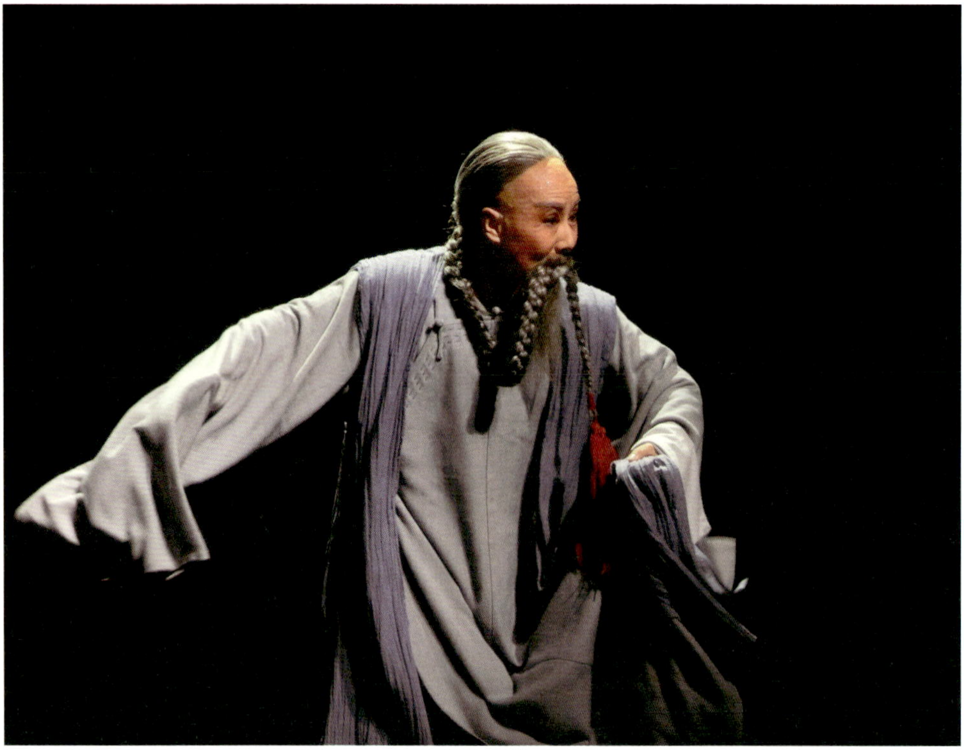

上
戏曲五法之眼法：京剧《霸王别姬》

下
戏曲五法之身段：晋剧《于成龙》

（王学锋 摄）

眼法，人们常把眼睛比作"心灵的窗户"。戏曲艺人讲究眼神的运用，如"瞧""看""瞄""视"等，表演者必须研究清楚它们之间的细微差别。而眼神运用的要领是"眼中有物"，"见山如山在，看水如水流"。

身法，说的是身体躯干部分颈、肩、胸、背、腰、臀的姿态。身体的正、斜、弯、弓等任何一种姿态，都可能成为一种程式性的身段。身段运动之中，腰是身躯的中枢，腰部灵活才能使身段和谐优美。

步法，包括站立的步位和行走的台步。演员在台上站立的步位有八：正步、八字步、丁字步、弓步、马步、骑马步、虚步、掏腿。台步则有方步、云步、碎步、圆场步、矮子步、跪步、趋步、垫步、蹀步等。艺人称步法为"百练之祖"。

所有这些"法"都是从生活体验中总结出来的。无论是"四功"还是"五法"，都是为塑造戏剧人物服务的。例如前述戏曲舞台上那把奇妙的扇子所能展现的四功五法。扇子有"扇子功"，有挥、转、托、夹、合、遮、扑、抖、抛等程式化的动作。在演员的手里会做出丰富多彩的"扇花"，组成不同的程式，配合身段以表现人物的情绪，刻画人物的性格。表演不同的人物时，手里的扇子如何挥动，是大有讲究的。江南戏曲艺人总结出一套口诀：文胸、武肚、轿裤裆；书臀、农背、秃光浪；道领、清袖、贰半扇；瞎目、媒肩、奶大膀。

口诀的意思是，文官摇扇扇胸口，表示斯文；武将挥扇扇肚皮，显示勇猛；轿夫两腿摩擦生热，停下来就扇裤裆；教书先生坐得久，屁股发热，所以扇臀；农夫劳作背朝天，脊背曝晒，所以扇背；秃子和尚头上光光，太阳晒头皮，所以扇脑袋；道士衣领宽厚，扯起领子挥扇容易进风；清官扇衣袖，表示"两袖清风"；围绕在豪富身边溜须拍马的狗腿子，江南人称"贰相公"，此类小人扇扇子常一边扇自己，一边扇主人；盲人扇扇子常扇眼睛；媒婆说媒时，常挑逗性地用蒲扇扇别人肩头；奶妈怕怀里的孩子受风，所以扇大腿。仅仅一个摇扇的程式，就展现了多姿多彩的生活百态。

戏曲演员掌握了足够的功夫和技法，就可以遵循戏曲艺术特有的舞台原则，化生出特殊的舞台语汇——丰富多彩的程式，凭着有数的几个角色，在小小的红氍毹上，"生天生地，生鬼生神。极人物之万途，攒古今之千变"，来表现时间和空间发生的一切故事。如果演员把程式做得到位，做得精彩，满足了戏曲观众特殊的审美意趣，则能获得观众热情的响应，报之以热烈的掌声和喝彩。

意象：戏曲的美学寻根

戏曲舞台何以呈现这种独特样貌？何以有如此独特的舞台原则和舞台方法？戏曲观众何以欣赏这种"空"舞台上的"弄虚作假"，而获得审美的愉悦？这些问题必须到中国传统哲学中寻求答案。传统哲学的宇宙观已经渗透在中华民族生活的方方面面，形成了长远而稳定的文化传统，形成了特色鲜明的思维方法和表达方式。如果从传统哲学以及由此引申的传统美学的视角来看，或许更能窥见戏曲之美的奥秘。

在不设实景的"空"舞台上，置以符号化的"一桌二椅"。以演员象征虚拟的表演，表现时间与空间的一切事物和现象，戏曲学界把这种美学实践归称为"意象"。

中华古代美学史上的意象观包含的意义丰富而深邃。它对构建中华美学的总体智慧的影响极为深远，从一定的角度和层次反映了中华民族独特的文化心理和艺术情趣。这种心理和情趣对戏曲文化的影响是直接而具体的。中华意象美学的源头始自《周易》的意象学说。作为传统儒学"群经之首"的《周易》，以阴阳、八卦的有规律的组合与变化，建立了一个精密的符号体系，以此来解释宇宙和人类社会的一切。其基本方法是"立象以尽意"，"系辞以尽言"。

魏晋南北朝的哲学界曾进行易学之言、象、意关系的论辩。一种认识是"象者所以存意，得意而忘象"。意思就是"象"（八卦符号）是用来存"意"的方式和手段。有人认为在得到"意"之后，就不必拘泥、执着"象"了。这种认识后来被引申到艺术理论中，直接影响中国传统美学的"形"与"神"这一对范畴。

中国传统美学是重神的，这种倾向自魏晋南北朝以来越来越鲜明。中唐以前，中国的画家、文学家主张"以形写神"。中唐以后，则发展而提倡"离形得似"了。

戏曲舞台上的"以形写神"其实就是"立象尽意"，最佳例证就是"亮相"。在戏曲表演中，常常会看到角色适时地选择一个漂亮的角度，将曼妙的身段骤然煞住。短暂的静态造型，俨然一尊雕塑，表现人物的精神状态。如京剧《连环套》中窦尔敦的亮相是撩袍抓袖，表现草莽英雄的稳练雄健。《拿高登》的高登亮相则是甩开氅，打开一把特大的折扇，活画出一个恶霸的飞扬跋扈。

戏曲舞台上的"离形得似"就是"忘象得意"，其典型的表现就

戏曲表演之亮相:京剧《通天犀》

(王学锋 摄)

是虚拟象征的表演。例如,演员舞动马鞭出场,就是离真马之形,得骑马之似。欣赏者就是忘真马之象,得骑马之意了。这种"忘象得意"的美学追求,也有一个历史的发展过程。即如骑马,元代杂剧表演骑马,是踏"竹马"上场的。到后来就放弃了"马形",化生出挥动马鞭的出场。不管是"以形写神"也好,"离形得似"也好,大至舞台环境描绘,小至每一个动作,都是仰观俯察,近取诸身,远取诸物的创造成果,是有着生活依据的。

中国戏曲艺术最具特色的舞台原则之一,是空间与时间表现的灵活自由。这种时空观带有十分超然而主观的色彩。其实远在中国戏曲形成之前,这种超然的时空观已经展示在各种艺术中。如汉代的画像石(砖),神话人物、历史故事和现实生活的图景可以刻画在同一块石头(或砖)上。唐代诗人王昌龄吟唱:"秦时明月汉时关,万里长征人未还。"李白高歌:"朝辞白帝彩云间,千里江陵一日还。"杜甫说:"窗含西岭千秋雪,门泊东吴万里船。"

这种超然的时空观在戏曲舞台上有更生动的表现。角色出场,手执木桨表演一段行船的舞蹈,立刻把观众引上一叶扁舟,在滔滔江水中颠簸;马鞭高扬,表演一段"趟马",有时再加上马童的翻腾,立刻把观众带进金戈铁马的沙场。空荡荡的舞台随时可以被认定为剧情和人物所必需的特定空间。舞台上出现的这种意象化的环境,闪动着强烈的主观色彩。

戏曲舞台上,我们还能看到中华传统哲学的阴阳太极学说的表现。例如传统戏曲不采用以景分场的分幕形式,而是采用"上下场""团团转"的形式。音乐声起,舞台这个"太极"就动起来。角色从上场门带戏出场,就是"动而生阳"。角色表演故事告一段落,从下场门进入后台,就是"动极而静,静而生阴"。下场之后,如果戏未演完,还要酝酿下一个行动,再出场就是"静极复动"了。戏曲表演在上场下场的"团团转"中,动与静,阳与阴,循环往复,"万物生生,而变化无穷"。

阴阳太极的观念也表现在戏曲表演的程式和功法里。比如,戏曲的步法,有一个基本的技法是"跑圆场"。圆场是戏曲灵活表现空间与时间的重要方法,其所循的运动路线,依然是太极曲线,或为"O"形、"S"形。戏曲龙套的调度,如"领起走太极图""领起圆场""走龙摆尾""走十字靠""鹞儿头会阵"等,所循的路线基本上也是太极曲线。

戏曲表演的意象之美：以形写神

戏曲表演中的这个太极曲线运动,其优美和神奇令人叹为观止。

所以说,要想解释中国戏曲的舞台原则和舞台方法,到中国传统的哲学中寻求答案,不失为一种通达而有效的思维途径。

世界舞台上有过三种古老的戏剧艺术——古希腊戏剧、古印度梵剧和中国戏曲。现在,只有中国戏曲仍然以完整的形态活跃在舞台上,为中国城乡广大观众所喜爱。戏曲艺术之所以有如此悠长的生命和魅力,正是因为它有着深厚的文化根基,它体现了中华传统哲学独特的智慧,形成了独具一格的舞台风貌。

中国戏曲在千百年的发展历程中,根植于人民的土地,形成了极具地域特点、贴近人民生活的众多剧种。千百年来,戏曲艺术的实践家们以中华民族特有的宇宙观创造了一整套的舞台原则和舞台方法,在独特的戏曲舞台上把中华之美展现得淋漓尽致。当今的戏曲工作者,也正遵循着"守正创新"的方针,研究戏曲艺术的规律,传承和坚守戏曲艺术的优良传统,从事更新更美的艺术创造。

(作者系中国戏曲学院原院长、研究员)

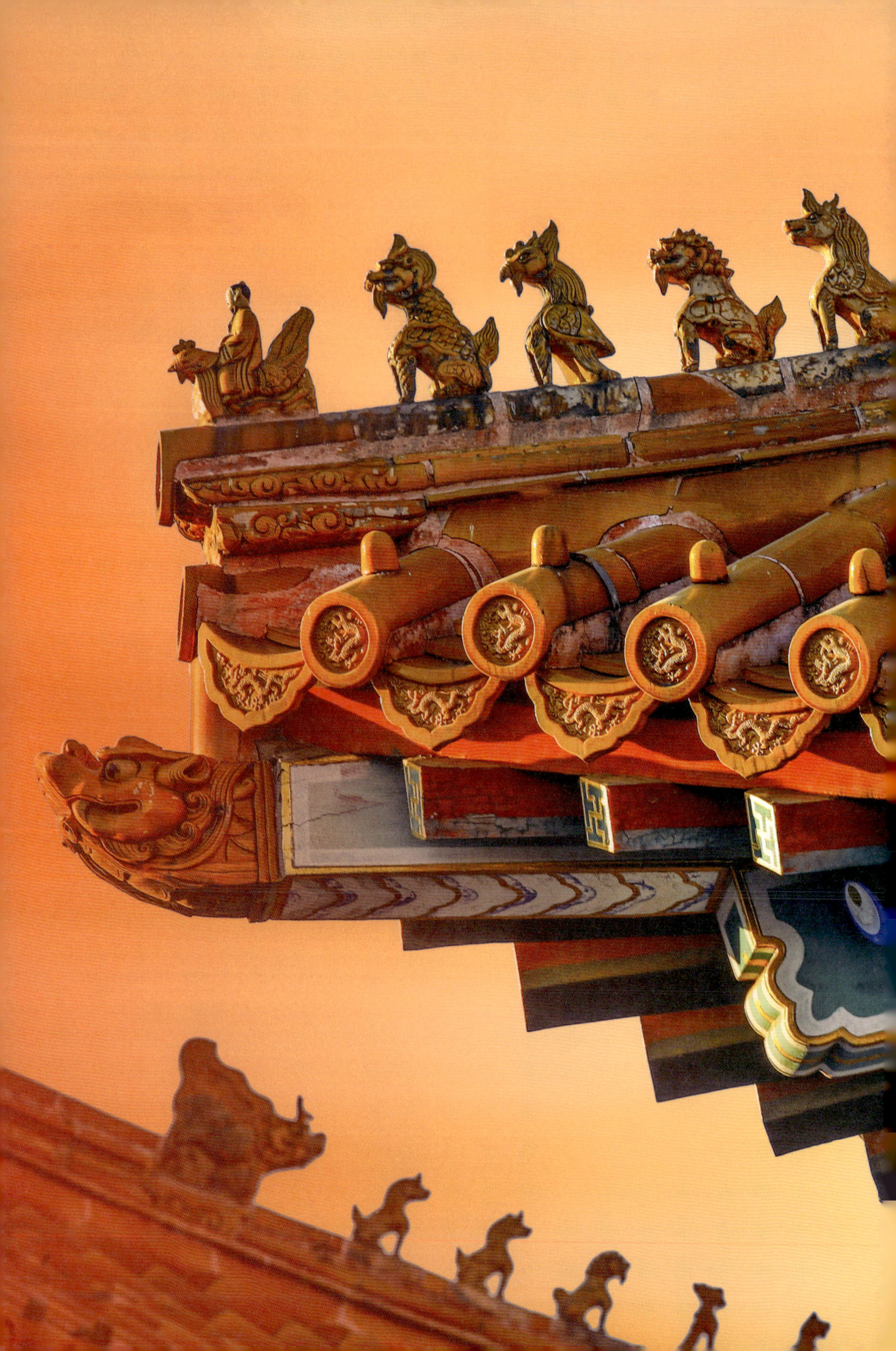

营造神功

片拥

中国传统建筑之美,不仅在于其精湛的工艺和独特的风格,更在于其中所蕴含的深厚人文精神。自古以来,中国传统建筑始终追求天人合一的理念,通过巧妙的设计和构造,将自然景观与人文情怀完美融合。在漫长的历史长河中,建筑不仅见证了历史的更替和文化的传承,更成为中华文明的重要象征。

中式建筑以土木为主材,强调自然材料的运用与环境的和谐共生。无论是雄伟壮丽的宫殿庙宇,还是简约朴素的民居庭院,都体现了中国古代匠人的智慧与创造力。从黄河流域的窑洞到长江流域的干栏式建筑,从北方的四合院到南方的徽派建筑,每一种建筑形式都记录了特定地域的生活方式和文化特质。

土木相生，道法自然

在古代文献中，有关建筑的描述常出现"土木"一词，说明土和木在中国传统建筑中的重要地位。中国传统建筑的材料，以土、木为主，砖、石次之，由此引申，古代凡与建筑相关的事物及活动皆以"土木"称之。在古代文献中，所谓"大兴土木""土木之功""土木营造""土木壮丽"等词语，俯拾皆是。以土、木这两种天然的柔性材料为主，是中国传统建筑的重要特点。这不仅是因为土和木是我国广泛使用的建筑材料，更因为它们象征了中华文化的独特性和延续性。

中国古代的先哲以朴素的思想观察着整个宇宙，老子《道德经》云："人法地，地法天，天法道，道法自然。"指明了人与自然之间和谐共生的关系。中国古代主要的生产方式是农耕文明，土是万物生命之源。中国人将"后土"与"皇天"相对应，表达了对土地的感激和崇拜之情；而木正是从"后土"中生长出来的。对土、木这两种建筑材料的选择，反映了中国人强调人与自然相生、相合的观念。

一般认为，中国地域性的传统建筑主要为两种，一种是黄河流域由穴居发展而来的木骨泥墙房屋；另一种是长江流域多水地区由巢居发展而来的干栏式建筑。黄河中游的天然条件是多土少木且少石，土在干燥寒冷的气候中因地制宜，自然成为最常使用的建筑材料。北方房屋的墙体和屋顶采用木骨抹泥和草筋抹泥的做法，木骨被厚厚的泥土包裹在内。长江流域及其以南的大部分地区，气候温暖湿润，森林植被茂密，理所当然以木材作为主要的建筑材料。

现存的下沉式窑洞

土与木作为中国最主要的建筑材料，主要是就其承重作用而言。若着眼于建筑整体，则材料使用的基本原则不止于此，而是物尽其用，即《中庸》所谓"尽物之性"，《营造法式》所谓"五材并用"。因此，在土墙木柱之外，还使用了砖基、石础、陶瓦、铜件等。只是就结构而言，中国建筑所采用的两种主要材料一直都是土与木，它们自始就带有一北一南的地域色彩，并在发展过程中逐渐融合。

据统计，我国目前仍有大约4000万人住在窑洞中，其中不少是平地掘出的"下沉式"窑洞，在其坑院内由下而上望，仿佛坐井观天。中国传统建筑中的庭院谓之天井，很可能源出于此。在山西各地民居中，还常见一种平地筑造的锢窑，它们虽为地面建筑，但多处做法隐约存留着地穴时代的痕迹。以平遥以南10公里保存较好的永庆堡（照壁堡）为例，四周围以高大的土墙，平面略呈长方形；堡内民居皆为南北长东西窄的三合院，除南侧倒座房以外，北、东、西三面都是砖筑的锢窑。全部居室朝外都是厚实的砖墙，朝内则均为宽敞的木制门、窗或隔扇。人们居于其中，不免产生一种外部封闭而内部开敞的强烈感受。

在山西各地寺庙中，常见高大厚重俨然城垣的外墙，从深幽的门洞向内之际，恍若进入地穴。平遥附近的双林寺和清凉寺皆为此种情况。即便在北京四合院中，所谓坐北朝南、坐西朝东等习惯说法，实际上也必定存在于院落对外封闭对内开敞的特殊语境中。坐北朝南的前提是北墙无门窗，坐西朝东的前提是西墙无门窗，否则便不成立。由此推测，在中华民族心理的塑造过程中，穴居时代的集体记忆是极其重要的因素之一。

窑洞是一种从大地中掏出的减法建筑，它追求内在的实用功能，而无意于外观形式。老子早就看出其中隐含的哲学意味，《道德经》中说："埏埴以为器，当其无，有器之用。凿户牖以为室，当其无，有室之用。故有之以为利，无之以为用。"在世界建筑史上，土木玄妙的空间理论具有全球性的广泛影响。20世纪上半叶，享有盛名的现代主义建筑大师F.L.莱特，偶然读到《道德经》的英译本，顿时为其中玄妙的空间理论所折服，随后深藏于内秘不示人。在莱特杰出的设计作品中，迷人的"草原风住宅"令人困惑。然而何为草原风？他那扑朔迷离的回答，隐约暗示着源自遥远东方的启示。

干栏是一种非常古老的居住方式，分布范围也非常广泛。在温暖湿润的南方湿地，先民改良禽鸟的栖居方式，创造出一种近似鸟巢的

湘西吊脚楼是干栏式建筑演变出的一种形式

"干栏"建筑。"干栏"是史籍中有关百越族房屋的称谓。这种建筑采用地产的木材，构成长方形围合的架空生活面，屋顶覆以树皮、树叶或茅草，适合处于温暖湿润气候下的人类居住。其结构轻便且易于装配，后来还演变为南方流行的"穿斗式"，以横枋把排柱穿连成立架，再用枋、檩连接而成。

在距今5000多年的江苏海安青墩遗址，发现了不少木桩、圆木、木板和柱洞等，推测为干栏式建筑的残余，这是迄今发现的地理位置最北的干栏式建筑遗址。在太湖西南距今4700多年的湖州钱山漾遗址，编号F1、F2的房基分别由23个和9个柱洞组成，大体呈南北向东西相邻，推测为干栏式建筑。在距今4200多年的江苏吴江梅堰龙南遗址，发现立桩架梁铺板的干栏式建筑，揭露较为完整。

欧洲以砖、石作为主要的建筑材料，中国则以土、木为主。不过需要注意的是，我们并不缺乏石材。在中国广袤的土地上，到处都蕴藏着适合建筑的优良石材，主要有大理石、花岗石等，初步查明国产

上
河南阳台宫玉皇阁的斗拱结构

下
北京故宫的飞檐翘角与屋脊神兽

大理石品种有近400个。早在战国时期,中国工匠就已开始掌握拱券技术,并逐渐运用于地下陵墓、军事工程,以及桥梁的建筑上。可见,古代中国有足够的经验和技术来加工石材,并建造石结构建筑。

中国建筑选择土木作为主要材料,初期是顺应环境的自然选择,后来则成为社会大众共持的文化执着。这种选择与华夏民族古老的价值观息息相关,对于崇尚天人合一,追求"与天地合其德,与日月合其明,与四时合其序"的中华民族来说,土木实在是最恰当不过的上乘之选。

阴阳合抱,榫卯之道

梁柱结构是中国传统建筑的典型结构特点,这种技术在秦汉时期便已成熟。在汉代出现了抬梁式、穿斗式、井干式的木构架形式,历经唐、宋、元、明、清,逾千年的发展,虽有变革调整,但未有根本变化,成为中国传统建筑最基本的构架法则。

梁,在建筑结构中起到受力和支撑的作用,为横向支撑构件;纵向上则用柱来支撑,从而构成一个构架。梁与柱的连接部位则采用斗拱的结构方式。

斗拱是中国传统建筑中最能体现结构之美的部分。拱,是在立柱和横梁的交接处,一层层探出来所形成的弓形承重结构,拱与拱之间垫的方形木块叫斗,合称"斗拱"。斗拱的设计不仅考虑了承重和分散压力的功能,还通过精细的雕刻和装饰,成为建筑的重要艺术元

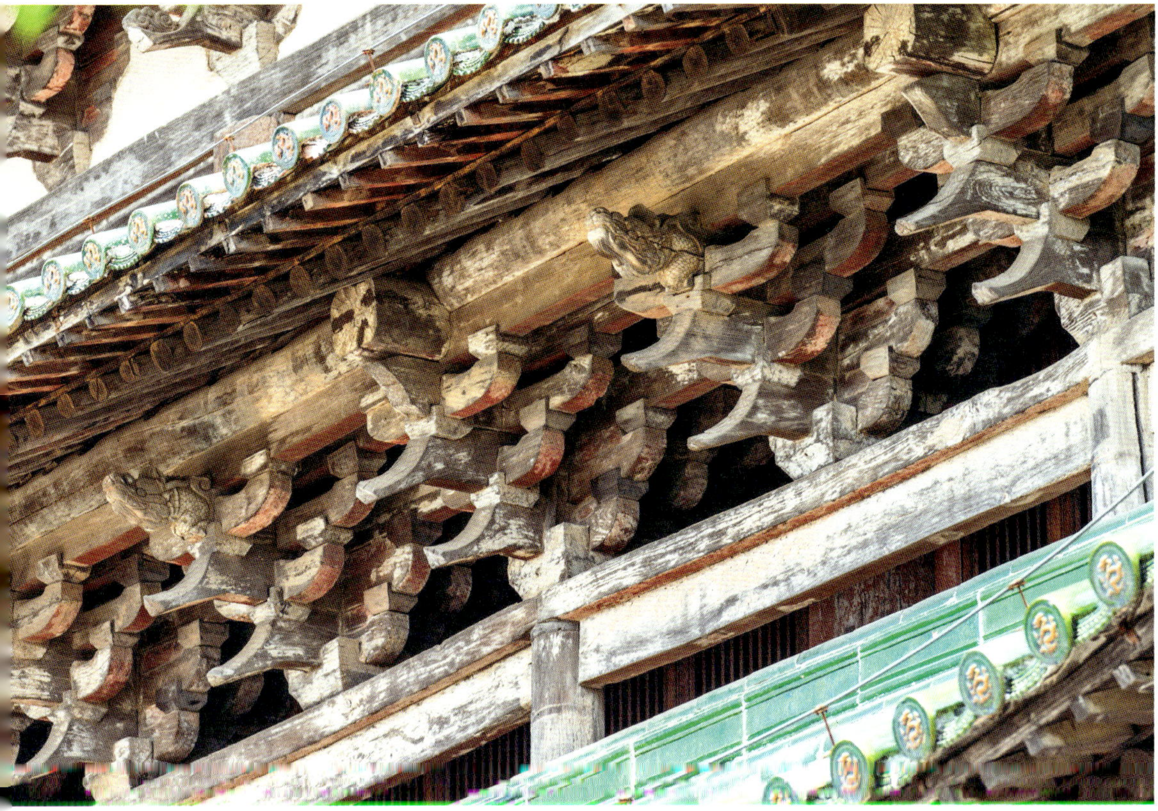

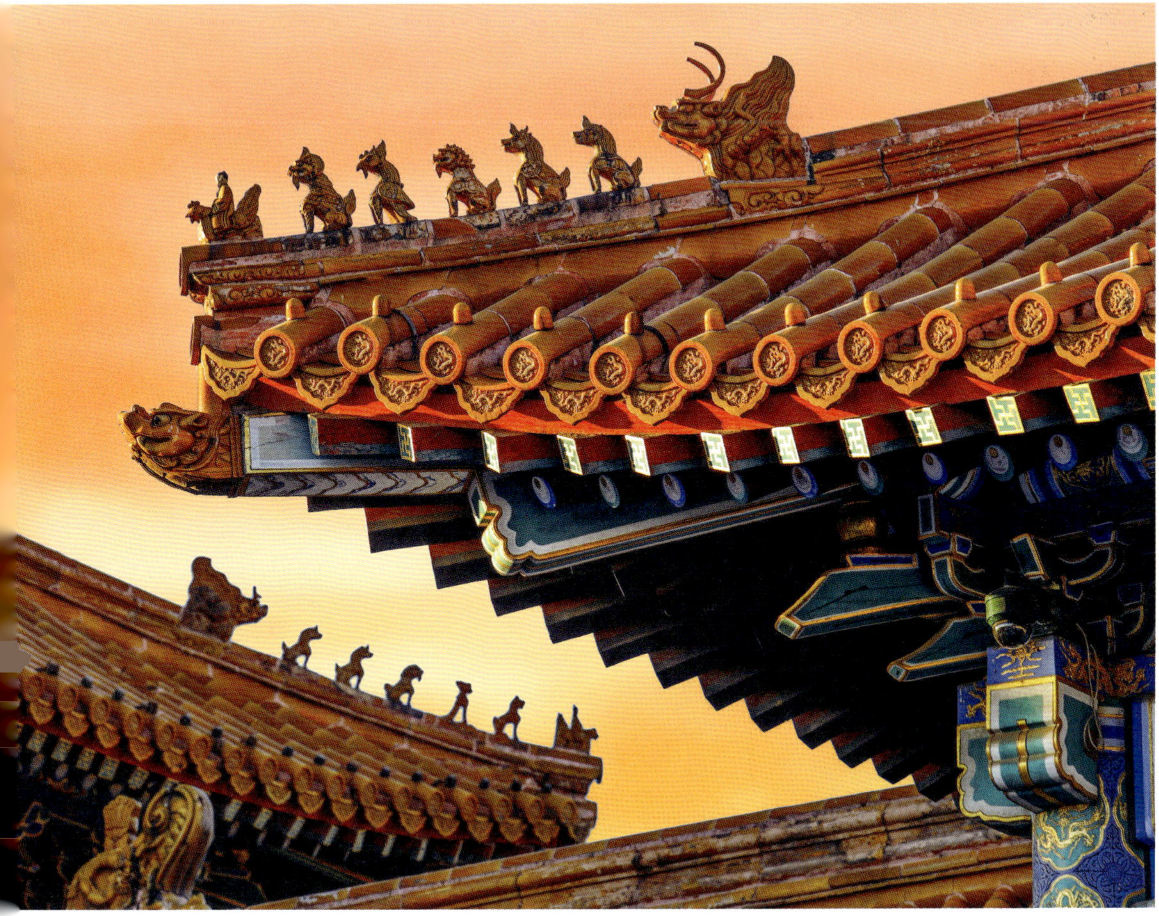

山西佛光寺大殿

素。不同地区和时期的斗拱在造型和装饰上有所不同，体现了中国建筑文化的多样性和丰富性。

建筑内的斗拱加强了立柱与梁架各构件的结合，缩短了梁枋的跨度，使得室内空间更加开阔，大大增加了有效使用空间。而建筑的外檐斗拱则支撑了屋檐的挑出，故向远处延伸，状若飞鸟展翅，不仅能够保护墙面、梁柱等免受风雨侵袭，更是使得建筑具有了轻盈灵动之感，形成最为人称道的"飞檐翘角"。在角檐垂脊上，常装饰有姿态各异的飞禽走兽，这些小兽端坐于两坡瓦垄的交会处，既能起到防漏雨的功能，又形成了中国传统建筑独特的美学符号。

南方建筑源于巢居，树巢为飞鸟所栖，因而南方人崇鸟，南方建筑中常以鸟形为饰，如正脊上的燕尾、戗脊上的鸽等，使得南方建筑物在整体效果上轻灵欲飞。北方建筑源于穴居，土穴为走兽所居，因而北方人崇兽，北方建筑中常以兽形为饰，如正脊上的吞脊兽、戗脊上的戗兽等，使得北方建筑在整体效果上凝重庄严。

中国传统建筑的梁柱结构，几乎全是用榫卯来接合的。在木材上开槽挖孔，凸出来的是榫，凹进去的是卯，合在一起称为榫卯。榫卯是成千上万个零散的建筑结构部件，通过阴阳咬合的方式结合在一起，只有分毫无差、浑然一体才能形成紧密相连的稳固结构，符合道家你中有我、我中有你、阴阳合抱、圆融相契的哲学思想。

在距今约6900年的浙江余姚河姆渡聚落遗址，清理出大量建筑构件，主要有木桩、地板、柱、梁、枋等，其中数百件上带有榫卯，其精巧程度与今相比并不逊色多少。这表明，中国先民在新石器时代就已经掌握了木构建筑的关键技术。梁思成指出，"欧洲建筑中，唯现代之钢架及钢筋混凝土之构架在原则上与此木质之构架建筑相同"，而中国建筑在数千年前就具备了这个优点。

榫卯结构在木构建筑中起承接作用，最大的特点就是不需要借助其他材质进行加固或穿和，并因其结构本身自带的层叠与错落，呈现出一种特殊的形态之美，在视觉上带来稳定感。山西省五台山的佛光寺大殿，是我国现存最早的木构建筑，也是唯一留存至今的唐代建筑。这座庄严的大殿屋顶雄大，斗拱层层而上支撑起巨大的屋檐，各式繁复的榫卯结构与主体框架浑然一体。

榫卯结构的种类繁多，每一种都有其独特的功能和美学价值。例如，直榫和直卯是最基本的榫卯形式，通常用于连接两块木材的端部；云榫呈云纹状，可用于连接木板和框架；勾挂榫的榫头和卯眼都带有钩状结构，能使连接更加紧密牢固。

榫卯结构制作之精巧，是中国古人工匠精神的体现，使得中国传统建筑独立于世界建筑之林。它不仅增强了建筑的整体稳定性，还使得建筑具有一定的柔韧性，能够适应地震等自然灾害。像山西悬空寺、应县木塔、五台山南禅寺大殿等，历经千年风雨侵蚀后依然稳固如初，巍然屹立于中华大地之上。

多样民居，共享天伦

中国地域广袤，气候和地理条件差异显著，因而也形成了丰富多样的传统民居建筑。

四合院是北京传统的民居形式，通常由四面房屋围合成一个方形院落。其布局不仅便于防风保暖，还体现了中国传统的家庭观念和伦理文化。四合院通常由正房、厢房和倒座房组成，每个房间都有特定的功能和用途，体现了家庭成员之间的分工和秩序。正房通常是家庭的主房，用于居住和接待客人；厢房则用于家庭成员的日常生活和工作；倒座房则是储物和杂物房。

四合院不仅是生活的空间，还是社交和文化活动的重要场所。院落中的植物、石雕、盆景等装饰，既美化了环境，又增添了文化气息。

四合院的设计不仅注重功能性，还通过巧妙的布局和装饰，自成天地，其乐融融，形成安静闲适的居住环境，也反映了中国人共享天伦之乐的人生观。

徽派建筑是另一个有代表性的民居形式。主要分布在安徽南部和江西、浙江等地，以其独特的马头墙、粉墙黛瓦和精美的雕刻装饰而闻名。马头墙指高于两山墙屋面的墙，随屋面的坡度层层跌落，其作用本是防风防火，因设计得错落有致、高低起伏，从远处看给人一种万马奔腾的感觉，使得整座建筑有了一种动态的美感。徽式民居最明

北京四合院

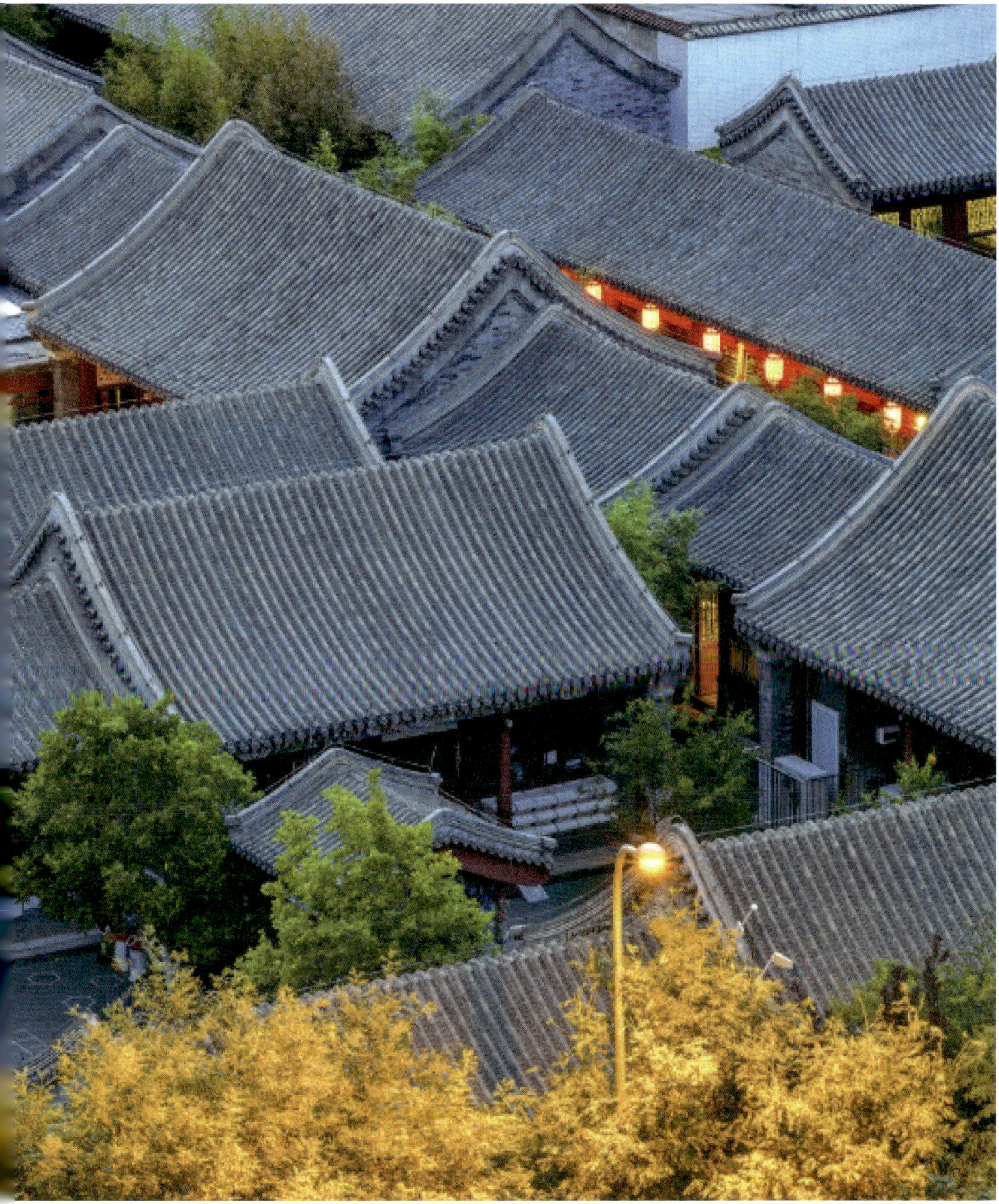

江南地区徽派建筑

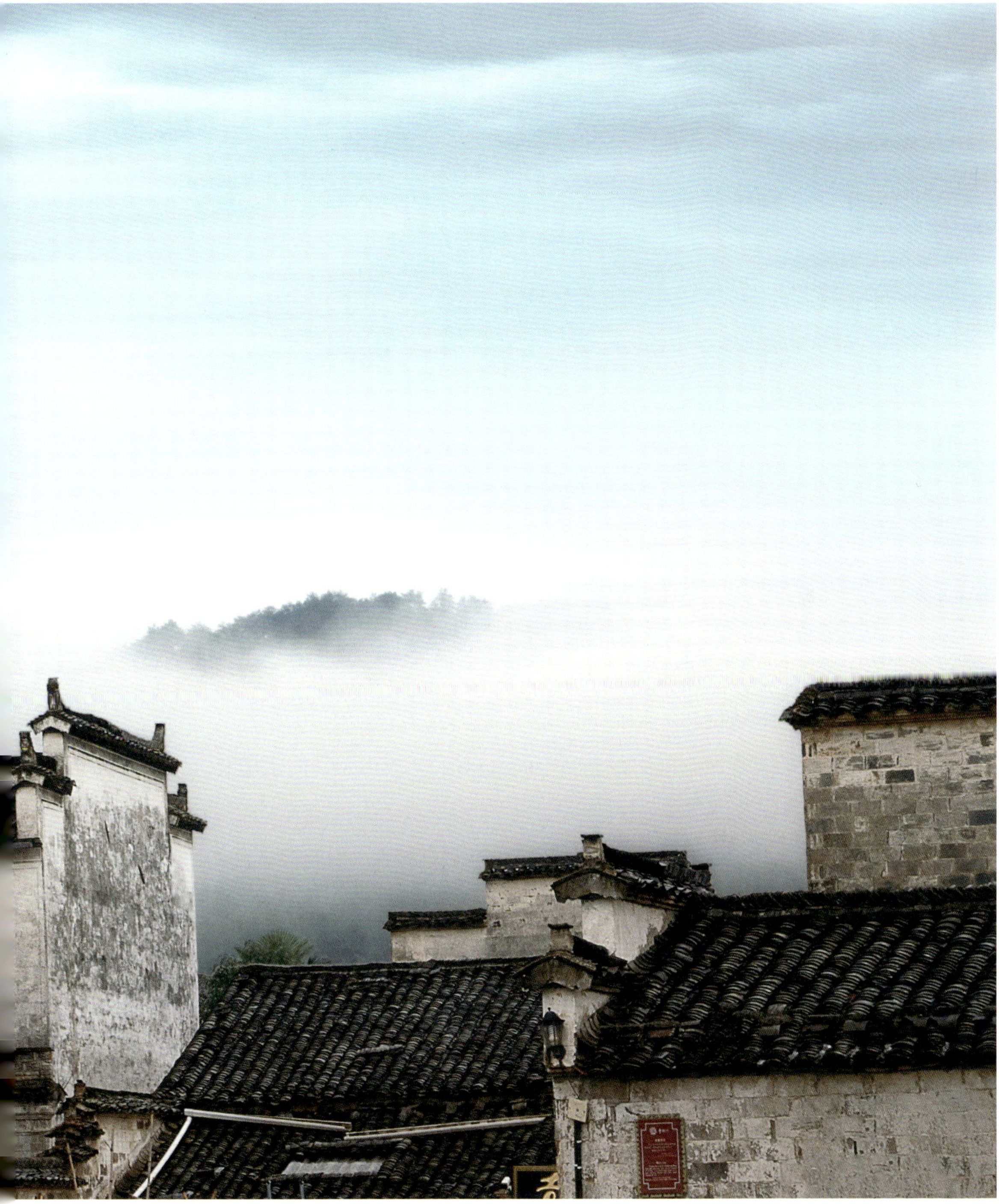

显的标志是粉墙黛瓦，辨识度极高，既节约成本，又具有水墨画般的独特意蕴。

徽派建筑的装饰繁多，梁头、门楣、外檐、斗拱、雀替、垂柱、门窗等均有装饰，手法讲究镂空的效果，图案纹样包括几何图案、花卉植物、吉祥动物、山水风景、故事传说等，常常通过象征、谐音等手法，表现对生活的美好向往，兼有宣扬忠孝礼仪、惩恶扬善的教化功能。徽派建筑中木雕、砖雕和石雕的精湛技艺，反映了当地深厚的文化底蕴和工艺水平。

徽派建筑注重与自然环境的和谐，常常依山傍水而建，其内部布局讲究空间的层次感和私密性，在高大墙垣包绕之中设天井，人居家中却可领略自然之美，自得其乐。

福建土楼也独具特色。在闽西南一带山区，客家人因地制宜，按一定比例将天然的生土和黏质沙土拌合，并用夹板夯筑成多层楼房。其夯土外墙厚可逾两米，高可达五六层，整体边长或直径最大可达80多米，屋舍靠墙建造，秩序井然，而其内院的建筑多为木构。

历史上，客家人为了躲避战乱，从中原地区南迁到福建一带定居，他们选择聚族而居、互助守望，形成了独特的客家文化。土楼内有水井粮仓、宗族祠堂，大门一关，自成一体，居民们在这里过着共门户、共厅堂、共庭院、共水井的和睦生活；再加上冬暖夏凉、防震抗风等优点，土楼便成为客家人代代相袭的住宅。

福建土楼依山就势，巧妙利用山间平地和当地的生土、木材、卵石等材料，成就了非凡的壮观景象。土，易取、廉价、可塑，厚土围合之内，木架构起人的居所。土木建筑的杰作是中华文明的重要载

南靖田螺坑土楼的方圆组合

体。2008年,福建省永定、南靖、华安三县的46座土楼组成"福建土楼",被正式列入《世界遗产名录》。

无论是北京的四合院、徽派建筑,还是福建土楼,中国民居都反映出与自然和谐共生的理念,充满了浓浓的人情味和烟火气息。

天地人心,中式园林

"才情者,人心之山水;山水者,天地之才情。"这句话出自明清之际名士李渔的《笠翁秘书》,话讲得有点弯弯绕,可是细细咀嚼之后,不禁体会到其中将才情、人心、山水、天地等熔于一炉,颇有天人合一的意味。在中国传统建筑中,真正能够将天、地、人、心这四者兼收并蓄、融为一体的，大概非园林莫属。

明末造园师计成的《园冶》一书，是研究中国园林的重要著作。在开篇具有纲要意义的"兴造论"中，作者主要从三方面论及造园的基本原则和主要目的：一是强调"三分匠、七分主人"，认为造园师能否遇到"能主之人"至关重要；二是提出"巧于因借，精在体宜"的基本造园手法；三是对建造过程中节用与惜费原则加以肯定与推崇。

在以上三方面中，有关造园的基本手法尤为重要，它具体而微地体现了中国古人尊重自然与和谐的终极关怀。"因"主要指在园址的天然基础上进行改造，要点在于尊重和顺应。"借"主要指置身于面积有限的园林内部，经由视线的联系，将园外景观引入园内，重点还在于内外环境的和谐。"宜"是评价标准，因地制宜要做到"精而合宜"。

明代末年，侍郎王心一从徐氏手中购得苏州拙政园的东部，取名"归田园居"。在其精心经营之下，这里成为因地制宜的佳例。以原有地形为基础，水因地势加以浚治，山因浚水顺便堆叠，屋因山水就势建造。三者皆因于地形，又彼此相因相辅，不多费人工，而得天然之妙。"因"的关键，就在于怎样花最少的力气，收到最大的效果，从中也可见古人面对自然的谦卑。"因"所体现的天人合一是以人工顺从天然，拙政园里的待霜亭便是因橘借霜——亭子建在池西土山上，四周多种橘树，霜降时橘子成熟变红，景色极美。亭名"待霜"，含蓄而引人遐思。

在中国现存的著名园林中，也有许多因地、借景的佳例，坐落于北京西郊的颐和园就是其中之一。颐和园的前身是清漪园，始建于乾

苏州拙政园

隆十五年（1750），当初园址的选定就与所在地和周围环境足以因、借相关。这里有天然的山水——瓮山与西湖，二者形成北山南水的地貌和堂局，朝向良好，气象开阔。东面是烟波浩渺的圆明园，再往东还有无垠的平畴稻田，村舍聚落点缀其间；西面近处是秀美清丽的玉泉山，远处则有峰峦起伏的西山群峰；西北面还可以遥望香山余脉。各个角度都有极好的可借对象。既有天然的山水能够因地制宜，又有邻近风景可借以取胜，可谓占尽了造园的优势。

在清漪园的修建过程中，主事者也充分运用了因、借的手法。原址虽然有山有湖，但是山与湖之间的关系并不和谐，山形也不够理

颐和园 玉泉山昆明湖倒影

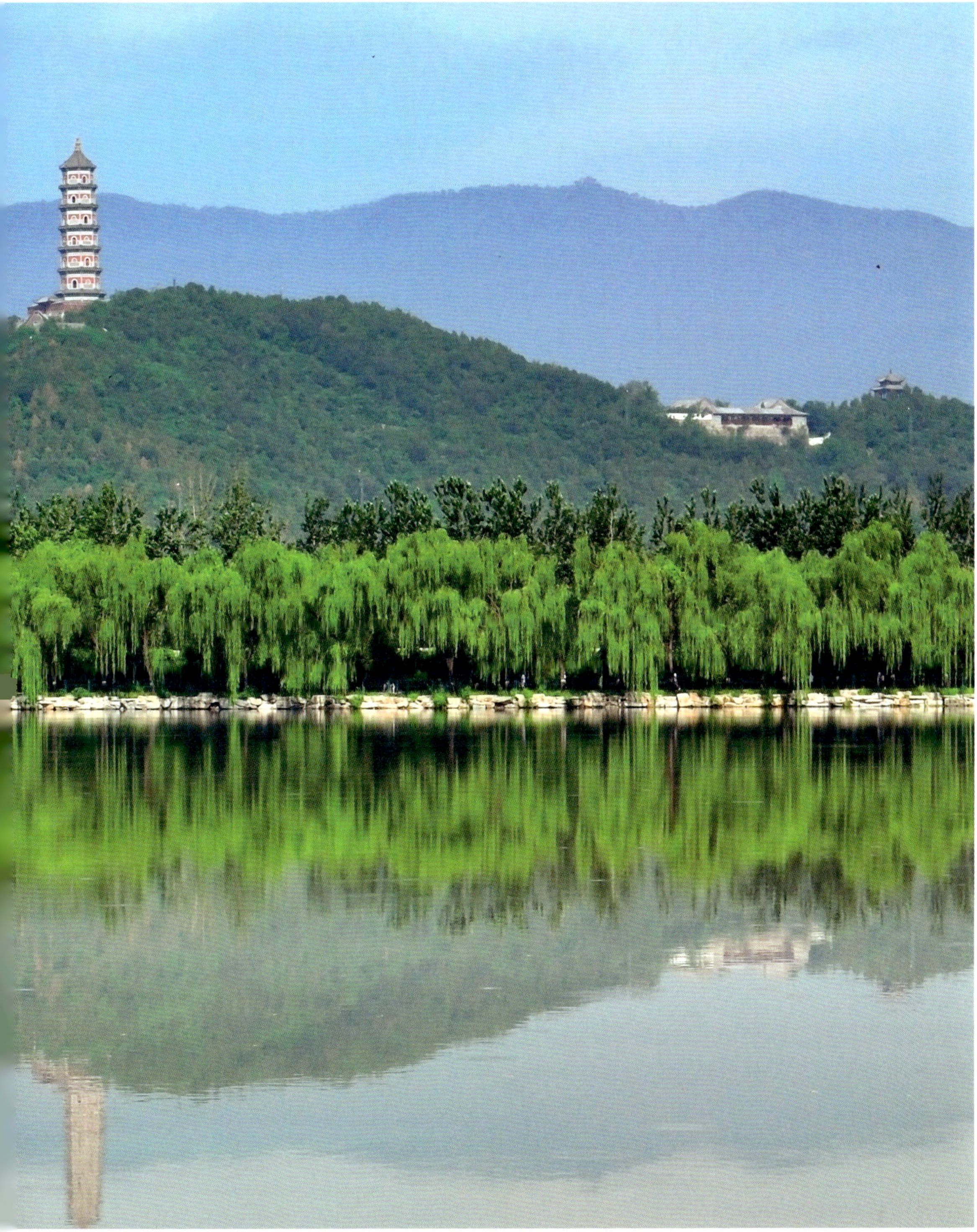

想，坡度陡峭，沟壑较少。乾隆利用治水祝寿的机会，对这片天然山水进行了大规模的整治，有效地改善了山与湖的亲和关系——西面南北走向的玉泉山，恰可全部倒映在南北纵深的昆明湖水面上，玉泉山背后的西山群峰则成为远处的衬景。

这样的例子不胜枚举，古人的因借情结背后必有更深刻的原因，不仅仅是一项美学原则，还与道家思想有关。老子"上善若水"的精神追求在这里得到了实际体现。"因"是最大限度地顺应自然，并以顺应为美，是人心才情对于天地山水的直接呼应；"借"则体现的是庄子思想中的"虚己以待物"，待物就是借物，当我们已经将自己虚到"胸中廓然无一物"时，"天壤之内，山川草木虫鱼之美，皆是供吾家乐事也"。

在中国园林的经营中，"因借"更多关系到宏观规划，"体宜"则主要着眼于具体设计的精细推敲。在此语境中，整体环境的意义之大远远超过单体建筑。欣赏中国的山水画，你会感受到天地万物扑面而来，而房舍总是那么卑微渺小。古人在把握"体宜"标准时推崇一种倾向，那就是"宁小毋大"。尤其在亭台楼阁的单体设计中，应当在满足功用的前提下，尽可能地使之小。这方面实例在苏州经典园林中比比皆是。事实上，其出发点依然与"因借"有关，亦即园林中人造设施必须俯首于天然环境。

古典园林建造的第三个原则是：节用与惜费。中国园林高度成熟于中唐以后至两宋，当时已定下了以朴素为美的基调，并成为后世造园家们的共识。譬如白居易的庐山草堂，"三间两柱，二室四牖，广袤丰杀，一称心力"。屋宇简陋，量力而为；装修朴素，本色为主。

园林的目的在于游心适意，虽户庭狭窄，而山林深趣，又岂在人工的雕镂藻饰。

中国先贤早就注意到了低成本、低耗费在人生各方面的重要价值，以求绿水青山常在，生态环境可持续发展。通读《园冶》各篇中有关节用的文字，会有更好的体悟。"相地"中推崇借助自然和惜费人工，选址时要利用现有的地形，不需要过多改造；"屋宇"中反对雕镂彩绘，提倡保存本色；"铺地"中崇尚破砖旧瓦，以其皆有妙用；"选石"中认为"是石堪堆，便山可采"，若能找到擅长叠山的高手，只要适合堆砌成山，即使是粗糙的石头，顽夯朴拙，皆可入用。正如童寯在《江南园林志》所说："园林邀人鉴赏处，专在用平淡无奇之物，造成佳境；竹头木屑，在人善用而已。铺地砖石，加以分析，不过瓦砾。然形状颜色，变幻无穷，信手拈来，都成妙谛。有以碎瓷摆成鱼鳞莲瓣，则尤废物利用之佳例。"

当然，在中国园林中，建筑成就的高低最终要以是否得体合宜为准，并非一味追求简陋。而是将求廉、求省、求俭，与求真、求朴、求雅完美地统一起来，审美上推崇意境而淡化物质，重视想象的真实大于感官的真实，正所谓"不著一字，尽得风流"。

此外，中式园林是一种动态的景观设计，讲求可行、可观、可居、可游，是集合了各种功能的建筑群，常见的有亭、台、楼、榭、廊、阁、轩、舫等。台通常筑成方形，结构稳重，置于高处或水边，用于观景；榭由台演化而来，一般依水而建，多指平台伸出水面的建筑；阁较楼更为轻盈，常有雕栏回廊，多做藏书、远眺之用，如现存最古老的藏书楼之一"天一阁"；轩是有窗的长廊或者小空间，可用于游览时休憩，如拙政园的"与谁同坐轩"；舫专用于观景，又名不系舟。

在整体布局上，中式园林建筑常常采用弯曲的水道、曲折的小径和回廊相连，追求一种变化中的平衡与节奏，强调如在画中游般的身临其境的体验感。

传统建筑集中体现了属于中国人的工匠精神。传统建筑工艺包括木工、瓦工、石工、漆工等，是古建筑建造的重要手段，也是古建筑得以保存至今的关键。比如，榫卯结构极其巧妙地融合了天工与人造，将人的巧思化为真实的造物，又隐去了人工的痕迹，正所谓"虽由人作，宛自天开"。又如，传统建筑中应用到的各种手工艺，如雕刻、彩绘等。以花卉、动物、神话传说、历史故事等为主题的雕刻，通常表达了人们对生活的热爱。彩绘又称油漆彩画，这种呈现于藻井、斗拱、额枋，在用料、颜色、构图、程序上非常讲究的繁复装饰，为中国建筑带来一种独特的东方韵味。而工艺的出现并非仅仅为了美观，木构建筑时间长了容易被虫蛀，受风雨侵蚀，彩绘可以防腐防虫，延长建筑的寿命。它们都承载着丰富的文化意义和审美价值。

作为中国文化有机组成的一部分，中国建筑具有超前与早熟的设计意匠。林徽因在《论中国建筑之几个特征》中说："中国建筑为东方最显著的独立系统；渊源深远，而演进程序简纯，历代继承，线索不紊……即在世界东西各建筑派系中，相较起来，也是个极特殊的直贯系统……独有中国建筑经历极长久之时间，流布甚广大的地面，而在其最盛期中或在其后代繁衍期中，诸重要建筑物，均始终不脱其原始面目，保存其固有主要结构部分，及布置规模，虽则同时在艺术工程方面，又皆无可置议的进化至极高程度。"这种连续性，反映出中国传统建筑是一个成熟完善的体系，有着很强的生命力。

在现代化进程中，我们应当珍视和保护这些宝贵的文化遗产，传承中国传统建筑之精髓并赋予其新的时代内涵。

（作者系国家社科基金重点项目"中国古代营造文献中的资治思想研究"负责人，北京大学考古文博学院教授）

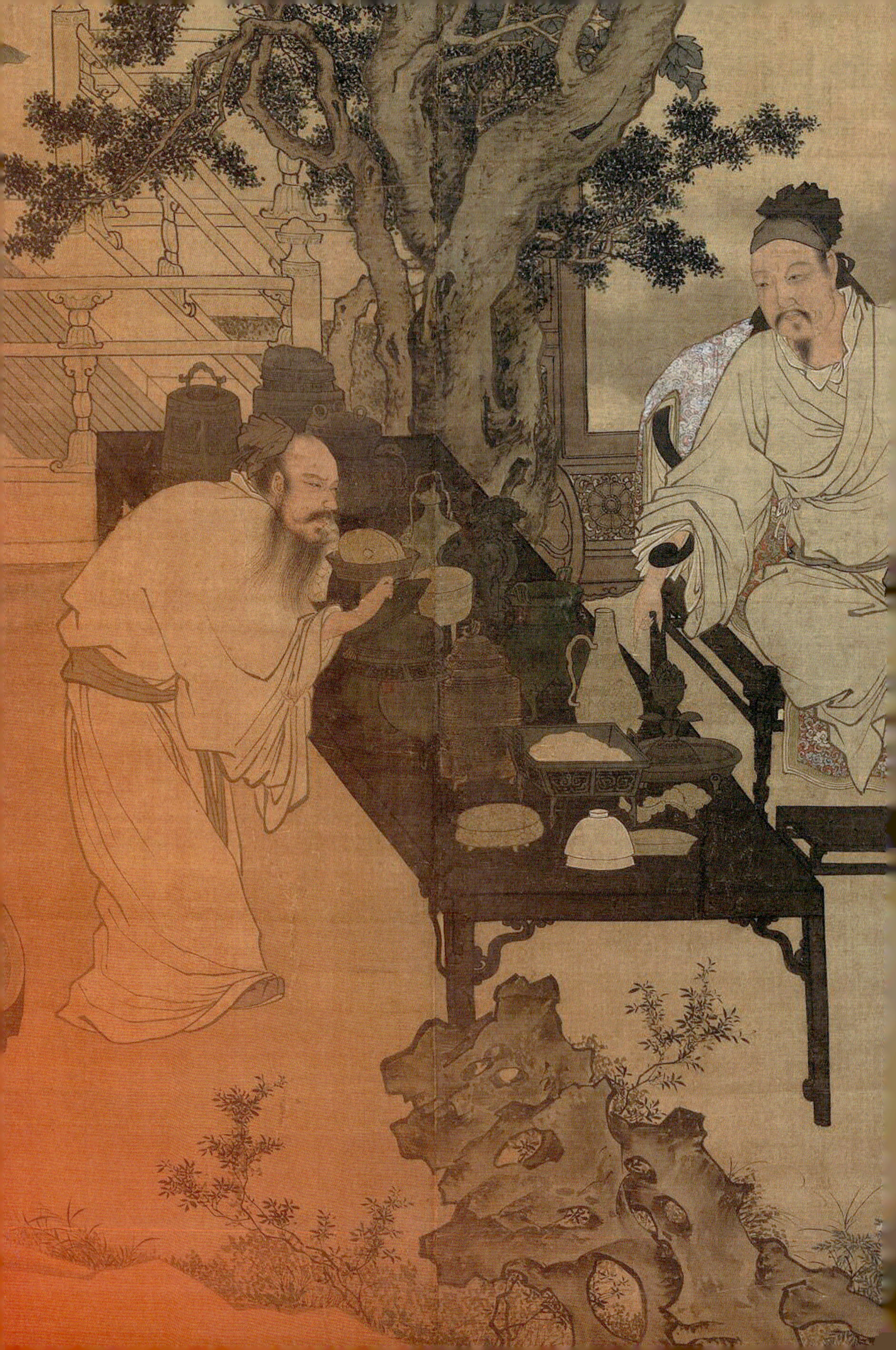

器物巧美

杭间

"天有时，地有气，材有美，工有巧。"

这是在漫长的社会发展过程中，中国传统造物文化的思想凝练和总结，它阐述的关于环境、材料、审美与技巧的关系，是中国文化在自然经济社会追求和谐共生的体现。在此思想指导下，中国的青铜器、陶瓷、漆器、玉器、珐琅器、金银制品和木制家具等，成就辉煌。

器与物的研究之所以成为经典的"学问"，是因为它们反映了世界不同地区人民的生活。它至少蕴含着以下几种意义：其一，器物的使用功能反映了生活水平，其背后是地理风俗、生活方式；其二，器物制造的技艺显现出科技水平，包括物理的、化学的、机械的、纺织的等，是时代先进生产力的代表；其三，高雅精美的造物是文化的高度浓缩，例如空间营造的哲学理念、装饰纹样的象征意义等。而在世界不同特色的文化中，中国传统的器物无论从使用层面还是审美层面看，都极具独立的意义和美学价值，是中华文化的瑰宝。

从石器到陶器的原始之美

在人类社会早期，石器是主要的生产工具。早在170万年前的云南元谋人时代，中国先民就开始打制粗糙的石器，作为生存的工具或武器。

到距今17000多年的山顶洞人时期，石器的类型已经很丰富了，并且在工艺加工方面已经开始使用钻孔、刮削、磨光、刻纹等技术，其工艺制作不仅初步符合人们的物质生活需求，还出现了装饰的萌芽，体现了审美的需求。

在石器的选材过程中，人们发现了一些纹理细密、色泽晶莹的"美石"，就对其进行细致加工，做成装饰品，或随身携带，或死后随葬。玉器工艺由此衍生，后逐渐成为一个独立的工艺品种。

山顶洞人还掌握了人工取火技术，火的应用使以后的各种工艺如制陶、冶金等的发明成为可能，在人类文化发展史上具有非凡的意义。

最早，人类对自然材料的工艺加工，只是外形的改变，而制陶则通过火改变了泥土的性质，这是一个很大的飞跃。陶器不仅丰富了生活用具，而且增强了农耕生活的稳定性。进入父系氏族社会后，制陶由氏族的共同事业变为家族所掌握的专业生产，器物制造技术得到提高，品种也有所增加，出现了灰陶、黑陶和瓷土制作的白陶。

上
新石器时代 红山文化 玉龙

下
新石器时代 仰韶文化 彩陶人面鱼纹盆

  中国远古时代的工艺文化形成了各有千秋的地域特色，例如，北方仰韶文化的彩陶很发达，南方河姆渡文化的雕塑很出色，东部地区龙山文化的陶器以造型取胜。原始社会的工艺已能充分利用各种技术的特点，达到实用与装饰的统一。从纯粹的工具到有意识的审美，中国传统器物制造从此开启了浓墨重彩的篇章。

先秦器物的雄浑质朴

自夏、商、西周起,中国开始了周而复始的朝代更替。夏、商两代均设有管理手工业的官职和王室贵族直接控制的手工业部门。统治者所需的礼器、祭器、武器和贵重的生活用品,多是官府手工业部门制造的。

商代后期是中国青铜器发展史上的第一个高峰。商代前期青铜器的装饰比较简单,多为单层构图;而后期装饰精细复杂,出现了多层花纹,具有繁缛、富丽、神秘的风格。商代青铜器纹饰多流行想象的神话动物纹,具有神秘、庄严的气氛。这与商人尚鬼的宗教意识以及商代青铜器主要应用于祭祀活动有关。

商代的后母戊大方鼎(曾名司母戊鼎)是迄今为止最大的青铜器。鼎身两侧以兽面纹和夔纹装饰边缘,中间朴素无纹,产生对比的艺术效果。整个鼎形制浑厚雄伟,庄重瑰丽,人站在它面前,会感受到一种力量,受到某种震撼。也因此,它的形象往往作为中国古代文明的象征而出现。

到了西周,为适应礼治的需要,青铜器、漆器、玉器等在数量、造型、色彩、纹样以及使用等方面表现出严格的等级差别,呈现出显著的秩序感。器上多有长篇铭文,记载祭祀、颂德、赏赐、交换、婚嫁、诉讼等内容,在装饰上趋于质朴洗练,富于韵律感。

春秋战国时期,封建制度逐步建立发展,手工业者摆脱了奴隶制的奴役,生产积极性得到显著提高,社会生产取得较大发展。这个时期,在冶金、陶瓷、漆器等众多工艺领域都产生了许多技艺精湛、造

上
商 后母戊大方鼎

下
春秋晚期 越王勾践剑

剑至今仍十分锋利,是吴越名剑的代表。

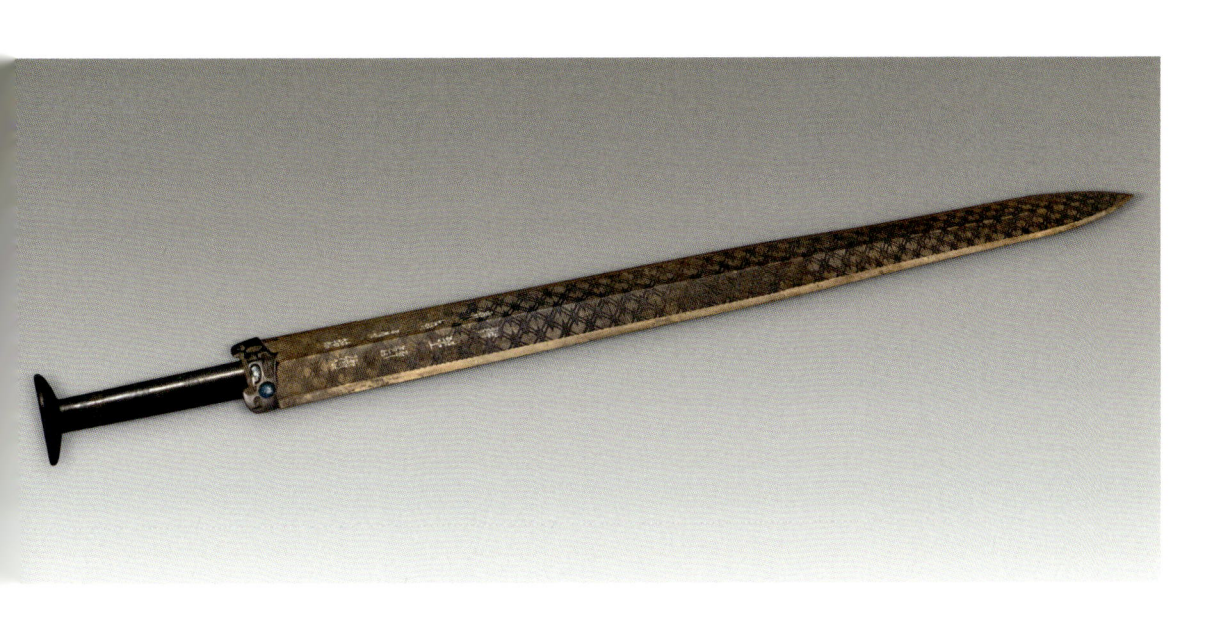

型优美、富于创意的工艺品。战国时期，冶铁业在炼铜的基础上出现，中国在世界上率先全面进入铁器时代。

由此，青铜器逐渐失去祭祀和礼器的特性，而向生活日用器具发展，重视钟鸣鼎食的组合，以实用为主的小型器物越来越受到欢迎。原有的器型也进一步加强了实用功能，例如春秋晚期的鼎，盖上有三个环耳，盖翻过来时可当作盘使用。其装饰题材的神秘气氛逐步淡化，传统的动物图案逐渐抽象化，演变为几何纹样，并新增宴乐、射猎、战争等反映社会生活的现实题材。

在整体风格上，楚国的器物造型挺拔，装饰题材富于幻想与浪漫主义风格；秦国的器物重实用，造型洗练，敦厚质朴；赵国的浑厚；郑国的精巧；燕国的古朴；韩国的优雅……各国的器物都体现着浓郁的地方风格。

汉代深沉雄大的美学追求

汉代的技艺成就在中国古代造物艺术史上是一个高峰，从理性与感性、审美与实用、造型与色彩等方面看，都堪称典范。鲁迅曾言汉代艺术"深沉雄大"，这句精当的概括同样也反映出汉代器物美学的品格。而汉代的装饰风格同样是古拙中见深沉，飞动时呈雄大。

秦汉时期，冶铁业发展较大，出现了多次锻打的百炼钢技术，提高了兵器、农具等铁器的质量，促进了社会生产。秦代早期吏治清明，民风淳朴，工艺亦重实用，造型洗练，敦厚质朴。由于秦朝统治时间短，遗留的工艺品不多，主要是青铜器、漆器和陶器等。

汉代的器物制造在艺术、技术、材料等方面均有新的创造，达到实用与审美的统一，具有一物多用的功能，实用功能和巧思结合精妙的作品比比皆是。铜器工艺是较为典型的品类，其中铜灯、铜炉、铜奁、铜洗、铜壶、铜镜为其最发达的品种。在制作特点上，没有像过去那样多饰花纹，而是流行素器，或仅有简练的弦文，或仅饰以铺首。比较华贵的则施以鎏金，或装饰以金银。

以铜灯为例。汉代铜灯式样甚多，制作精美，而且合乎科学原理。河北满城出土的长信宫灯，优美的跪坐仕女左手托灯，右手提灯罩，以手袖为虹管，将油烟吸入体内，圆形的灯体有两块瓦状的灯罩，可以随意调节灯光的方向。其设计之巧妙，工艺之精湛，体现了实用与美观的高度统一。

仿生灯具在汉代非常流行。如朱雀灯，灯体为鸟形，嘴衔灯盘。雁足灯，灯柱做成雁足形，上托灯盘。羊形灯，整个灯为一头卧羊，羊背为活动的盖，翻开即为灯盘，也可平放在羊头上，合则为全羊。这些灯具功能和审美结合得十分巧妙，可见技艺的实用审美观融入汉代生活的深度和广度。

汉代器物的装饰常以现实生活、生产为题材，如宴饮、舞乐、狩猎、攻战、耕种、收割、冶炼等，还出现羽化升仙、祥瑞迷信，以及青龙、白虎、朱雀、玄武四神等内容。装饰手法多采用平面剪影的表现手法，善于把握动态和典型特征，具有质朴古拙、灵动多样、满而不乱、多而不散的特点。

青铜器的制作在汉代逐渐衰落，但仍有一批优秀的青铜雕塑，以1969年甘肃武威出土的铜马群中的马踏飞燕为代表。马踏飞燕表现

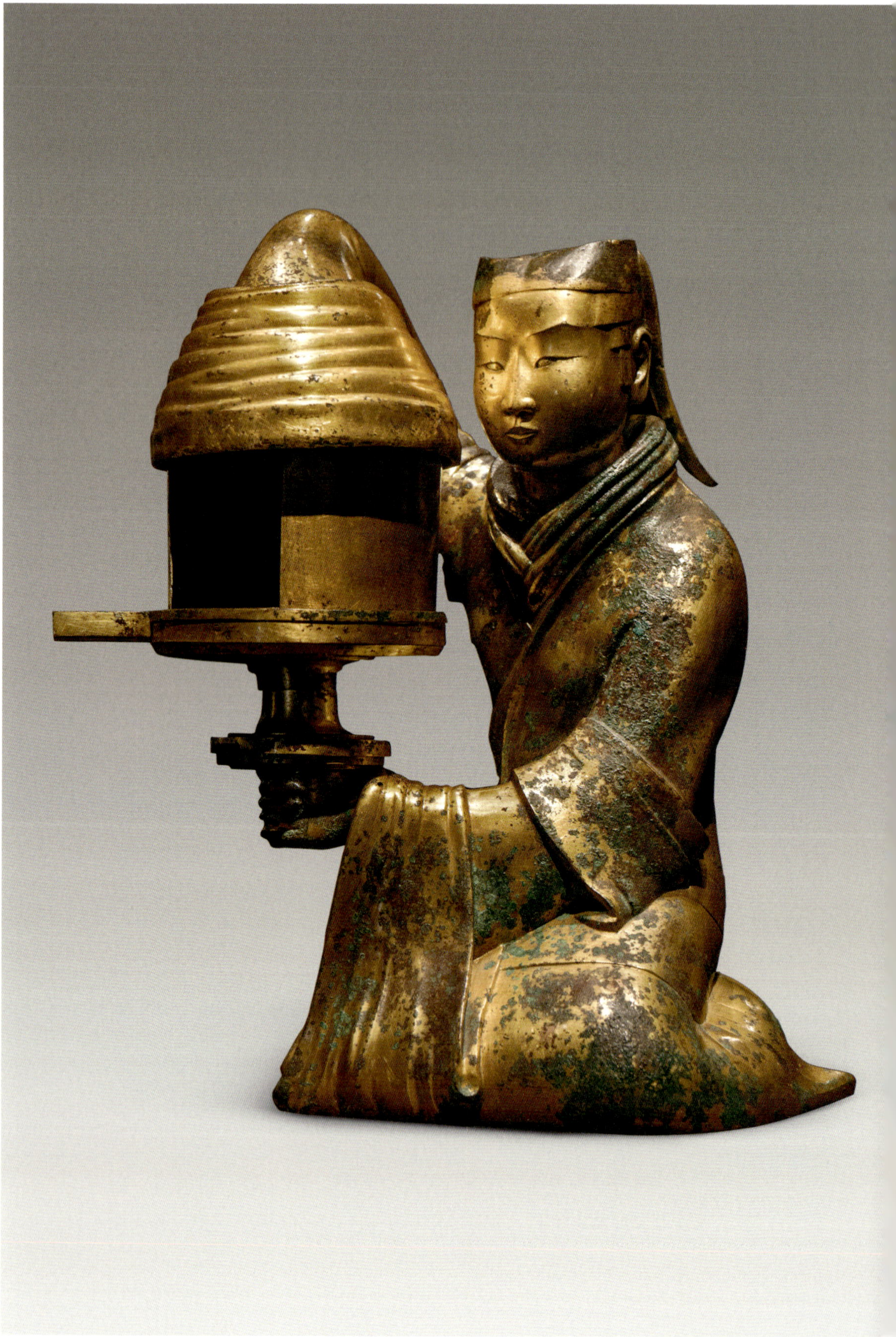

左
西汉 鎏金铜长信宫灯

右
东汉 铜奔马

　　了一匹骏马抬头扬尾，三足腾空，以全身之力用右后腿踏着飞燕飞奔的情形，具有非凡的想象力。

　　汉代张骞两次出使西域，开辟了从长安直达中亚、西亚及地中海东岸的陆上丝绸之路，汉代还开通了到印度的陆上通道以及沿中国海岸经朝鲜到达日本的海上水路，国家之间的经济文化交流十分频繁。中国的丝绸、漆器和铁器等工艺品开始出口，传向世界。同时，西域一带国家的工艺也随着贸易进入中国。中西文化的交融，也对汉代器物的风格有所影响。

魏晋风度下的秀骨清相

魏晋南北朝上承两汉，下启隋唐，是中国器物史上重要的过渡时期。社会的动荡、战争的痛苦、精神的苦闷，给了宣扬因果报应、生死轮回的佛教以兴起和传播的有利时机，统治者也由此借佛教巩固统治。于是，佛教大兴。北方大凿石窟，著名的敦煌莫高窟、大同云冈石窟、洛阳龙门石窟都是此时的创举，而南方则广建寺院。

佛教的流行促进和扩大了国际交流。印度僧人和西域工匠的到来，融合希腊、波斯风格的印度犍陀罗艺术的引进，促使中国的工艺文化进行了新的整合。因而，器物制造的宗教化和外来风格，是魏晋南北朝工艺的重要特征。

魏晋南北朝时期的中国已经进入瓷器时代。瓷器不仅具有坚固、易洗、耐热、抗酸碱等优点，而且细腻、光滑、温润、半透明，符合人们的审美要求，很快为贵族阶层接受，以较快的速度取代了汉代流行的铜器和漆器，成为生活日用的主要产品。自此以后，陶瓷制品一直就是人们生活日用的主要品种。

以浙江的青瓷为代表，盘口壶、鸡首壶、莲花尊、水注、虎子和魂瓶是流行的样式，它们在用途上体现出三种倾向：实用的、审美的和宗教的。

从装饰题材上看，青瓷的颜色首先符合"士"的审美理想。"古镜破苔当席上，嫩荷涵露别江溃"，青瓷的青给魏晋的士人以无限的想象。流行甚广的莲花纹和忍冬纹的装饰，先是受佛教的影响而盛，尔后佛教与玄学结合，慢慢改造为中国式的纹样。其实，我国古代早

上
西晋
青釉刻花双系鸡首壶

下
东晋
青釉褐彩刻花莲瓣纹盘口壶

有喜欢莲花的习俗。中国式的莲花纹样，早期花瓣瘦长，瓣端较尖，到晚期花瓣肥硕，端尖翘起。莲花尊在南北朝后即消失不见，但莲瓣纹饰却继续盛行，广布民间，不复有宗教含义。忍冬纹，也称卷草，有人认为是忍冬花（即金银花）的枝叶变化，也有人认为是莲花的转变。魏晋的忍冬纹呈现清瘦面貌，在程式化处理上已颇为娴熟。这两种花纹，是我国装饰艺术史上最早出现的成熟的植物纹。

雍容典丽的大唐风范

隋唐时期是中国古代社会的鼎盛阶段，重新统一的多民族国家得到进一步发展和巩固，社会经济、文化空前繁荣。尤其是到了唐代，由于经济的高度发展、国家政策的开明、中外之间的频繁交流，陶瓷、金银器、漆木器等器物制造全面发展。

在唐代，器物制造很少受到观念约束，因而能在唐人的生活需要下自由发展。也因此，唐代工艺美术的风格总体表现为雍容典丽，同时又有多种风格共存，如早期的秀美、工整，中期的富丽、丰满等。

唐代的装饰风格脱离了商、周、汉及魏晋南北朝以来的古朴特征，装饰题材不同于以前的几何风格以及现实或想象的动物纹样，而大量采用了植物纹样，面向自然与生活，富有浓厚的生活情趣。唐代的卷草多以牡丹为主花，叶片卷曲，叶脉旋转，富有生机和动感。牡丹的雍容颜色及香味，均为唐时审美趣味的代表。

唐代诗歌发达，其诗歌美学理论也较为繁荣。唐诗重意境。"意境"的含义原出自佛教，表达内心在修行悟性时所能达到的境地。"意

上
唐 越窑青瓷荷叶带托茶盏

下
唐 三彩骆驼载乐俑

"境"的出现，对唐代诗人审美意识的形成起到重要的作用，由于其时诗歌的普及性，这种重意境的审美趣味自然也影响到生活的各个方面，器物制造也包括在内。一方面是诗歌的风格对工匠的技艺创作产生影响，另一方面则是文人以他们的审美标准吟咏鉴赏工艺品。两者相辅相成，既说明文人对其时工艺美学的肯定和赞扬，也在这赞扬中不知不觉将自己的审美观传达给了工艺。

以瓷器为例，唐代的著名陶瓷品种是南青北白。南青指的是浙江的越窑，浙江唐时称越州，是我国青瓷的主要产地，具有深厚的制瓷基础和技术力量，至唐代技艺更加娴熟，被称为"诸窑之冠"。它的特点是胎骨较薄，施釉均匀，一色青翠莹润。越窑青瓷的这些特色得到诗人的许多赞美。徐夤《贡余秘色茶盏》中"捩翠融青""春水""绿云""嫩荷涵露"等均是对青瓷釉色美丽的形容，而"巧剜明月""轻旋薄冰"等则是对瓷胎和高度制作技巧的赞美，不仅非常贴切地形容了青瓷的釉色，也使陶瓷工匠的意匠跃然纸上。

高雅大气的宋元工艺

工艺史家田自秉先生曾概括宋代工艺的美学风格："宋代的工艺美术，具有典雅、平易的艺术风格。不论陶瓷、漆器、金工、家具等，都以朴质的造型取胜，很少有繁缛的装饰，使人感到一种清淡的美。和唐代相比，正好形成两种不同特色。如果把唐代的工艺美术概括为'情'，宋代则可概括为'理'。唐代华丽，宋代幽雅；唐代开阔恢宏，宋代严谨含蓄。宋代是'一洗绮罗香泽之态，摆脱绸缪宛转之度'，从美学的角度看，它的艺术格调是高雅的。"这个概括十分精当，理、典雅、平易、朴质、清淡、严谨、含蓄，不仅仅是这一时期器物品格的体现，也是整个宋代文艺思潮的美学趣味。其中"理"则深深地烙上了宋代理学思想的烙印。

宋代的理学十分兴盛，"理"即"天理"，在理学家程颢、程颐眼里，有两层含义：一是大致和自然的规律或秩序相同；二是指超越一切事物之上的最高原则、道理。理学所提倡的温厚、笃实、含蓄的风格，在宋代始终是文艺趣味的最大约束。

北宋 钧窑天蓝釉碗

  宋代器物的品类发展、生产规模、工艺技术、管理及贸易诸方面均得到显著的发展，其中陶瓷最为杰出。宋代陶瓷工艺集历代之大成，达到空前繁荣。名窑遍布南北，定窑、汝窑、官窑、哥窑、钧窑被称为宋代五大名窑。五大名窑除了器型典雅、不事过多堆饰的共同特点外，还均在釉色上下功夫。定窑的乳白，汝窑的葱绿，官窑的淡青，耀州窑的青中微黄，景德镇的影青，钧瓷的天蓝、月白以及色如晚霞的浑朴的窑变效果，均属淡雅一类。

  著名的民窑磁州窑，运用黑白对比的装饰手法，以黑白分明的画花和雕釉形成自己鲜明的特色。可是这种以大量图案做装饰的做法并不为当时的士大夫所赏识，宋代的文献对它只字不提，直到明代初期才提到它，可见当时的审美趣味。其他窑虽也有装饰，但均

宋 磁州窑白地黑花把莲纹枕

是在整体单色釉之间的刻花或印花，图案组织严谨，花纹精细，线条洗练流畅，与整个器皿浑然一体，不突出外在的装饰。

元代统治时期，基本上仍是宋代工艺美学思想的延续，但在制作工艺技术以及艺术的精致程度上都不如宋代。元代器物追求粗犷、豪放、刚劲的风格，陶瓷器皿厚重粗大，丝织品富丽堂皇。元代亦重视宗教的传播，其中以佛教和道教较为盛行，宗教成为各类工艺中很常见的题材。疆域的扩大和交通的发达使元代国内各族的联系以及国际交流比较频繁，也促进了工艺美术的传播与发展，以及异域风格的吸收与融合。

质朴多样的明代品格

明代初期，在思想文化领域里尽复汉、唐之风，以显示与"胡元之旧"的隔绝，标榜其思想的正统。宋代的程朱理学也作为正统的思想而被沿用。明中叶以后，王阳明的心学以"致良知"求心性，代替了宋代理学消极的修心养性对待人心的方法。它的后继者泰州学派，在当时形成了个性解放的思潮。因而，追求个性解放、重视情感和审美趣味的表现，在艺术上重自然、自我，成为明中叶以后审美思想的主流。

明代市民阶层有了超越以前任何时代的发展，市民意识的觉醒、市民的审美趣味便以十分复杂的心态和内容出现在社会时尚的主流之中，它既不同于宫廷、贵族的口味，也有别于以农村为主的民间情调。它常常因流行的驱使，综合了宫廷的、文人的、民间的审美趣味，成为一种独特的文化现象。

市民、宫廷、民间、文人四者，构成明代工艺的四大体系，它们通过造型和装饰，分别从织锦、棉纺、陶瓷、漆器、金工、家具、雕刻以及建筑装饰中体现出来。既可端庄敦厚，又可富丽堂皇；既可质朴豪放，又可淡雅秀丽。其装饰纹样，既可以高度程式化、图案化，又表现出写意清纯的小品。

景德镇是当时全国的制瓷中心，不同时期有不同的工艺特点和器物品种，例如永乐时期的压手杯、宣德时期的青花、成化时期的斗彩鸡缸杯、弘治和正德时期的单色釉、嘉靖和万历时期的外销瓷等。金属工艺以宣德炉（为适应祭祀和薰衣的需求，利用南洋的风磨铜铸造的一批小铜器）和景泰蓝（铜胎掐丝珐琅）最具特色。

明代器物的突出贡献体现在家具、文具制造上。家具作为陈设工艺，与人的生活环境和生活方式紧密相连。中国的起居方式可分为席地而坐和垂足而坐两大时期，家具的造型变化由此可分为低矮家具和

明成化　斗彩鸡缸杯

高型家具两大系列。大约从唐代起，中国人开始由席地而坐向垂足而坐过渡。唐代后期，桌椅已经出现，虽然还没有广泛流行，却已深刻地影响了人们的生活方式。到了宋代，人们的生活起居不再以床为中心，而移向地上，完全进入垂足而坐的时期，各种高型家具初步定型，并在民间普及开来。

简洁典雅、工艺精巧的明代家具是中国古典家具的辉煌代表，被称为明式家具。明式家具用材讲究，多选用黄花梨、紫檀、鸡翅木、铁力木等材质坚硬、色泽纹理自然华美的硬质木材，并以蜡饰表现天然纹理和色泽，浸润着明代文人追求古朴雅致的审美趣味。明代文人崇尚自然，贵黄不贵黑，色如琥珀、玉质感强、纹理细密的黄花梨成为明晚期至清早期家具的首选用材。

明　黄花梨圈椅

与园林、家具相应，明代江南的文人生活中逐渐形成了寄情山水的达观风格的文具系统，笔墨纸砚、古琴、香炉、水滴、折扇、清供、茶具等，也一起建构了质朴典雅的书房文化。

繁密精巧的清代器玩

清代器物的品种十分丰富，工艺技法得到综合应用。陶瓷方面，景德镇仍是制瓷中心，烧造技术发达，釉色品种增多：康熙时期以古彩为主，刚健有力；雍正时期以粉彩最为突出，雅致清秀；乾隆时期以珐琅彩最有成就，繁缛精细。在装饰方面，流行吉祥图案，综合运用象征、寓意、谐音、比拟等手法，如著名的康雍青花瓷器，将传统吉祥图案、历史故事、神话传说等作为器物的主体装饰，达到了"图必有意，意必吉祥"的效果。

康熙时的瓷器造型质朴，器皿多讲究实用，对一些造型有所改进，如将敞口碗、直口碗改为折腰，便于使用。康熙晚期创造的盖碗形制，至今仍在使用。雍正时期则渐趋秀巧，于粉彩上成就最大，粉彩的温润匀静为时俗推重。到乾隆时期，则品类丰富，既仿古瓷，又仿西洋瓷，在技术上达到了无以复加的程度。

金属工艺中，景泰蓝有所创新，以乾隆时期最为繁荣，综合应用各种技法，并于清末成为出口商品。漆器逐渐形成制作中心和地方特色，例如北京的雕漆、扬州的螺钿和福州的脱胎等。清代彩塑以天津"泥人张"和无锡惠山泥人为代表，或与实用结合，或作为玩具，广泛流行于民间。

清 红雕漆"五蝠捧寿"鼻烟壶

明末，传教士带进来的机械时钟受到各阶层的广泛欢迎。明末已有人仿制，出现了家庭制钟作坊，康熙时还建立了皇家制钟工场，但这只是为中国人提供一种新奇的玩物而已。故宫博物院陈列的童子持扇等形制的中国人设计的时钟，十分精致，可见这种爱好。

随着中国近代社会形态和人们的生活方式的改变，中国器物制造经历了从传统形态向近代形态的转变，面向大众生活，采取以机器生产为主的工艺生产方式，适应了简洁实用的近代审美趣味。

中国传统器物的哲学智慧

源远流长的中国传统器物，围绕男耕女织，日出而作、日落而息等主题生发，所有品类的最初状态都与合理使用有关，实用、朴素、温情，闪耀着与农业文明相适应的智慧。即使在宫廷工艺和文人工艺中，也仍然保持着实用的痕迹和质朴的传统。

丰富多彩的传统器物给我们留下丰富的非物质文化遗产，也包含许多人工造物与生活智慧。在造物思想上，中国器物制造一直与传统哲学联系密切，其哲学智慧可归纳为以下几个方面。

其一，以人为本，致用利人。以人为本指从人的因素出发来制造用品；致用利人指强调实用和民生，讲求功能，是以人为本的实践层面。

中国古代工艺美学思想对人与物关系的认识一直有一条清晰的、一脉相承的线索。春秋时期的思想家管仲曾说，古代的那些最高明的工匠，是不会浪费人的智慧去做那些玩物的，他们遵循着这样的法则

清 铜镀金洋人耍狮子自鸣钟

而不违背。战国时期墨子提出"利人乎，即为；不利人乎，即止"的观点。这一点在今天看似简单，但在当时有深刻的意义。所谓的"奇技淫巧"，在中国几千年的封建社会中始终没有成为社会的主流；那些讲求功能、关乎国计民生、保持人文关怀的物品的生产，才是中国传统工艺的主流。

其二，审曲面势，各随其宜。即讲求工艺与具体的技术和材料的关系。

在造物时，要根据不同情况，创制出相宜的造型或装饰来。这种因材施用、因地制宜的思想贯穿于整个工艺发展之中，从而决定了工艺的审美价值的标准。如家具制造中如何利用木材的特性、纹理处理不同的结构，制造砚台时如何利用石头的天然材质来处理造型，琢玉时如何利用玉石的"巧色"做出既顺应材料特性又体现功能的东西等，都是因材施艺的例子。

其三，巧法造化。即强调造物从自然中得到启示，人和自然保持和谐。

与绘画师法自然的传统相同，器物制造也善于从自然造化中吸收营养，造型、装饰等方面均深受自然的启发，这种追求决定了器物美学的趣味和风格，必然是崇尚自然，师法自然，返璞归真，追求一种自然素朴之美。传说能工巧匠鲁班发明锯子，是手被锯齿状的植物拉伤而受到启发。诸葛亮为了在蜀道上运粮草，发明"木牛流马"，是把机械和仿生形状相结合的设计。更多的例子体现在民间造物中，如鱼盘、香包、印模、门锁等，它们的仿生不仅有功能意义，还包含了中国民间文化独特的象征性。

其四，技以载道。即指技术包含着思想的因素。道器并举，把形而下的制造如具体功能操作、技术劳动和形而上的理论结合起来。

先秦时期，诸子百家多持重道轻器的立场。儒家思想是在"仁""礼"的因果关系下来看待生活日用，"技"须和"六艺"结合，有利于"仁"的才加以提倡。道家则明确提出"技进乎道"，技不是孤立的技，它到了某个阶段时是不可言传的，即进入"道"。技是基础，是手段，道则是终极目的。

其五，文质彬彬。即强调在造物中内容和形式的统一，功能与装饰的统一。

"文质彬彬"作为艺术创作中的内容与形式的问题，同样也体现在器物的功能与装饰的关系处理上。在造物艺术中，形式是重要的，先有物品的使用功能，然后才谈得上装饰。但历史上随着经济的繁荣，非实用器物品类渐渐分化独立，成为欣赏器物和陈设器物，因此各家思想从不同的角度出发重质轻文或重文轻质均有之，但其主流却一直坚持"文质彬彬"的传统。文和质、形式和内容互相制约平衡，成为中国古代器物美学的优秀传统之一。

数千年来，中国器物制造的高度发展对中国文化乃至世界文化都有重要影响。丰富多彩的巧美器物，呈现出民众的生活巧思、兴致趣味以及对美好生活的向往之心，诠释着民众创造的审美文化。

当代科技发展，世界日新月异，数字产品炫目缭乱，但工艺美术并没有消失，精巧典雅的器物重新回到当代生活。从某种意义上说，重回传统工艺的本质就是重回"材美工巧"。在合成物质极其丰富的今天，那些天然美材的手工造物具有特别的意义。"造物"的无边是人性的无边，巧妙、天成、善意、悲悯、诙谐，内中蕴藏的是创造者和使用者的世界观和价值观。

中国审美方式下产生的精雅器物，是中国独特生活方式的原型所在，它复杂地折射了土地、人、生产之间的关系，并通过馈赠和流转，在纵向的历史和横向的生活中传承，生命长青。

（作者系国家社科基金艺术学重大项目"中国传统工艺的当代价值研究"首席专家，清华大学人文讲席教授，中国美术学院原副院长）

结　语

中国美学是非常独特的体系。重新激活我们自己的美学传统，不仅对中国的文化建设有不可替代的作用，而且对推动人类文明向前发展，共同经营好一个大的家园，也非常有意义。

中国美学有很多原则。如遵循自然，大道至简，反对过分的人工雕饰，强调拙朴的元初境界，强调言外之意、象外之象的韵味，这些都能给我们当下的审美创造提供重要的精神支援。

中国美学归根到底是一种心性之学。它讲究心性修为，追求的既不是单凭感性看待这个世界，也不是单凭理性看待这个世界，而是介乎二者之间，寻求一种心性直觉——始终不离艺术形象的心性直觉。这也是中国人对人生真理的看法。在德行修为的过程中，对人生的看法也会逐渐完善。

在快节奏的现代社会，中国美学帮助我们静下心来，去修身修心。激励我们一边观察万事万物，一边追求真、善、美。以回到本真的态度，从"看山是山"，到"看山不是山"，再到"看山还是山"，体悟"山"背后那些隐藏的内涵，从而完成自我的生命修行。

图书在版编目（CIP）数据

中国文化之美 / 全国哲学社会科学工作办公室编. --
北京：中信出版社，2024.7. -- ISBN 978-7-5217
-6719-3

I. B83

中国国家版本馆 CIP 数据核字第 2024VK3753 号

中国文化之美
编者：　　全国哲学社会科学工作办公室
出版发行：中信出版集团股份有限公司
　　　　　（北京市朝阳区东三环北路 27 号嘉铭中心　邮编　100020）
承印者：　北京雅昌艺术印刷有限公司

开本：787mm×1092mm 1/16　　印张：20　　字数：220 千字
版次：2024 年 7 月第 1 版　　　　印次：2024 年 7 月第 1 次印刷
书号：ISBN 978-7-5217-6719-3
定价：138.00 元

版权所有·侵权必究
如有印刷、装订问题，本公司负责调换。
服务热线：400-600-8099
投稿邮箱：author@citicpub.com